传记出版与社会变迁

我国1949年以来传记出版研究

王宏波 著

南京大学出版社

总　序

　　商务印书馆元老张元济先生曾言：“盖出版之事，可以提携多数国民，似比教育少数英才尤要。”古往今来，出版早已成为人类文明的播种机、社会进步的发动机。

　　南京大学是国内最早开展出版教育的高校之一。1928年，南京大学前身之一的金陵大学开设了图书专修科，包括“重要书籍研究”、“图书流通”等课程。1985年，南京大学恢复图书馆学系。翌年，图书馆学专业硕士学位点获得批准。1987年，学校在图书馆学硕士点下设立了编辑出版研究专业方向，开始培养出版方向的研究生。图书馆学侧重对图书的流通、收藏、利用等方面的研究，而编辑出版学侧重于图书的生产制作。通过这样的学科设置，一个从图书生产、流通到典藏、利用的完整环节形成了。1993年，南京大学编辑出版学本科专业开始招生。1998年，南京大学出版科学研究所成立，这是当时全国高校中为数不多的研究所之一。2003年，出版科学研究所与南京大学公共管理学的公共管理硕士（MPA）专业合作，联合培养出版管理方向的公共管理硕士（MPA）。2006年，原国家新闻出版总署设立“新闻出版总署南京大学出版人才培养基地”。同年，南京大学设立了华东地区第一个出版学博士点。2009 年，受国务院学位委员会办公室委托，南京大学出版学学科点与南京大学研究生院牵头论证了我国设置出版硕士专业学位议题。2010 年，出版硕士设置方案获国家有关部门批准。2011 年，该学科点成为全国出版专业学位研究生教育指导委员会秘书处所在单位，是目前南京大学唯一的一个专业学位秘书处。

2012 年，在时任南京大学党委书记洪银兴教授的大力支持下，在原中国出版集团总裁聂震宁编审的努力下，江苏亚东建设发展集团有限公司向南京大学首批捐款 200 万元，作为南京大学出版研究专项基金，用于筹建南京大学出版研究院。2012 年 12 月，在南京大学编辑出版学学科点的基础上，整合学校相关力量，学校发文成立南京大学出版研究院。

南京大学出版研究院以建设成为国内一流、国际知名的出版研究智库和出版教育培训机构为目标，全力推进出版学研究。编纂出版研究丛书是其中的一项重要战略。作为出版研究院的成果之一，该系列丛书致力于对我国出版理论与历史、出版实务、数字出版与文化产业发展等方面的研究，力求为我国出版业改革发展、提高国家文化软实力提供智力支持。

"多少事，从来急。天地转，光阴迫。一万年太久，只争朝夕。"时下，受技术驱动的出版业，正处于新一轮变革转型期。数字出版、媒体融合、知识服务一日千里。南京大学出版研究院将顺势而为、应时而变，紧扣时代与社会发展需要，为更多"弄潮儿"脱颖而出提供全方位的支持，最终服务于我国文化强国的建设。

南京大学出版研究院丛书编辑委员会
2017 年 12 月

目　录

图表目录

第一章 /

绪　论

在当代出版实践中，传记作品已成为图书出版物中一个重要的集群与类别，在图书市场中展现出坚挺的身影。传记的蓬勃发展呼唤着出版理论研究。传记出版也因应着时代与社会。

人是社会活动的主体，社会是人所创造的产物，传记展示的是人的历史；传记在展现人的历史的同时，也记录了一个时代的各种具体文化现象。有学者预测，21 世纪是非虚构的时代，是属于传记的时代，因为传记作品更能全面深入展示时代、社会中的人，人所处的时代与社会。

第一节 传记的蓬勃发展对出版理论研究的需求

传记既是古老的，又是时新的。传记可以作为存史留证的史料，具有历史的真实性，同时作为具有文学性的文本，可用来阅读与欣赏；传记的真实性和文学性在作品中的呈现程度以及人们对传记这两个特性的认识，有一个历史的发展过程。

中国有悠久的历史与史传传统，司马迁《史记》纪传体开创了我国的传记文学写作之先河。唐代杂传的写作非常兴盛，可谓我国古代传记文学第二个热潮。在西方，公元 1 世纪以塔西陀（普布留斯·科尔涅留斯·塔奇图斯，通译塔西陀，公元55?—118?）、该尤斯·绥通纽斯·特朗奎鲁斯（69?—140?）、普鲁塔克（46?—120?）为代表，开创了西方古代传记文学的新纪元。其中以普鲁塔克的《希腊罗马名人传》最负盛名。①

传记真正成为一门独立的文学品种是 20 世纪上半叶出现的

① 杨周翰，吴达元，赵萝蕤主编.欧洲文学史［M］.北京：人民文学出版社，1997：55 - 78.

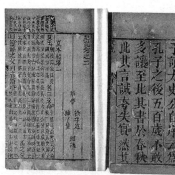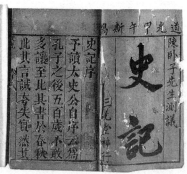

《史记》

新传记。 在西方，20 世纪出现了传记理论的自觉，西方传记创作与研究始于对维多利亚时代英国传记文学的美化与说教这一类顽疾的反动，一些传记作家对自己或前人的传记创作进行了总结，提出了若干传记理论。"传记作为一种现代文类源于 20世纪 20 年代。 当然它有其伟大的先行者，……但它基本上是一种 20 世纪的现象。" ①可以说，现代传记一般就是指 20 世纪传记。 传记在西方真正的革命性变化发生在英国。 英国的西德尼·李（Sidney Lee, 1859—1926），著有《传记原理》（1911）和《传记方法》（1918），提出"传记在于满足人的自然本能——纪念的本能"；批评传统传记的五种偏见，其一就是"伦理偏见"，"真正的传记决不能成为伦理教育的婢女"，即真正的传记不应当是道德教诲的手段。 英国著名的现代小说家弗·伍尔芙（Virginia Woolf, 1882—1941），除了创作有 4 部传记作品外，还著有《传记的艺术》、《新传记》和《现代小说》

---

① Gail Porter Mandell. *Life into Art*: *Conversations with Seven Contemporary Biographers* [M]. Arkansas: The University of Arkansas Press, 1991:209.

等，基本上奠定了西方现代传记理论的基石。1927 年她在一篇论文《新传记》中最早提出了"新传记"概念，发现英国传记除了写事实经验外，还有新倾向："对人物的心理世界的日益增长的兴趣，传记家除描述经验的事实之外，还注意到心理的事实，即人物的个性和行为动机。"①也就是说，传记的目的是忠实地传达人的品性。而真正为"新传记"发展起着里程碑意义的是英国传记作家里顿·斯特拉奇（Lytton Strachey, 1880—1932），其传记作品用形象化的手段，甚至心理描写与分析，以使作品对读者产生感染作用。他的《维多利亚时代的名人》被视为英国以至整个西方世界 20 世纪"传记革命"的里程碑，1918 年他为该书所写的序言可谓"新传记"的序言："要保持适当的简洁——一种排斥一切冗赘与琐碎的简洁——这确实是传记家的第一要务。传记家第一要务无疑便是保持自己精神的自由。唱赞歌并非传记家的职责，他的职责是按照他对事件的理解来揭示其真相，这也就是我在本书中所致力于的——按照自己的理解，平心静气地，不偏不倚地去揭示事实的真相，此外别无他意。"②他所提出的"'新传记'主要特征是'反叛性'与'实验性'"③。同时，他也重视对材料进行戏剧化的处理，以增强传记的生动性和趣味性。可以说，斯特拉奇是 19 世纪末英国传记革新的集大成者，又是新传记、20 世纪的传记革命的开创者。④另外，法国的代表人物是安德烈·莫洛亚（1885—1967），其传记观是文史结合，既要务求其真，又要力

---

① 杨正润.传记文学史纲［M］.南京：江苏教育出版社，1994：428.

② 〔英〕里顿·斯特拉奇.维多利亚［M］.北京：国际文化出版公司，2004：3.

③ 唐岫敏.斯特拉奇与"新传记"：历史与文化的透视［M］.太原：山西人民出版社，2010：6.

④ 杨正润.传记文学史纲［M］.南京：江苏教育出版社，1994：443.

求其美；他著有《拜伦传》、《乔治·桑传》和《雨果传》等。奥地利的斯蒂芬·茨威格（1881—1942）讲究心理分析，从心理学的角度再现传主的性格及人生遭遇。①

中国 20 世纪传记文学的起始与发展是和域外传记文学紧密联系的。从 20 世纪初开始，以梁启超为先驱，胡适、郁达夫、朱东润等开始有了现代传记文学的自觉意识，在理论上进行探讨并身体力行地去写作传记作品，从而在理论与创作实践方面开创了中国新的传记。胡适认为传记是中国文学里最不发达的一门，还探究不发达原因：没有崇拜大人物的社会风气，禁忌多，还受语言文字障碍的影响。② 胡适最早提出"传记文学"概念，在《四十

胡适著《四十自述》

自述》一书中认为其功用乃"给史家做材料，给文学开生路"③；郁达夫呼吁"要写新的有文学价值的传记"④；朱东润认为"传记文学是介乎文、史之间的一个独特艺术类型"⑤等。胡适们通过对中西传记比较，对中国旧传记进行了清理与批判，对传记的要素与功能，真实性原则以及作品的可读性等做了阐释。

我国传记理论的研究与探讨的兴盛是新时期以来的事情。

---

① 杨正润.传记文学史纲［M］.南京：江苏教育出版社，1994：432，500,529.

② 胡适.南通《张季直先生传记》序［J］.吴淞月刊,1930（1）：4.

③ 胡适.四十自述·序［M］.北京：中国言实出版社，2014：1.

④ 郁达夫.什么是传记文学？［M］//郁达夫文集（第 6 卷）.广州：花城出版社，1983：283 - 286.

⑤ 朱东润.八代传叙文学述论［M］.上海：复旦大学出版社，2006：16.

　　研究传记基本理论主要论著有《传记通论》（朱文华，1993）、《传记文学概论》（李祥年，1993）、《中国传记文学理论研究》（俞樟华，2000）、《中国古典传记论稿》（陈兰村、张新科，1991）、《传记文学理论》（赵白生，2003）和《现代传记学》（杨正润，2009）等。 这些论著对传记的定义进行了界定，探讨了传记的基本属性，诸如史学说、文学说以及文史结合说等，传记的历史的真实性与文学的艺术性的基本特征，以及激励、镜鉴和陶冶等传记功能。 在这些著作中，学者们在介绍西方传记理论、梳理中国传统传记文学理论的基础上，对传记理论体系进行了构建，到以杨正润为代表的"现代传记学"的阐述，从中可以展示这门学科的发展进程。 可以说，观照中西与古今，源于创作实践，进行理论的总结与升华，形成了这门相对独立的传记学科。 传记研究还涉及传记发展史的研究以及传记创作实践研究。 另外，中国大陆对国外传记进行研究，大致开始于 20 世纪 80 年代，开始是译介国外有关传记的理论，后来是展开对国外传记文学方面的研究；对外国传记文学进行研究的研究者，多集中在我国欧美文学研究与翻译界，其研究主要涉及国外传记文学作家作品的评介，几个代表性国家传记文学历史与现状的研究以及相关理论的介绍等。

　　总体来说，传记研究兴盛于 20 世纪八九十年代，21 世纪日渐丰富；对传记的研究主要集中在学科基本理论的探讨与体系的建构、发展史的梳理以及传记创作实践研究三个块面，研究领域逐步拓展，研究的队伍逐步壮大，研究成果逐渐增多；还有一个突出的现象，即文学视角关注较多，研究者多为从事文学研究者，多是大学中文系的研究者，这可能与将传记视为文学的一个专门类别有关；另外，也拓展了传记研究的领域与视角，开始了传记的跨学科研究。 但也应看到，对传记文学进行的研究远远落后于传记文学的创作实践活动。 虽有相关论著以及比较多的创作谈发表，但出现了严重的失衡，即对自传的研究多，而对传记（他传）的研究少。

　　在理论与实践的推动下，自 20 世纪上半叶，传记逐渐实现与史学的分野，以传记文学的形式真正独立于文学之林。传记是文学和文化范畴中最重要的文类之一，从其出版作品的数量、影响以及读者的范围等方面看，也是最大的文类之一。这一非虚构文学自 20 世纪下半叶以来，特别是 90 年代之后，出现了繁荣与勃兴，传记的出版、人们阅读传记的热情以及相关研究等出现了持续热潮。据《新大英百科全书》统计，在美国、英国等英语国家，传记作品的出版约占每年图书出版量的 5%①；在我国，传记图书出版的品种数量也逐年递增，从年出书几百种到上千种，而且持续不断地出现传记出版与阅读的热潮，传记图书时常占据畅销书排行榜。除了传记图书出版，还创办了传记类刊物，如中国大陆的"传记三大刊"——《传记文学》杂志、《人物》杂志以及《名人传记》杂志，再如台湾地区久负盛名的《传记文学》杂志，还有诸多报刊辟有传记文学专栏。值得一提的是，在我国基础教育课程革新的新背景下，部分中学尝试在高中语文改革课程方面开设《中外优秀传记选读》课（可参见语文出版社 2007 年 1 月版，该书为普通高中课程标准实验教科书·选修，经全国中小学教材审定委员会 2006 年初审通过）。高中语文开设传记选修课，会对传记文学本身的普及与提高产生深远的影响。传记热成为一种文化现象。传记也因此进入学术界的视野，传记研究逐渐成为显学，学者们开始了对传记理论的探讨，如传记诗学、现代传记学的建构，传记文学史的研究，传记学会与传记研究会的成立，举办了多届多次有关中外传记文学研究的年会，部分高校开设了传记研究方面的课程，等等。可喜的是，杨正润主编的《现代传记研究》（第 1 辑）2013 年 10 月由商务印书馆出版，这应该是

———————

① 杨正润.传记文学史纲 [M].南京：江苏教育出版社，1994：2.

国内第一个专业的传记研究刊物，属于集刊性质，每年按春秋
两期分辑出版。集刊收录中英两种文字的论文，旗帜鲜明地标
举"传记"这一文类的独特性，注重研究的前沿性、内容的多
元化和及时性；为加强国际交流，聘请了国内外一流学者为学
术委员，充分体现出刊物的开放性和国际化特点。《现代传记研
究》的创刊"改变了中国大陆没有传记研究专刊的状况"①。

《传记文学》杂志（大陆）

《人物》杂志

《名人传记》杂志

《传记文学》杂志（台湾）

《现代传记研究》集刊

① 梁庆标.国内第一专业的传记研究刊物［N］.中华读书报,2014 -
3 - 19.

传记文学的发展成就举世瞩目，传记文学的研究也渐渐成为国际显学。如 1990 年 8 月 26 日至 9 月 2 日第十七届国际历史科学大会在西班牙首都马德里召开，五十多个国家和地区两千多名学者参加，大会集中讨论了人物传记。国内举行的多届中外传记文学研究年会上，众多中外学者就不同的传记主题进行研讨。众多学科，如医学、生物学、生态学、科学史、社会学、历史学、心理学、伦理学、传媒学等，纷纷介入传记和自传的研究。正是因为其跨学科性，传记文学已经成为最有发展潜能的文类之一。南方医科大学外国语学院、北京大学世界传记研究中心、中外传记文学研究会于 2010 年 12 月 17 日至 19 日在广州联合举办第十五届中外传记文学研究会年会，年会的主题就是"传记文学的跨学科研究"。

传记发展实践呼唤出版理论研究的创新与突破。从出版传播学角度研究传记，也是一个值得研究的切入点。事实上，现代学术发展越来越丰富细化，各种学科的研究者往往会将各自学科领域代表性人物的成就与其经历（比如知名学者口述史的形式）结合起来进行考察，学科传记史与人物史因此已经成为各种学科史的重要组成部分。传记的蓬勃发展值得从出版传播这一跨学科的视角对其进行研究，也到了从新的视角对其进行研究的时候。

传记与出版传播关系密切，二者相辅相成、相互依存。传播是个大概念，外延比较广。从传播的媒介形态来说，可以分为图书、报刊、广播影视、网络数字媒体、手机移动媒体等，而对应于传记文学来说，以图书形态呈现的传记文学则为主体。传记作品从著者创作到以图书形态呈现出来并在受众中广布，出版这一环节承载着重要的作用和功能，可以说，离开出版就没有传记文学；而传记文学是出版物特别是图书出版物中一个重要的集群与类别，往往在图书市场中展现出坚挺的身影。总之，传记文学的出版已经成为一个自成格局、具有特殊性的文学乃至文化现象。 因此，从出版传播学角度，通过对我国1949年以来传记出版的发展轨迹、出版现象与特点，传记的生产、行销与接受等问题进行探讨与归纳，描述其发展衍化的过程，力求找出一些规律性的东西，以传记这一类出版物作为一个侧面，来展现1949年以来我国出版发展的流变，既可以深化拓展传记文学研究的空间，也为出版研究开辟新的领域。

第二节　传记出版因应时代与社会

传记记录了一个时代的各种具体文化现象，是时代精神的表征，传记的精神就是时代的精神。 可否这样说，有什么样的时代，就有什么样的传记作品；从某阶段的传记作品中，可以展现或印证相应的时代。 本书就是试图探讨并展现传记出版与社会、时代呈现出怎样的互动关系。

重视人、研究人是中国传统文化的重要特色，非常重视从人事感悟世道。 中国古代历史中，正史中的史传、野史中的人物传说等，构建了中国人的历史群像序列，而后代人也正是从一篇篇史传作品和历史人物群像中了解、认识了相应的历史时期。 某种程度上说，传记作品能体现出民族精神与时代的人文精神，传记往往会集中体现某个民族的精神与特性；通过研究传记，也可以从特别的视角来研究民族精神与民族特性。

个人的命运与其所处的时代有所联系，梳理这些联系，能从客观上反映时代、社会的演变。 传记作品中一般要呈现两种关系，一是传主与别人的关系，一是传主与时代的关系。 正如歌德在其自传序言中所言："当我为了适应读者经过深思熟虑的请求，想将内心的激动，外来的影响以及自己在理论上和实际上所迈出的脚步顺序加以叙述时，我便从自己狭小的私生活进入广大的世界中；直接或间接影响我的许许多多的非凡人物的形象便呈现出来。 甚至那对我以及一切同时代的人有巨大影响的整个政治局势的重大变动，也不得不加以特殊的注意。 因为，把人与其时代关系说明，指出整个情势阻挠他到什么程度，掖助他又到什么地步，他怎样从其中形成自己的世界观和人生观，以及作为艺术家、诗人或著作家又怎样再把它们反映出来，似乎就是传记的主要任务。"①

　　传记的写作与出版往往与社会的禁忌紧密联系在一起。 一个社会愈原始、愈封闭，禁忌可能就愈多；反之，一个比较文明、开放的社会，禁忌自然会减少。 学者陈三井在谈到中国近代史上的禁忌问题时，就分析过禁忌产生的原因："除了外患迭乘外，内有南北的混战、军系的杀伐、党派的纷争、地域的对抗、主义的斗争，加上人物的恩怨，林林总总，十分错综复杂，成则为王，败则为寇，翻云覆雨，变幻莫测，不但真相难明，而且扑朔迷离，这更是禁忌所以形成的重要原因。"②因此，研究已有的传记，通过传主的选择，传记的题材范围，传主与他人的关系，传主与生活时代某一特殊时期展开的程度等，可以探寻某些历史时代与社会开放的尺度。

　　与其他文学形式相比，传记有着更多的现实性及可参考性，可以更多地满足人们的好奇心，为人们的现实生活提供启迪、借鉴与帮助，因而这也为传记文学图书的热销提供了机遇。 我国新时期以来，特别是 20 世纪 90 年代后期到新世纪，一波波传记出版的热潮，引起了人们的思考与研究的兴趣。 这种现象，反映了什么样的社会心理呢？ 如郜元宝所说："当代人物传记（自传与他传）已经超过以往任何时代。 这就自然发生一系列问题：当代人物传记的品类构成怎样？ 现在如此重视

① 〔德〕歌德.歌德自传［M］.刘思慕译.上海：三联书店，1998：3.
② 陈三井.传记文学与中国近代史上的"禁忌"问题［J］.台北：传记文学，1982（2）.

'人物传记',反映了怎样的社会心理? 在人们对'人物传记'的普遍关注背后,是否隐藏着别的什么一时还难以识破的奥妙?"①

本书就是研究我国1949年以来已出版的传记图书,力求通过人物传记这一品类来揭示传记出版与社会、时代的互动关系。

另外,确定这一研究课题,与笔者平时的编辑出版实践相关,是编辑出版实践的需要。出版学是一门实践性很强的学科,笔者在出版社从事编辑工作,对这类图书比较感兴趣,曾策划编辑过《李济传》、《董作宾传》、《赵元任传》和《王国维传》等"大家传记"图书,借此想对这方面多做一些思考与梳理。研究传记出版情况,探寻一些规律,探讨一下传记出版中的问题以及将来的趋势等,这样既可以开拓出版研究的新的领域,也可以对实践工作有些助益。

总而言之,本书就是试图从出版传播学等角度,力求解决这么几个问题:一、我国1949年以来传记出版究竟是怎样一个状况,其发展轨迹如何,表现出哪些出版现象与特点等;二、传记出版受到哪些因素影响,有着什么样的时代背景与政策规定等;三、传记出版与社会、时代呈现出怎样的互动关系,从哪些方面能够体现出时代、社会的变迁;四、畅销书作为时代精神的表征、社会心理的晴雨表,那么传记类畅销书有着怎样的表现;五、传记出版方面存在什么样的问题,发展趋势如何,理论研究对实践有着怎样的意义,等等。

---

① 郜元宝.另一种权力 [J].当代作家评论,2001(2).

第二章 /

我国 1949 年以来出版与传记出版的数据统计与阶段划分

出版社的数量（包括从业人员的数量）以及出版图书品种数的变化，某种程度上反映出我国出版业在不同阶段的消长（扩张或收缩）的基本状况。出版不能超越时代，出版发展阶段的划分多以社会政治历史的阶段性变化为依归。

第一节　传记与传记出版

一、传记与传记文学

因名敷义，术语概念的生成与约定，有着重要的意义。传记的称谓多样，其形成与界定也是个历史的发展过程。《史记》之列传这一古老体裁有着广泛而深远的影响，《四库全书总目·史部·传记类》将之放在史部，且把"传"与"记"分开称："传记者，总名也。类而别之，则叙一人之始末者，为传之属；叙一事之始末者，为记之属。"①因此，长期以来传记往往被人们认作属于历史类的文体。"传"与"记"合写合用，最早见于汉代，《汉书·刘歆传》写道："歆受诏与父向领校书秘书，讲六艺传记……无所不究。"②据考证，是梁启超首次明确提出了具有现代意义的"传记"概念③，而他也将传记归于史学范畴；胡适最早提出"传记文学"这一名称④，令传记脱离于史而纳入文学的范畴。由"（列）传"到"传记"再到"传记文学"，一路过来，使用的术语多样，如史传、传记文、历史传记、文学传记、传记作品、人物传记等。

---

① 永瑢等.四库全书总目［M］.北京：中华书局，1997：821.
② 房福贤.新时期中国现代文学家传记研究十六讲［M］.济南：山东文艺出版社，2009：12.
③ 杨正润.现代传记学［M］.南京：南京大学出版社，2009：20.
④ 房福贤.新时期中国现代文学家传记研究十六讲［M］.济南：山东文艺出版社，2009：13-14.

　　传记及其相关的概念定义。 梁启超对传记的认识："记个人
之言论行事及性格。"①胡适在 1914 年 9 月 23 日一则札记中，
曾把中国传记同西方传记做了一番比较，分析中西传记存在的
差异，认为中方传记写人格，西方传记，除写人格之外，还写
人格进化的历史。②胡适在 1930 年 5 月 28 日给友人董授经师
长的日记《书舶庸谭·序》中正式提出了"传记文学"："日志
属于传记文学，最重在能描写作者的性情人格，故日志愈具体
琐细，愈有史料的价值。"③刘绍唐在《什么是传记文学》一书
中的《我们的想法与作法——〈传记文学〉创刊词》中说："任
何有关人的活动记录与思想见解的材料，都属于传记文学的范
畴。"④杨正润说："传记是某一个人物的生平的记录；从其文
类考察，传记同历史学和文学都有相通之处，但又各有原则的
区别；从其属性考察，传记是一种文化形态的体现；从其发生
考察，传记是对一个人的纪念。"⑤台湾学者郑尊仁认为："传
记文学是一种语言艺术，作者透过文字，以某人的一生为素
材，进行再现的活动。"⑥在西方，17 世纪英国文艺批评家约
翰·德莱顿（John Dryden，1631—1700）是这么看待传记的：
"历史学主要分为三种类型：连续大事记或编年史；可严格称谓
的历史；传记或特定人物的生平。"⑦19 世纪美国学者菲利普

①　梁启超.梁启超全集（第七册）[M].北京：北京出版社，1999：4080.
②　胡适.藏晖室札记（卷七第一条）[M].上海：亚东图书馆，1939.
③　胡适.书舶庸谭·序 [M] // 董康.书舶庸谭.沈阳：辽宁教育出版
　　社，1998：1.
④　刘绍唐编.什么是传记文学 [M].台北：传记文学出版社，1967：229.
⑤　杨正润.现代传记学 [M].南京：南京大学出版社，2009：19.
⑥　郑尊仁.台湾当代传记文学研究 [M].台北：秀威资讯科技，2003：15.
⑦　John Dryden. "Plutarch's Biography". J. L. Clifford, ed. *Biography as
　　an Art*；*Selected Criticism 1560 - 1960*. Oxford：Oxford University
　　Press，1962：17.

斯·布鲁克斯（Phillips Brooks，1835—1893）说："传记……是个人生平的文学。"①有关工具书对于与传记相关的概念也有界定。 初版于1928年的《牛津字典》界定传记为："传记，作为文学分支的个别人的生平的历史。"②《不列颠百科全书》在"文学艺术"条目下界定传记文学："传记文学，作为最古老的文学表现形式之一，它吸收各种材料来源、回忆和一切可以得到的书面的、口头的、图画的证据，力图以文字重现某个人——或者是作者本人，或者是另外一个人的生平。"③《中国大百科全书·中国文学卷》："记载人物经历的作品称传记，其中文学性较强的作品即是传记文学。"④

　　《书舶庸谭》　　　　　刘绍唐著《什么是传记文学》

　　总之，从古今中外，从学者个性化表述或是工具书上相对规范的定义来看，对传记及其相关概念的界定，见仁见智，多

---

① David Novarr, ed. *Lines of Life. Theories of Biography 1880 -1970*. West Lafayatte：Purdue University Press，1986：4.

② 杨正润.现代传记学［M］.南京：南京大学出版社，2009：22.

③ *New Encyclopedia Britannica*，15th edition，Vol.23. Chicago：Encyclopedias Britannica，Inc，1989：195.

④ 《中国大百科全书》总编委会.中国大百科全书·中国文学卷［M］.北京：中国大百科全书出版社，1988：1312.

种多样，各有侧重，但可以归纳为几点：一是个人生平的记录，这是首要的、核心的元素；二是非虚构，即作品要以真实的材料为基础；三是学科类别上看是一种文学，即其文学性，而对这一点的认识是一个历史的过程。另外，从"传记"到"传记文学"，可以看出两者的关系，从某种意义上看，是属与种的关系。"传记"名称相对来说是一个大的概念、属概念，而"传记文学"则是其中的一种，具有现代意义，是越来越彰显、越来越为人们所认可、接受的概念。"传记文学"也可称为"传记"。本书就是采用"传记"这一术语，虽然更多的意义上指的是"传记文学"。

传记的性质。对于传记或传记文学的属性，一般说来有这么三种：一是史学说；二是文学说；三是边缘学科说或文史结合说。① 越来越多的人认为传记文学不属于历史学，但同历史学又有极为密切的联系。它源于历史又高于历史。传记文学不是历史与文学的简单相加，而是两者融合而成的一种独特的文学样式，它应该从历史中找出对现在社会有启发意义、有影响的人物进行文学化的挖掘，其中优秀的作品应该达到科学和艺术的统一。② 可以说，传记文学之所以成为人类生命的载体，这与它本身的特点有密切关系。传记文学，是兼有历史与文学特征的一种独特文体。历史与文学是两个不同的范畴。③传记作品有着双重特性，即历史性与文学性，因此，把传记归入历史学或文学的范畴，都有部分理由。不过从更广阔的视野

---

① 全展.中国当代传记文学概观［M］.哈尔滨：黑龙江人民出版社，2004：250-251.
② 全展.中国当代传记文学概观［M］.哈尔滨：黑龙江人民出版社，2004：250-251.
③ 陈兰村，张新科.中国古典传记论稿［M］.西安：陕西人民出版社，1991：1.

考察，也可以说传记是一种文化。 传记主要以文字媒介及文本的形式存在，但传记也可以使用其他媒介，在不同的文化形式中出现。 把传记看作一种文化，就可以得到对传记更深入的认识。①传记作为一种纪实性与文学性相统一的文体，有自己独特的写作要求与原则。 首先，要坚持真实性原则。 真实性是传记写作最基本的要求，也是其生命力之所在。 其次，要坚持思想性原则。 任何传记都不是简单的人生记录，都包含着强烈的思想性，即它对人生的启迪。 再次，要坚持文学性原则。 传记也是文学，是文学就要有文学的魅力，就是它对传主的独特的文学性叙述，即在历史事实的基础上，进行合理的文学性再现。② 学者桑逢康认为，可以把传记的本质用一句话概括为："历史的内容与文学的形式。"③

总的来看，学术界对传记性质的认识也有个历史发展的过程，即逐渐由认为传记属于历史到认为其属于文学。 然而，无论传记属于史学、文学、文化，还是文史结合，无论传记要讲究所谓的历史性、真实性、科学性，还是文学性、艺术性、诗性，传记的性质主要有两点，即真实性与文学性。 正如学者李健所说："文学性和真实性是传记文学的双翼。"④

传记的分类。传记的分类主要涉及传记的形式与类型问题。 传记有个由古代传记发展到现代意义传记的历史过程。学者韩兆琦将中国古代传记文学大致分为四类，即史传、散

① 杨正润.现代传记学 [M].南京：南京大学出版社，2009：57.

② 房福贤.新时期中国现代文学家传记研究十六讲 [M].济南：山东文艺出版社，2009：19–20.

③ 中国中外传记文学研究会编.传记文学研究 [M].长沙：湖南文艺出版社，1997：42.

④ 李健.中国新时期传记文学研究 [M].北京：新华出版社，2008：17.

传、类传、专传。① 可以看出，此处的"专传"接近现代意义的传记。 学者杨正润将中国古代传记分为史传、杂传、故事传记、年谱、书传（也叫专传）、类传、人物表、言行录等。② 学者赵白生认为，传记文学是非虚构的主力军，其家族谱系庞大，包括传记、日记、书信、回忆录甚至墓志铭等③，这是一个外延比较宽泛的划分。 台湾学者郑尊仁认为，按作者所采取的作传方式，可分为：史学论文式、回忆录式、人物评论式、工作履历式、史事叙述式、资料收集式、纪念文集式和掌故稗官式等。④ 另外还有，主要根据传记创作对象来分类，则分为他传、自传，以及介于他传和自传之间的回忆录和小传等；或者划分为他传、自传、私人文献即边缘自传（如书信、日记、游记等）、亚自传（如回忆录、口述历史）以及传记形态的实验与扩展（如图传、影视传记等）。⑤

总之，传记的分类关键在于分类的标准，不同的标准有不同的类型划分，如按表现形式可分为自传和他传等；按篇幅形式可分为短篇传记、中篇传记、长篇传记和集合传记等；按性质（文本中历史成分和文学成分的不同比重及编写之目的和方法）可分为史传类、学术类（评传）和文学类等，或纪念性传记、认同性传记和批判性传记等；按传主身份可分为政治人物传记、英雄传记、作家学者传记、明星传记、企业家传记、平民

① 中国中外传记文学研究会编.传记文学研究［M］.长沙：湖南文艺出版社，1997：9-14.
② 杨正润.现代传记学［M］.南京：南京大学出版社，2009：235-243.
③ 赵白生.传记文学理论［M］.北京：北京大学出版社，2003：200.
④ 郑尊仁.台湾当代传记文学研究［M］.台北：秀威资讯科技，2003：73-108.
⑤ 杨正润.现代传记学［M］.南京：南京大学出版社，2009：231-470.

传记等；按媒介形式可分为图传（画传）、影视传记、网络电子传记等。

随着传记的发展和新形式的出现，传记文体逐渐成为一个十分庞大的文类，要想做到巨细无遗地对传记作品进行归类，显得十分困难，其问题在于分类标准的多种多样，而这些标准很难普遍适用。这往往导致同一部传记可以用不同的标准划分，而分属于不同的传记类型。因此，本书涉及的传记，也是分属于不同类型的传记，但分类并不是论述的重点。

二、传记出版及传记出版价值

传记出版。传记作品的出版，离不开传记写作（创作）。传记创作是传记出版的前提与基础。

德国学者埃尔哈德·海诺德在《书和书籍出版》中说："作者影响着整个出版的兴衰。"①从出版传播学来看，作者的创造活动处于信息流动的始端，作者是信息的收集者、把关者和编码者。纷繁芜杂的信息变成有序化、条理化并表达一定意义且以语言文字符号形式表现出来，这主要是作者的功劳。"作者创作作品，是为了表达自己的政治或学术观点，抒发自己的思想感情，而且希望其他人能够接受他的观点，理解他的感情，从而引起人们的共鸣。为达此目的，他必须使作品传之于人。"②可以说，作者创作的动机是为了信息的交流传播，达到信息共享；作者创作目的之实现离不开出版传播者队伍中极其重要的出版者。

出版传播有别于其他类型的传播正是因为有出版者从事

---

① 〔德〕埃尔哈德·海诺德.书和书籍出版［M］.何云峰，王晓明译.上海：同济大学出版社，1991.
② 沈仁干，钟颖科.著作权法概论［M］.沈阳：辽宁教育出版社，1995：179.

"出版"这一环节。在出版传播过程中,出版者要对出版传播的内容进行选择、加工、优化和把关等。因为在一定的社会里,对一定的内容能不能传播、传播多少、如何传播等总是有所"规定"的,而出版者作为从社会分工下独立出来的专门工作者,肩负着贯彻维护"规定"的重任。因此,出版者要从众多作者的众多创作中择优选取作品,并要对之进行加工、优化,使之适合传播,能更好地满足受众的需要。另外,还要对内容进行把关,使之不要出现政治上、科学上或文字上的差错。传记创作与传记出版,基本上就是对应着上述这样的逻辑关系。古人有立德、立功、立言之愿,其立言的目的或藏诸名山,或传之后人;而到现代社会,因社会专业分工,出版环节使得作者的创作成果能及时有效地传播开来,发挥其更大的效用。传记出版在出版史中彰显其独特的存在,更多的是归因于其功用与价值。

　　传记出版价值。作为专门记载人物经历作品的传记,有着明确的目的性和明显的功利性,这就涉及传记出版价值问题。陈兰村、张新科研究认为,古代传记作品(主要是纪传和杂传等),历代有人去写,又拥有众多的读者,历久不衰,就是为当时社会所需要,与此种体裁本身所具有的多种社会作用有密切的关系。传记的主要作用有:以人为鉴,以明得失;劝善惩恶,激发志气;明志、辩诬、传教、立论;美感功能及其他功能。[1] 学者杨正润认为,传记的功能一是非常实际的社会功能即道德功能,读者可以"照那些人物的善行为楷模指导自己的

---

[1]　陈兰村,张新科.中国古典传记论稿 [M].西安:陕西人民出版社,1991:73-88.

一生"①；一是认识功能，读者可以通过认识别人来认识自己。② 杨正润后来在《现代传记学》中进一步归纳了传记的功能与作用：一是人性的纪念，可以是提升自我或超越自我式的自恋，可以"认识你自己"，也可以作为人道的纽带来体现和宣传人道主义精神；一是人生的示范作用与功能，可以用来作为道德的教诲，教育引导读者怎样符合社会道德规范地去度过一生，也可用来作为励志的教诲，鼓舞激励读者的志气，积极有为、实现人生价值地去过好一生，同时因为传记真实的力量而更具感染力；一是认知的快乐，可以认知极具个性化的人的宇宙，一个以人为核心的五色缤纷的世界，一种帮助获取知识的方法和手段。③

杨正润著
《现代传记学》

杨正润著
《传记文学史纲》

从现代出版传播学意义上来说，传记出版价值可以归纳为这样几点：历史与史料价值，因传记的真实性，可以反映历

---

① 〔古希腊〕普鲁塔克.希腊罗马名人传（第 7 卷第 1 章）［M］.席代岳译.长春：吉林出版集团有限公司，2009.
② 杨正润.传记文学史纲［M］.南京：江苏教育出版社，1994：21-23.
③ 杨正润.现代传记学［M］.南京：南京大学出版社，2009：191-228.

史，留存史料；励志与教育功能，传主多是成功或优异者，其人生经验教训可资借鉴，作为人生行事的示范；认知功能，从传记中认识历史，认识社会，认识人性等；审美作用，因传主的鲜明个性，可阅读，可析赏，可做谈资；经济效用，因传记的畅销，可能会给传主、传记家、出版者、行销者等带来可观的经济回报及人气指数，等等。

第二节　传记书目数据源

一、传记书目与《全国总书目》、版本图书馆书目

书目文献是记录与传递文献信息的重要工具，是对文献进行控制管理的有效手段。书目文献作为关于文献知识和效用信息的集合，对信息的有效组织和控制起着关键作用。书目文献是书目工作的结果，是社会文献生产达到一定规模之后的产物，而书目文献反过来可以促进文献信息的利用，因为书目文献将处于无序状态的文献信息进行揭示、组织、类聚和开发，方便了文献信息的利用。

中国目录学历史悠久，传统优良，具有广泛的应用价值，呈现出鲜明时代特征。目录之名，起于刘向、刘歆校书之时。清代史学家章学诚在《校雠通义·自序》中所谓"刘向父子，部次条别，将以辨章学术，考镜源流"也。余嘉锡在《目录学发微》中开篇将目录之书分为三类，其中"属于第三类者，即无小序解题之书。……郑樵所谓'类例既分，学术自明'，不可忽也"①。此外，张之洞在《书目答问·略例》中说："读

① 余嘉锡.目录学发微（含《古书通例》）[M].北京：中国人民大学出版社，2004：10-11.

书不知要领……今为分别条流，慎择约举，视其性之所近，各
就其部求之。又于其中详分子目，以便类求。一类之中，复
以义例相近者使相比附。再叙时代，令其门径秩然，缓急易
见。"①历史地看，对于书目的功用认识，有章学诚总结的"辨
章学术，考镜源流"，有郑樵提出的"类例既分，学术自明"，
还有张之洞的"详分子目，以便类求"与"义例相近，使相比
附"，等等，这些认识简明扼要，有着高度的概括性。

随着时代的发展，中西学术的交融与借鉴，信息技术的日
新月异等，目录学的内涵与外延得到了根本性的变革与发展，
如将之视为书目情报的运动规律的研究。目录学也成为致用之
学，书目文献不仅是"即类求书，因书究学"的指南，还帮助降
低获取原文献的成本与时间，提高利用率，促进文献开源等。②
通过查找、利用书目文献，研究者可以了解文化史、学术史
等，把握某一学科专业存在的问题和发展方向，从而找到学科
的突破点和前沿等。本书某种程度上也是基于书目文献的利用
而生发的研究。

人物传记的作用具有两重性。人物是历史的主体，也是历
史发展过程中最活跃的部分。写人物的传记基本上就是在编写
历史。因此，对某一历史阶段的人物传记的出版情况进行研
究，也可以从某些侧面来反映这一历史阶段的社会历史发展
状况。

上面谈及书目文献及其作用，那怎么去确定传记书目呢？

人物传记一般可以分为史书传记、专科传记和杂传等。查
找史书传记是有一些路径的，因史书中记载人物最集中的是纪
传体史书，因此对于这些纪传体史书的人名录或人名索引，如

---

① 张之洞.书目答问补正 [M].范希曾编，方霈点校整理.南京：江苏
古籍出版社，2000：1.
② 彭斐章.目录学教程 [M].北京：高等教育出版社，2004：1.

《二十五史人名索引》、《二十四史传目引得》、《三国志人名录》和《晋书人名索引》等，可以通过它们来检索有关人物。专科传记，主要是类书和各种杂录体的笔记。类书如《册府元龟》中就收集了上古到五代的古今人物传记资料；又如清代的类书《古今图书集成》，在各典中也详列该学科的人物资料。历史著作中的一部分专科传记如《宋元学案》、《明儒学案》等，也可以视为宋元明各代各个学术流派代表性人物的生平传记。另外，地方志也是重要的文献源之一，地方志对人物的记载通常分儒林、宦官、隐逸、孝友、烈女、方技、僧道等几类。对近现代人物传记的查找，可以通过一些专门的工具书、年鉴以及书目索引、报刊索引等查得。因此，可以看出查阅人物传记的书目文献资料，范围比较广，途径也比较多。① 这就需要汇总性的书目。

汇总性的书目，代表性的有《四库全书总目提要》，它是清代所编《四库全书》的综合性书目。《四库全书》是古代中国以至古代世界最大的一部综合性丛书，全书收入的共 3461 种，79 309 卷；存目的有 6793 种，93 551 卷。《四库全书总目提要》共 200 卷，著录图书 10 254 种，包括《四库全书》所收全书和仅有存目的全部图书。该提要按经史子集四部分类法来编排，每大部类下又分若干小类。另一部汇总性书目是《民国时期总书目》，这是一部大型历史性回溯书目，收录范围是 1911年至 1949 年 9 月间我国出版的中文图书（不包括线装书和少数民族文字图书），按"有书即录"的方针，共收录各类中文图书124 000 余种，占民国时期出书总数的 90％以上。该书目按学科分类，共分 20 大类，分册编辑出版。该书基本上反映了民国时期国内出版的中文图书的面貌。我国 1949 年后的汇总性

---

① 武汉大学图书馆学系《中文工具书使用法》编写组.中文工具书使用法 [M].北京：商务印书馆，1982：170-176.

书目，主要是《全国总书目》。

《全国总书目》是依据全国所有出版机构向中国版本图书馆所呈缴的公开发行的出版物样本来汇编的，具有图书年鉴的性质，能准确、及时地反映并记录我国各图书出版社公开出版和发行的图书基本情况。该书目是中国大陆唯一的年鉴性书目编年总目，自 1949 年以来逐年编纂，以中国版本图书馆征集的样本为依据。1956 年 3 月，中华人民共和国第一部年鉴性的图书编年总目《全国总书

《全国总书目》

目》，由新华书店总店根据中国人民大学图书馆图书分类法编辑，内部发行，大 32 开本，书中收录了 1949 年 10 月 1 日至 1954 年 12 月国内出版的所有图书书目。除出版过一册 1949—1954 年合订本以及 1966—1969 年中断外，基本上每年出版一册①；而从 1981 年 6 月出版的 1977 年本起，由内部发行改为公开发行。2001—2003 年卷开始尝试出版光盘版，随印刷版发行。自 2004 年开始，《全国总书目》不再出版印刷本目录，改为只出版光盘，并附《使用手册》。该总书目的目录内容包括分类总目录、专门目录和附录三个部分。

中国版本图书馆是出版物资源信息库，专门承担征集、收藏、管理中华人民共和国建立以来全国出版物样本的图书馆职能，其书目信息最完整、最具权威性。该馆由时任中央人民政府出版总署署长胡愈之提议并创建于 1950 年 7 月 1 日。主要职能是负责保管中国出版物样本。1951 年 1 月至 1953 年 12 月，出版总署先后出台了《征集新出图书期刊办法》、《关于征

---

① 杨敏，北辰.文史工具书应用基础［M］.上海：上海古籍出版社，2004：135-142.

集图书、期刊样本暂行办法（草案）》、《关于图书、杂志版本记录的规定》、《专区级以上报纸缴送样本暂行办法》等，奠定了中华人民共和国成立后出版物样本缴送规定办法，明确了征集、保存的主体均为中国版本图书馆。因其唯一性与权威性，故中国版本图书馆馆藏出版物品种多，版本全，整体记录也最完整。1995 年起馆藏书目开始用计算机编目；2009 年完成"中国版本图书馆书目回溯项目"，回溯数据反映了 1949—1994 年中国图书出版情况。截至 2013 年，该馆共收藏各类出版物版本 410 多万种，其中图书 360 多万种，期刊合订本 29.4 万本，报纸合订本 7.3 万本，音像制品、电子出版物 20 万种，老宣传画 18 万张。①

本书是通过书目文献来分析研究我国 1949 年以来传记出版情况，主要基于《全国总书目》与中国版本图书馆 1949—2013 年期间传记类书目数据（参考样例），可以说，这样的书目数据带有一定的汇总性与权威性。书目文献范围主要是 1949—2013 年六十多年间的传记类书目。

当然，对于统计公布的书目数据也需要予以客观的评估，叶继元教授在《图书、学术图书与人文社科学术图书种数之考察》一文中认为，对于图书品种数量有多少，目前在中国，要知晓和利用其准确数据并非易事。因为其中有的数据会被误用，有的是未经验证的估计数据。要知道某时间段一共出版了多少种新书，理论上似乎只要查找到每年出版的图书种数再相加即可。但由于疏忽或其他原因，一些数据和估计数据出现了差错。国家每年公布图书种数数据，但并未出版相对应的能涵盖全部图书种数的图书目录。目前收录图书种数最多的、以呈缴本为基础的《全国总书目》也收录不完整。《全国总书目》收

---

① 中国版本图书馆历史沿革［EB/OL］.中国版本图书馆网站，http://www.capub.cn/bgjs/index.shtml.

录的数据有图书种数、图书初版种数、重版图书种数，但没有重印图书种数，与国家图书种数统计项目也不一致①。

说及书目中的传记类书目，则要简单介绍一下图书的分类问题。

二、《中国图书馆图书分类法》的传记类目划分

与书目密切相关的还有图书分类方法。图书分类方法也有一个历史的发展过程。我国第一部图书分类目录是刘向在西汉末年撰编的《七略》，图书分成辑略、六艺略、诸子略、诗赋略、兵书略、数术略、方技略七个部分，即七分法（有说为图书六分法，因辑略是后面六略的总序和目录）。晋朝荀勖《中经新簿》首次提出甲乙丙丁四部；李充《晋元帝四部书目》明确甲部为经、乙部为史、丙部为子、丁部为集；唐时魏征等《隋书·经籍志》把图书分成经史子集四部、四十七类。四部之法是我国古代主要沿用的图书分类法。20世纪"五四"前后曾引进美国学者杜威的"十进分类法"。1949 年以来，先后用过"中国人民大学图书馆图书分类法"、"中国科学院图书馆图书分类法"等，而用得最多的则是"中国图书馆图书分类法"，即"中图法"。"中图法"是采用一种五分法，即马克思主义、列宁主义、毛泽东思想，哲学，社会科学，自然科学，综合性图书共五大类，再分二十二个基本大类，再往下细分几级小类，共约有四万个类目。"中图法"主要使用字母与数字相结合的混合号码，基本采用层累制编号法。该图书分类法是目前我国图书馆和情报单位使用较为广泛的一部综合性的分类法。《全国总书目》就是按照"中图法"进行分类的。

传记类图书的归类问题。因《史记》纪传体在古代绝对性

① 叶继元.图书、学术图书与人文社科学术图书种数之考察［J］.大学图书馆学报，2016（1）：5-15.

的影响，史传合一几乎成为固定体制。 我国传统图书分类法中，传记类图书一般被归入"史部"。 以史为鉴，以人为镜，记人为主的纪传体图书具有明显的现实功利性目的，分外注重史鉴功能。 在"中图法"中，采用集中与部分交替办法来设置传记类目。 叙述性传记史实（除特殊分类方法外）一般采用集中的办法，类目标注为"传记 K81—83"；传记文学类依体裁的不同划入各有关文学类。 归结起来看，在"中图法"中涉及传记类图书的类目分布主要有四个地方，一般是这样：绝大部分写人物的史实性传记归入传记 K81—83；马恩列斯毛（包括之后的邓小平的部分传记）则标为 A7；按"以人设类、专题集中"办法将部分涉及哲学类人物的归入哲学 B 类；还有以叙述文学家的创作活动与思想、评介文学家为主，而生平介绍为辅的，则归入文学 I 类。[①]

对于"中图法"中关于传记类图书归类的设置，虽然尽量考虑了各种可能的因素，采用了集中与部分交替的办法，但由于图书品类的复杂性，传记类图书数量的逐年不断增多，一些交叉性、实验性、创新性的文体或图书形式的出现，该设置方法还是不能解决所有问题，比如回忆录的归类问题，是作为传记类呢，还是作为历史类或文学类呢？ 还有在实际书目归类编制中，还出现集中与分散处理的不一致，如哲学家传记的归类有的还分在 B2 中国哲学类。 另外对于传记类下级的子目（下位类），往往采用的标准比较多，多标准之下，相关书目的归类会显得没有章法。 对于"中图法"传记类的不足问题，自 1980年《中国图书馆图书分类法》修订版以来，图书馆界分类专家以及实际分类操作者提出不少意见和建议，在后来的修订实施过程中，也有一些补充、调整与完善。 这是另外的话题，此文

---

① 孙桂珍，郭燕奎.关于传记著作的分类［J］.国家图书馆学刊，1983
（2）：30-33.

不多做阐释。

本书的数据源主要是来自《全国总书目》、中国版本图书馆 1949—2013 年期间传记类书目数据。《全国总书目》是采用"中图法"来分类的,该总书目在几十年的编制过程中,因社会时代形势的纷纭变幻,中间有断续有详略,本书基本上选用了上述四类书目统计数据;中国版本图书馆的传记类书目数据,除了四类之外,还涵盖了 D 类、G 类涉及人物生平事迹的,H 类中国少数民族语言和外语小类涉及人物生平的,Z 类综合普及读物小类涉及人物生平的书目数据。

第三节 我国 1949 年以来出版与传记出版的数据统计

一、出版的数据

在某种意义上说,出版图书品种数是衡量一个国家或地区出版业生产能力是否发达的重要标志,往往也是一个国家或地区科学文化是否发达与活跃的重要标志之一。自 1949 年以来,我国生产图书数量在不同阶段有不同的变化,我们可以通过数量的变化了解六十多年来我国图书出版业的消长情况。另外,出版业的发展变化与出版社的数量增减有没有关系呢?因我国出版社的成立实行审批制,审批程序极为严格,讲究总量控制,出版社数量的多寡可能与市场需求之间关系不是很密切,与产业发展的快慢关系也可能不是很大,但某个阶段出版社成立的多少,一定程度上也反映出了社会对图书出版业的需求以及出版业发展的状况。

中华人民共和国的出版业是在对过去出版机构进行整合、改造的基础上建立发展起来的。根据《中国出版通史·中华人民共和国卷》相关材料,1950 年,全国有国营出版社 25 家,公私合营出版社2家，私营出版社则有184家。 之后，国家出版总署将建立和不断壮大国营出版社力量作为重要任务。1950年底由原新华书店总管理处的出版部与出版总署编审局的部分业务机构合组成立人民出版社。 1950年至1953年中，陆续成立了几家重要的中央一级出版社，如人民教育出版社、人民文学出版社、人民美术出版社、中国青年出版社等。 后来，还在自愿的原则下开展公私合营。① 1952年底我国出版事业具有了一定的规模，国营出版事业占据主体

方厚枢、魏玉山著《中国出版通史·中华人民共和国卷》

地位。 1952年全国共出版图书13 692种，印行7.86亿册/张，同旧中国图书出版数量最高的年份1936年（9438种，1.78亿册）相比，品种数增长了45%，印数增长了341%。②

1956年底，不包括副牌共有出版社97家（国营80家，公私合营17家）。③ 此时已没有了私营出版社，因私营出版社社会主义改造工作已经完成。 其中中央级出版社50家，各省市区的地方出版社47家。 1956年，全国出版图书28 773种（其中新出18 804种），比1952年增长110%。

1957年到1965年期间，出版机构有所调整，到1965年

---

① 方厚枢，魏玉山.中国出版通史·中华人民共和国卷［M］.北京：中国书籍出版社，2008：39.

② 方厚枢，魏玉山.中国出版通史·中华人民共和国卷［M］.北京：中国书籍出版社，2008：3.

③ 方厚枢，魏玉山.中国出版通史·中华人民共和国卷［M］.北京：中国书籍出版社，2008：40.

底，共有87家（中央级38家，地方级49家）。① 这样比1956年的97家减少了10家。 1957年到1965年期间，全国图书出版取得了一定的成绩，但其间的运动与斗争也影响到出版业，图书出版也经历了不少波折。 1957年反右斗争扩大化，全国出版图书27 571种，较1956年28 773种有所减少，特别是1957年全国书籍总印数4.61亿册/张，比1956年的9.07亿册/张减少了将近一半。 1958年"大跃进"引发浮夸风，在图书出版领域也引发大跃进，当年全国出版图书高达45 495种，是1956年的1.58倍，可以说是中华人民共和国成立十年以来出书量最多的一年，但因片面追逐数字指标，盲目要求快速出书，粗制滥造，其中相当数量的图书质量较差，造成严重积压。1959年到1960年"反右倾"斗争中，形势的影响，加之错误地批判了一批优秀的文艺作品与学术著作，出书量开始降下来，1959年有41 905种，而1960年只有30 797种，减少了11 108种。 1961年起，根据全国"调整、巩固、充实、提高"八字方针，出版社也进行了调整；1962年下半年大讲阶级斗争，一些文艺作品被批判为"反党反社会主义的毒草"，这种持续不断的政治运动也影响到出版业，因此1961—1965年出版图书数量锐减，只有一两万种。

　　1950年全国出版图书12 153种，1965年全国出版图书20 143种，从前后对比中可以看出，从1950年到1965年计十六年间，图书品种数增长66%。 而从总量来看，1949年10月到1965年12月，全国共出版图书（包括书籍、课本、图片）368 827种（其中新出229 377种，重印139 450种），其中书籍共出版277 217种（其中新出187 383种，重印89 834种）。

　　十年浩劫，出版业受到摧残破坏。 出版界是"文革"爆发

---

① 方厚枢，魏玉山.中国出版通史·中华人民共和国卷 [M].北京：中国书籍出版社，2008：40.

后被"彻底批判"的"五界"(学术界、教育界、新闻界、文艺界、出版界)之一,是最早受到冲击、最早被"夺权"的部门之一。[1] 出版界大批领导干部受到批斗,职工下放干校,大批图书被斥为"毒草"而禁售封存,多数出版机构也被撤销或合并。"文革"开始后,许多出版社被合并或者撤销,到 1970 年底,仅剩下 53 家(中央级 20 家,地方 33 家)。[2] 到 1976 年底,共有 75 家(中央级 40 家,地方 35 家)。

1966 年,全国出版图书品种数从 1965 年的 20 143 种降至 11 055 种,减少将近一半;1967 年又猛降到只有 2925 种,只有"文革"前 1965 年的 14.5%,这个数字应是中华人民共和国建立以来历史的最低点了;1968 年至 1970 年,每年出版图书均在三四千种。 1971 年召开了"文革"开始后的第一个全国性的出版会议即"全国出版工作座谈会",在周恩来总理的支持与推动下,并以中共中央文件形式下达了《关于全国出版工作座谈会的报告》及出版计划,要求各地主要领导抓起出版工作,商务印书馆、人民音乐等部分出版社恢复了业务,推动《新华字典》的修订等,但因张春桥、姚文元插手了文件起草,把"两个估计"(新中国建立以来出版界乃"反革命黑线专政,资产阶级知识分子占统治地位",这些人不能用,要重新组建出版队伍)写入文件中,因此许多计划没有得到落实。 1973 年下半年开始直到 1976 年的"批林批孔"、"评法批儒"以及"批邓、反击右倾翻案风"运动中,为了斗争,出版了相关图书。 总之,1966 年至 1976 年,共计出版 91 869 种图书,总印数 300.17 亿余册/张,而其中仅毛泽东相关出版物达 108 亿册/张之多,占

① 方厚枢,魏玉山.中国出版通史·中华人民共和国卷[M].北京:中国书籍出版社,2008:119.

② 方厚枢,魏玉山.中国出版通史·中华人民共和国卷[M].北京:中国书籍出版社,2008:123.

到"文革"期间图书总印数的 36%。[①]

　　1977 年开始，出版界揭批"四人帮"，推倒"两个估计"精神枷锁，实施出书政策上的拨乱反正，一方面为被打倒和错误处理的领导干部和知识分子平反冤假错案并重新安排工作，一方面把"文革"中被打成"封资修毒草"的一大批图书解放出来重新出版。 1977 年到 1979 年期间，有部分出版社恢复了"文革"前的建制，又新建了一批出版社，这样，到 1979 年底，共有 129 家（中央级 63 家，地方 66 家）。[②] 1977 年到 1979 年，全国共出版图书 45 085 种（其中新出图书 36 074 种），总印数 111.54 亿册/张，总印张数 425.64 亿印张。 1979 年出版图书 17 212 种，相较于 1976 年的 12 842 种，增长了 34%。

　　1978 年到 2000 年间，出版社的数量增长较快，总量翻了两番多。 1978 年为 105 家，而到了 2000 年则有 528 家。 期间 1995 年为转折点，达到 527 家；1978 年至 1995 年为快速增长期，而 1995 年以后出版社数量基本上为零增长，有时甚至负增长。

　　在出版社数量快速增长的过程中，图书出版规模也在快速增长，如 1980 年出版图书 21 621 种，而 1990 年达到 80 224 种，十年间差不多增长了 4 倍。 2000 年出版图书 143 376 种，与 1990 年相比，增长了约 1.8 倍,速度降了一些；与 1980 年相比，增长了 6.6 倍，翻了三番多。 据统计分析，1980 年到 2000 年之间我国累计出版图书 1 666 031 种，大大超过了中华人民共

①　方厚枢，魏玉山.中国出版通史·中华人民共和国卷［M］.北京：中国书籍出版社，2008：131.
②　方厚枢，魏玉山.中国出版通史·中华人民共和国卷［M］.北京：中国书籍出版社，2008：214.

和国成立以前三千多年的图书出版总数。① 期间，1994年1月，国家提出出版业阶段性转移，即由以总量增长为主的阶段转向以优质高效为主的阶段，并开始对出版社使用书号进行总量控制，虽然采取了一些措施，但在出版产业大发展的背景下，图书出版品种数有增无减。

2000年以来，出版社的数量以及从业人员的数量基本上保持着稳定增长，2014年出版社数量达到550家（不含副牌）。从某种程度上说，出版机构、从业者的数量变化，可作为行业扩张或收缩的重要衡量指标。1995年以来，出版机构和从业者的数量保持稳增，这可以反映出我国出版业整体趋于扩张态势（同时，此阶段出现的民营工作室，对促进出版业规模速度扩张不容小视）。② 另外，这一阶段图书种数和新出版图书种数的增长也比较平稳。从图书种数与新出版图书种数的增长率看，尽管还存在着某种程度上的波动性，但相较于1978年到1995年间的起落幅度大，总体而言，这一阶段的增长比较平稳，一般保持在10%左右。

总之，根据六十多年来的数据分析，出版社的数量（包括从业人员的数量）以及出版图书品种数的变化，某种程度上反映出我国出版业在不同阶段的扩张或收缩的基本状况。1949年到1965年十七年间，图书出版发生了巨大的变化，总体上处于发展、进步的道路上，虽然也经历了不少曲折，但仍是前进中的曲折。"文革"期间，出版业遭受了中华人民共和国成立以来最严重的挫折，受到了摧残和破坏，无论出书数量与质量，

① 陆本瑞主编.世界出版概观［M］.北京：中国书籍出版社，1991：141-142.根据林穗芳统计，中国从西汉到民国时期共生产图书281 755种.
② 陈昕.当前中国出版业的发展状况与需要解决的六大问题［EB/OL］.http://www.bkpcn.com.2005/5/23.

都大大退步,有时还有"紧密结合当前斗争"的小册子泛滥,造成了很大损失。改革开放以来,我国出版业发展进入前所未有的快车道,无论从出版社的数量,还是从年出书品种数来看,均成倍地增长。但我们也应看到,图书品种数量增长快,也会带来一些问题,比如重复出版、跟风出版以及粗制滥造等。

　　表2-1反映的是我国1949年以来部分年份图书出版社的数量(分为中央级出版社和地方级出版社),以及部分年份当年职工总数(限于资料缺失,只收集了部分年份的数据),从一览表中可以窥见几十年来出版业的消长情况。

表2-1　1950年以来部分年份图书出版社数量/职工数量一览表
（单位：年/家/人）

年份	全国总数	中央社数量	地方社数量	职工总数
1950	211	—	—	—
—	—	—	—	—
1956	97	50	47	—
—	—	—	—	—
1965	87	38	49	10 149
—	—	—	—	—
1970	53	20	33	4694
—	—	—	—	—
1976	75	40	35	—
—	—	—	—	—
1978	105	53	52	—

续　表

年份	全国总数	中央社数量	地方社数量	职工总数
1979	129	63	66	—
1980	169	89	80	—
1981	191	100	91	19 315
1982	214	109	105	22 591
1983	260	120	140	23 524
1984	295	125	170	26 193
1985	371	143	228	29 262
1986	395	148	247	32 039
1987	415	160	255	34 240
1988	448	173	275	35 253
1989	462	176	286	35 574
1990	462	176	286	36 562
1991	465	178	287	37 549
1992	480	183	297	38 799
1993	505	196	309	38 174
1994	514	198	316	38 961
1995	527	204	323	38 774
1996	528	205	323	39 507
1997	528	204	324	41 052

续　表

年份	全国总数	中央社数量	地方社数量	职工总数
1998	530	204	326	44 997
1999	530	204	326	46 390
2000	528	204	324	46 408
2001	562（含副牌社37）	218（含副牌社16）	344（含副牌社21）	—
2002	568（含副牌社36）	219（含副牌社15）	349（含副牌社21）	—
2003	570（含副牌社35）	220（含副牌社14）	350（含副牌社21）	—
2004	573（含副牌社35）	220（含副牌社14）	353（含副牌社21）	—
2005	573（含副牌社34）	220（含副牌社14）	353（含副牌社20）	—
2006	573（含副牌社34）	220（含副牌社14）	353（含副牌社20）	—
2007	579（含副牌社39）	220（含副牌社16）	359（含副牌社23）	—
2008	579（含副牌社34）	220（含副牌社14）	359（含副牌社20）	—
2009	580（含副牌社35）	221（含副牌社15）	359（含副牌社20）	—
2010	581（含副牌社33）	221（含副牌社13）	360（含副牌社20）	—

年份	全国总数	中央社数量	地方社数量	职工总数
2011	580 （含副牌社 33）	220 （含副牌社 13）	360 （含副牌社 20）	67 000
2012	580 （含副牌社 33）	220 （含副牌社 13）	360 （含副牌社 20）	67 100
2013	582 （含副牌社 33）	221 （含副牌社 13）	361 （含副牌社 20）	64 800
2014	583 （含副牌社 33）	221 （含副牌社 13）	362 （含副牌社 20）	66 100

注：2000 年以前的出版社统计不含副牌。

　　下面用柱状图（图 2-1）的形式来展现我国自 1950 年起大部分年份成立出版社状况，分为全国出版社数量、中央级出版社数量和地方出版社数量。 为标准统一，此图中 2001 年以来的出版社减去了副牌社。 从图 2-1 中可以看出，除了中华人民共和国成立之初 1950 年出版社数量有 200 多家外，在 1978 年之前，出版社数量不足 100 家。 成立或恢复出版社最多的时期是在 20 世纪 80 年代前半期，1981 年不足 200 家，1984 年近 300 家，而到 1986 年近 400 家；1986—1995 年十年间，是较快增长期，期间新成立出版社达一百二三十家。 1995 年是个转折点，之后新建出版社变化不大，幅度在二三十家左右徘徊。地方出版社与中央级出版社，在数量上自中华人民共和国成立到 20 世纪 80 年代初相差不大，多数时间中央级出版社略多于地方出版社，而到了 1985—1986 年，特别是 1986 年，地方出版社猛增，比中央级出版社多了近 100 家。 这些变化都与国家出版政策的调整有着密切关系。

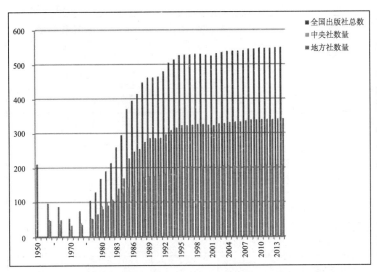

图 2 - 1　1950 年以来部分年份图书出版社数量变化柱状图

表 2 - 2 是我国 1949 年以来全国每年图书出版的数量，分为年出书总量与年新出图书总量，从统计数据上，可以看出几十年来出版图书数量的变化情况。

表 2 - 2　1949—2013 年全国图书出版数量统计一览表①

（单位：年/种）

年份	年出书总量	年新出图书总量
1949	8000	—
1950	12 153	7049

---

① 刘杲，石峰主编.新中国出版五十年纪事［M］.北京：新华出版社，1999：398 - 401；http://www.chushu.org/chubanwenku/chubantongji/200810 - 21 - 15.html，出书网，20090816；2008 年之后的数据引自新闻出版总署产业年度公报.

年份	年出书总量	年新出图书总量
1951	18 300	13 725
1952	13 692	7940
1953	17 819	9925
1954	17 760	10 685
1955	21 071	13 187
1956	28 773	18 804
1957	27 571	18 660
1958	45 495	33 170
1959	41 905	29 047
1960	30 797	19 670
1961	13 529	8310
1962	16 548	8305
1963	17 266	9210
1964	18 005	9338
1965	20 143	12 352
1966	11 055	6790
1967	2925	2231
1968	3694	2677
1969	3964	3093
1970	4889	3870
1971	7771	6473
1972	8829	7395
1973	10 372	8107

年份	年出书总量	年新出图书总量
1974	11 812	8738
1975	13 716	10 633
1976	12 842	9727
1977	12 886	10 179
1978	14 987	11 888
1979	17 212	14 007
1980	21 621	17 660
1981	25 601	19 854
1982	31 784	23 445
1983	35 700	25 826
1984	40 072	28 794
1985	45 603	33 743
1986	51 789	39 426
1987	60 213	42 854
1988	65 962	46 774
1989	74 973	55 475
1990	80 224	55 254
1991	89 615	58 467
1992	92 148	58 169
1993	96 761	66 313
1994	103 836	69 779
1995	101 381	59 159
1996	112 813	63 647

年份	年出书总量	年新出图书总量
1997	120 106	66 585
1998	130 613	74 719
1999	141 831	83 095
2000	143 376	84 235
2001	154 526	91 416
2002	170 962	100 693
2003	190 391	110 812
2004	208 294	121 597
2005	222 473	128 578
2006	233 971	130 264
2007	248 283	136 226
2008	275 668	149 988
2009	301 719	168 296
2010	328 387	189 295
2011	369 523	207 506
2012	414 005	241 986
2013	444 427	255 981

图 2-2 为 1949—2013 年全国图书出版数量变化曲线图，深色线为每年全国出版图书总量，浅色线为每年全国新出图书总量。从图表中可以看出，1949—1965 年间，数量是曲折变化，先升后降，1958 年是最高点，也是转折点；1966—1976 年间，为整个六十多年来出书品种数最少阶段，年出书品种数也低，其中 1967 年为历史最低点；1977—2013 年间，出书品种数快速爬升，其中 1985 年出书数量达到 1958 年的水平，之后快

速爬升，基本上以10％左右的速度增长。 另外也可看出，新出图书的变化趋势与年出书总量的变化趋势是基本上保持一致的。

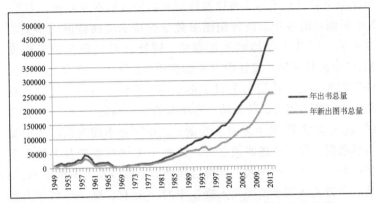

图 2－2　1949—2013 年全国图书出版数量变化曲线图

二、传记出版的数据

1949 年以来，到底出版了多少种传记图书，因为统计源的问题，认识是有差异的。 如张文飞在《苦涩的丰收——对我国新时期以来传记文学"热潮"的粗略考察》一文中，就认为新时期以来二十年间，共有 3000 余种，后来年均出版超百部。① 郭久麟认为，1984—1990 年，达 3700 多部；而 20 世纪 90 年代到 21 世纪初，则每年出版超千种，规模、数量几乎接近长篇小说了。② 还有说，1949—1983 年，共有 3400 多种；1984—1990

---

① 张文飞.苦涩的丰收——对我国新时期以来传记文学"热潮"的粗略考察 [J].文艺评论，1999（3）：38－41.

② 郭久麟.传记文学应该成为独立文学文体 [EB/OL]. http://www.chinawriter.com.cn/bk/2014-01-22/74286.html.

年，共计有3700多种；而1991—1999年的数目则惊人得多。①

　　本书的数据源主要是来自《全国总书目》、中国版本图书馆1949—2013年期间传记类书目数据（特别需要说明的是，由于收集的书目资料不尽完备以及传记类目划分标准的差异，表2-3中所统计的各年出版传记图书数量的精确度尚待进一步充实完善）。在几十年的编制过程中，因社会时代形势的纷纭变幻，《全国总书目》编制中有断续有详略，该书目是采用"中图法"来分类的，传记类书目主要包括"传记K81—83"、"马克思、恩格斯、列宁、斯大林、毛泽东的生平和传记A7"、"哲学B"及"文学I"类中涉及人物的；而中国版本图书馆的传记类书目数据，除了前述四类之外，还有D类与G类涉及人物生平事迹的，H类中国少数民族语言和外语小类涉及人物生平的，Z类综合普及读物小类涉及人物生平的。这样，统计出每年出版传记图书品种数量如表2-3。因这些数字主要为新出图书，故将1949年以来年新出图书品种数并列比较。

表2-3　1949—2013年出版传记图书、年新出图书数量一览表

（单位：年/种/‰）

年份	年出版传记图书	年新出图书	年出版传记图书占年新出图书比(‰)
1949	24	8000	3
1950	105	7049	14.9
1951	124	13 725	9
1952	60	7940	7.6
1953	89	9925	8.9
1954	61	10 685	5.7
1955	214	13 187	16.2

---

① 胡平.传记与历史［N］.文艺报,2000-3-7.

年份	年出版传记图书	年新出图书	年出版传记图书占年新出图书比（‰）
1956	206	18 804	10.9
1957	79	18 660	4.2
1958	214	33 170	6.5
1959	166	29 047	5.7
1960	88	19 670	4.5
1961	72	8310	8.7
1962	84	8305	10.1
1963	67	9210	7.3
1964	27	9338	2.9
1965	46	12 352	3.7
1966	96	6790	14.1
1967	17	2231	7.6
1968	23	2677	8.6
1969	21	3093	6.8
1970	129	3870	33.3
1971	125	6473	19.3
1972	65	7395	8.8
1973	80	8107	9.9
1974	57	8738	6.5
1975	83	10 633	7.8
1976	125	9727	12.9
1977	297	10 179	29.2
1978	116	11 888	9.8

年份	年出版 传记图书	年新出 图书	年出版传记图书 占年新出图书比(‰)
1979	140	14 007	9.9
1980	124	17 660	7
1981	233	19 854	11.7
1982	304	23 445	12.9
1983	351	25 826	13.6
1984	348	28 794	12.1
1985	492	33 743	14.6
1986	536	39 426	13.6
1987	526	42 854	12.3
1988	586	46 774	12.5
1989	703	55 475	12.7
1990	646	55 254	11.7
1991	760	58 467	12.9
1992	710	58 169	12.2
1993	699	66 313	10.5
1994	796	69 779	11.4
1995	848	59 159	14.3
1996	1067	63 647	16.8
1997	1313	66 585	19.7
1998	1621	74 719	21.7
1999	1610	83 095	19.4
2000	1459	84 235	17.3
2001	1438	91 416	15.7

年份	年出版传记图书	年新出图书	年出版传记图书占年新出图书比(‰)
2002	1614	100 693	16
2003	2062	110 812	18.6
2004	2862	121 597	23.5
2005	3403	128 578	26.5
2006	3178	130 264	24.4
2007	3514	136 226	25.8
2008	3724	149 988	24.8
2009	4116	168 296	24.5
2010	4693	189 295	24.8
2011	4949	207 506	23.8
2012	5744	241 986	23.7
2013	5267	255 981	20.6
合计	65 396	3 449 096	—

1949—2013年间，年出版传记图书变化趋势如图2-3：

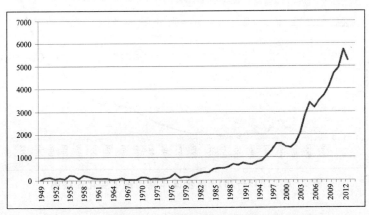

图2-3　1949—2013年出版传记图书变化曲线图

从图 2-3 中可以看出，自 1949 年起，在比较长的时期内，年出版传记数量不多，有的年份几十种，有时一两百种，起伏变化不大，直到 1996 年才开始超过 1000 种，之后数量保持快速增长，十七八年间增长了 5 倍多。 1949—1965 年间，1955 年、1958 年各为 214 种，是十七年期间最高年份；而 1949 年、1964 年则比较少，只有 20 多种，期间内相比，变化幅度比较大，可能与政治运动等有关。 1966—1976 年间，1970 年、1971 年和 1976 年均超过 100 种，其他年份几十种不等，而 1967 年则为历史最低点，只有十几种，可以明显看出传记图书出版因社会变动而受到极大影响。 1977—2013 年间，基本上处于上升趋势，期间也有小幅波动，其中 1977 年因"文革"结束，传记出版猛增，数量接近 300 种，约是 1976 年的 2.4 倍；之后虽有小幅回落，但到了 1982 年开始达到 300 多种。 1982 年之后年出版传记数量虽小有波动，但基本上处于上升趋势；1996 年开始超过 1000 种，之后基本上呈上升趋势，期间 2001 年、2006 年还稍有回落，不过幅度不大。

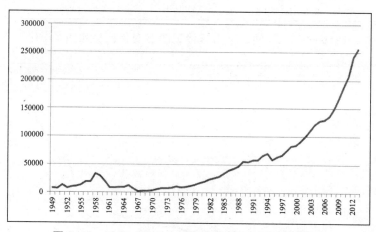

图 2-4　1949—2013 年全国年新出图书变化曲线图

图2-4为1949—2013年全国年新出图书变化曲线图，通过与1949—2013年出版传记图书变化曲线图（图2-3）对比可以看出，二者总的发展变化趋势基本一致，不过在不同时期波动幅度不同。1949—1965年间，全国新出图书先升后降，1958年是最高点；而传记图书出版则有两次小波动，1955年、1958年分别为两个最高点。1966—1976年间，全国新出图书变化幅度不大；而传记图书出版波动幅度大，最低年1964年与最高年1970年相差七八倍之多。1977—2013年间，全国新出图书变化基本上处于快速上升趋势，期间1995年与1994年相比有上万种回落，之后主要呈上升状态；而传记图书出版虽基本上处于上升趋势，不过期间有2001年、2006年两次稍有回落。

从图2-5可以看出，1949—2013年出版传记图书占年新出图书的比例最低值为1964年的2.9‰，最高值为1970年的33.3‰，二者相差的幅度还是比较大的。在中华人民共和国建立之初十七年时期，年传记图书占年新出图书的比例不大，除了1955年的16.2‰，一般在15‰以内；而变化最为剧烈的是

图2-5　1949—2013年出版传记图书占年新出图书比例变化曲线图

"文革"期间，1970 年畸高，为 33.3‰，变化幅度最大；新时期以来，除了"文革"结束后第一年即 1977 年占比高达 29.2‰外，其余年份占比变化比较平稳。 总体来看，1949—2013 年出版传记图书占年新出图书的比例，除了特别年份变化幅度大外，呈逐步上升的趋势。

第四节　我国 1949 年以来出版与传记出版的阶段划分

一、出版的阶段

出版是人类活动的重要组成部分，是一项由生活在社会中的人在特定的社会环境中进行的服务于社会中的人的活动。 出版作为一种社会性活动，是人类社会发展到一定历史阶段的产物，与人类社会历史互为作用，可以推动或阻碍人类社会历史的发展。 特别是作为人类社会文化活动的重要组成部分，出版在文化积累与传承、传播中发挥着独特而至关重要的作用。

社会对出版的影响。 首先是政治的影响。 出版首先是一种精神生产活动，往往属于上层建筑的一个组成部分，时刻受到所处社会的社会制度、法律、宗教等上层建筑的影响甚至控制，可以说政治制度和政治环境决定出版的命运包括出版的方向、规模和水平等。 这种影响往往采取具体的措施但又极其复杂，如国家政权时常介入出版活动，有时甚至就是出版活动的主体；政治对出版施加影响最常见最主要的方式是制订各种法律、法规或制度，通过这些体现国家意志的法律、法规等来管理出版活动，使之符合自身的利益；国家也可以通过设立一系列管理机构以及一些行业组织来实现对出版的管理与影响；国家政权有时还通过对出版的扶持和资助来实施影响。 再是经济的影响。 出版的发展离不开一定的经济基础，社会经济的发展为出版提供物质条件，经济发达、物资丰饶会促进出版发展，经济不发达、物资匮乏则往往会限制或阻碍出版的发展。再者是科学技术水平的影响。媒介形态及其发展阶段的界定多是以科技特别是传播技术水平为标准的，如造纸术给予出版传播质的飞跃，数字网络等新技术促使出版传播又一次变革，可以说出版的发展极大地受益于科技的发展。另外，出版本身就是社会文化活动之一，因此还受到社会文化的影响，因为社会文化的发展水平和丰富与否等，也往往决定着出版行业从业者的素质高低，出版所需选题内容资源的丰富与贫乏，以及社会需求的高低等，可以说，社会文化的发展为出版提供了活力。

出版无时无刻不受其所处的社会环境的影响，同时出版业反过来影响着一定的社会。出版对社会具有积极的能动作用，具体来说有：出版作为上层建筑意识形态的一部分，对政治和国家政权产生积极作用，可以形成有利于维护政权的舆论导向；可以对国民深化思想教育；也可以推动人的社会化，帮助形成共同行动，促进社会生活的整合。出版对社会经济产生影响，可以有助于提高劳动力素质，促进社会生产力发展；可以促进人们更新经济理念，推进社会经济发展；可以帮助迅速传递各种社会信息，加快社会经济的发展速度；更重要的是，出版所生产的出版物不仅仅是精神产品，也是物质产品，出版业已经是国民经济的重要组成部分，对推动国民经济的增长起着非常重要的作用。出版对科技的进步也有着积极的作用，出版帮助传播与普及科学知识，提高社会公众的科学素质，提升人们的技术能力，从而进一步提高了生产力特别是科学技术创新发展的能力。出版本身就是一项文化活动，其对社会文化的发展进步影响极大，可以增进文化积累，延续社会文化；可以推进社会文化创新，优化社会文化选择；可以促进各方面文化交流；等等。

这里阐释出版与社会的关系，主要是为了说明出版作为一种社会性活动，与社会各领域密切相关，是难以超越一定的社会阶段、社会环境而超然存在的；出版作为社会的一个部分、一个子系统，虽然有其独立性，但与其他系统、领域是密切相关、密切互动的。因此，出版发展如同社会历史一样有其阶段性。下面来谈谈关于出版发展历史阶段的划分。

四个时期。对于中国出版历史的分期，涉及真正的出版诞生的起点在何时，出版史分期的依据是什么等问题。依照这样的思路，学者刘光裕提出，将书籍公开自由流通、实现公共传播作为出版诞生的历史依据，即汉惠帝四年（前 191）第一次公开允许书籍流通自由即"除挟书肆"（废除了官书制度）。而对于出版史分期的依据，可以按朝代更迭或者社会发展的阶段，或按出版历史进程的阶段性特征来划分。如按后一种来分析，则要考虑到相关视角诸如书籍出版从自给自足发展到市场经济的演变，出版者/书商及其活动的历史演变过程，出版技术对出版发展的影响等。据此，学者刘光裕将中国出版的历史阶段划分为四个时期：第一时期为出版的孕育期，时间为秦汉之前；第二时期为抄本出版或古典出版时期，时间自汉代到唐代；第三时期为雕版出版期，时间自五代、两宋到晚清；第四时期为现代出版期，时间为晚清直到如今。这种分法，主要依据出版的历史形态特征，按照从无到有、从小到大、从古典到现代这一发展演变的历程将从古到今的出版活动分为四个阶段时期。[①]因此我国 1949 年以来六十多年的出版历史可算作现代出版阶段，这只是宏观的观照。

七个时期。对于我国 1949 年以来的出版发展阶段的划分，有的研究将其放在整个出版史的历史长河中来看，分为以下几

---

① 刘光裕.论中国出版史分期 [J].济南大学学报（社科版），2008（3）：64-71.

个时期①：图书的萌芽时期（从商殷至战国时期），图书的初步发展时期（从后汉时代至清朝），图书的更新发展时期（从清末至 1949 年前），图书的飞速发展时期（从 1949 年至 1970 年代），图书的改革发展新时期（1980 年代），图书的市场化发展时期（1990 年代），图书的战略调整发展时期（2000 年以来）。这种划分，主要考虑到出版的技术层面以及自身体制、机制的变革等因素。

四个阶段。由中国新闻出版研究院组织力量编撰的《中国出版通史》第 9 卷《中国出版通史：中华人民共和国卷》，反映了 1949 年以来的出版历程，该书将这一段历程划分为四个阶段：第一个阶段为中华人民共和国出版事业的建立和发展（1949—1965），第二个阶段为"文化大革命"时期的出版事业（1966—1976），第三个阶段为拨乱反正时期的出版事业（1977—1979），第四个阶段为改革发展时期的出版业（1980 年代以来）。②

五个阶段。还有一种研究来分析中华人民共和国建立六十年来中国出版的发展，据《中国编辑出版史》，有这么五个发展阶段③：中华人民共和国出版事业的建立和发展（1949 年 10 月—1956 年 12 月），是人民出版事业奠基阶段，是中华人民共和国成立初期出版事业的时期，表现出新的气象与风貌；出版事业在曲折的道路上前进（1957 年 1 月—1966 年 4 月），此时期出版随着社会形势也经历整风运动、反右运动、"大跃进"运动，再是出版事业的调整、文化思想领域的错误批判等，出版

---

① 中国大陆图书出版发展概况 [EB/OL].中国出版网，2007 - 2 - 13.

② 方厚枢，魏玉山.中国出版通史：中华人民共和国卷 [M].北京：中国书籍出版社，2008：目录.

③ 肖东发，方厚枢主编.中国编辑出版史（下册）[M].沈阳：辽海出版社，2006：1 - 2.

事业也动荡曲折；"文化大革命"时期的出版事业（1966 年 5 月—1976 年 10 月），此时期出版几乎停滞；出版事业恢复整顿时期（1976 年 10 月—1979 年 12 月），通过拨乱反正以恢复整顿出版业；改革开放时期的出版事业（1980 年以来），随着社会改革开放，各项事业大发展，出版行业亦经历着管理体制与机制的变革，出版业在改革中腾飞而欣欣向荣。

肖东发、方厚枢主编《中国编辑出版史》

可以看出，对于出版发展阶段的这种划分，主要是以社会发展的阶段作为分期的依据，即立足于社会政治制度的变动等因素。因为在人类社会的发展历史过程中，往往是以社会政治制度变化/朝代的变更等来界定社会的发展阶段的，而文化出版等领域，仅仅是时代社会的一个子系统，多是依附于时代与社会的。

二、传记出版的阶段

西汉司马迁开创了以传、纪、志、表为主要书写形式的史书体例，奠定了之后历朝历代记录历史人物的主要形式，可以说，人物传记是中国古代史书，特别是正史的主要内容。而以司马迁《史记》纪传体为标志，开始了我国古代传记文学的滥觞。我国古代传记文学的第二个热潮是唐代杂传写作的兴盛。直至"五四"前后，经梁启超、胡适、朱东润等为代表的一批知识分子的倡导，提出了受到西方"新传记"写作影响的新见解和新的传记写作评价的标准，从理论与创作实践方面开创了中国传记的新历史。自此，传记逐渐实现了与史学的分野，以传记文学的形式真正独立于文体之林，这一非虚构文学自 20 世纪下半叶以来，特别是 20 世纪 90 年代之后，出现了兴盛与繁荣的发展态势。

下面来分析我国 1949 年以来六十多年的传记出版发展阶段。

两个时期。有研究者认为，1949 年以来六十多年的传记创作出版可分为两个时期：分为两个"30 年"。

第一个时期为"前 30 年"，从 1949 年中华人民共和国成立到 1978 年 12 月中共十一届三中全会前的三十年为社会主义革命和建设时期；第二个时期为"后 30 年"，即中共十一届三中全会以来的三十多年的改革开放和现代化建设新时期。"前 30 年"可以再细分为这么几个小阶段：第一个小阶段是中华人民共和国成立后的十七年，从 1949 年至 1966 年的十七年间，除了译传外，中国大陆共出版人物传记约 500 多种，传记创作出版获得了较大的发展，出现了初步繁荣的局面；第二小阶段"文革"十年（1966—1976）是传记创作出版的停滞期，整个期间传记创作出版屈指可数，而且质量不高；第三小阶段为"文革"结束后的两三年时间，传记创作出版开始复苏，也可视为中华人民共和国成立后十七年传记创作出版在"文革"结束后短暂的延续。"前 30 年"传记创作出版有新时代的新气象，但很快遭遇曲折与挫折，有正反两方面的经验与教训值得总结和汲取。 此三十年源于政治要求的传记创作出版倾向很是明显。 为了革命与建设的需要，中华人民共和国成立后头十七年的革命英雄题材的传记创作出版大行其道，先是 20 世纪 50 年代初期全盘学习苏联而大量引进的翻译传记如《卓娅与舒拉的故事》、《奥斯特洛夫斯基传》和《普通一兵——马特洛索夫》，等等；再就是中国本土青年英雄人物的传记作品如《董存瑞的故事》、《黄继光》和《邱少云》等，英雄传记"是一元化的带有革命古典主义倾向的'革命现实主义'"[①]。"前 30 年"

---

① 杨春时.现代性与三十年来中国的文学思潮 [J].中国社会科学，2009（1）：150 - 160.

的后来，因受到政治层面的极"左"路线思潮的影响，"文革"十年中国传记创作出版基本停滞。梳理"前 30 年"的轨迹，可以发现中国现代化发展进程的特殊性不可避免地在当代传记创作出版发展进程中留下了明显的印迹。①

第二个时期为"后 30 年"，可以按照每个阶段约十年左右分为三个小阶段：第一小阶段为新时期（1979—1989），此阶段传记创作出版复苏振兴，发展迅速；第二小阶段为后新时期（1990—2000），此阶段传记创作出版质量提升，规模扩大；第三小阶段为新世纪时期（2001—2009），此阶段传记创作出版多元发展，形式更新。② 从 20 世纪 80 年代开始的整个"后 30 年"时期，传记创作出版日渐兴盛，无论从传记作品的数量还是质量上看，都超出了"前 30 年"的水平，在创作界和出版界形成一个新现象。这种蓬勃兴盛的局面，与改革开放以来整个国家政治、经济、社会、文化发生的巨大变革密切相关。

〔苏〕柯斯莫杰米扬斯卡娅著《卓娅和舒拉的故事》

〔苏〕温格洛夫、爱弗洛斯合著《奥斯特洛夫斯基传》

〔苏〕茹尔巴著《普通一兵——亚历山大·马特洛索夫》

① 张洪溪.传记文学的现代化与中国传记文学学会［C］//万伯翱等著.传记文学新近学术文论选.北京：中国青年出版社，2011：110 - 112.
② 张洪溪.传记文学的现代化与中国传记文学学会［C］//万伯翱等著.传记文学新近学术文论选.北京：中国青年出版社，2011：114 - 115.

　　五个阶段。对于中华人民共和国建立六十年来传记创作出版的阶段分期，还有一种划分，即五个阶段。第一个阶段是中华人民共和国建立十七年时期（1949—1966），是传记出版的初步繁荣。此阶段出版传记500余种（除译传），革命英雄传记为多，革命回忆录这一史传文学形式也得以发展，出现了如《雷锋的故事》、《雷锋小传》等具有轰动效应的英雄传记。第二阶段是"文革"十年（1966—1976），传记创作出版停滞。此阶段受极"左"思想影响，国家各项事业基本停滞，当时有条不成文的规定——不准以任何艺术形式表现真人真事，传记创作出版受到严重摧残。第三阶段为新时期十二年（1977—1989），可归纳为复苏与振兴期。先是再版了"文革"前的有关传记作品，再是先出现了领袖/将帅传记作品出版热，然后又出现了文学家/艺术家传记创作出版热，还出现了此前所未有过的"恶人传"（如《杜月笙传》、《哈同外传》等）。此时传记创作出版的数量、质量以及影响达到了前所未有的境地，打破诸多禁区与牢笼，题材有新的拓展，传主类型也日益丰富，同时传记创作不仅注意到真实性，而且开始突出其文学性一面。第四阶段是后新时期十年（1990—2000），传记创作出版的崛起与嬗变。此阶段进入了多元、开放、众声喧哗的时代，随着大众传媒的崛起、消费浪潮的出现以及新的全球化进程，在转轨转型的市场经济占主导的时代背景下，传记创作出版出现了"黄金时代"，热点不断，领袖/将帅传记、商界人物企业家或实业家传记、科学家传记、文化名人传记、明星自传乃至平民传记等先后大量出版。第五阶段为新世纪以来，传记创作出版的新走向。新世纪以来，在全球化进程加速，新科技、新媒体影响日益加剧的新形势下，传记创作出版成为一个重要品类，不时有畅销书行销阅读市场，资讯丰饶之下出现的大传/全传可以全景式再现人物的多维侧面以及历史的沧桑，另外还有诸如著名群体人物传记、翻译引进人物传记畅销、多媒体呈现传主等新的特色与辉煌。①

三个阶段。 另外还有一种划分中华人民共和国建立六十多年来的传记创作出版的视角,分为三个阶段:第一阶段为中华人民共和国成立之后的十七年,传记创作出版得到了一定的发展;第二阶段为"文革"中,传记创作出版陷于停滞;第三阶段为"文革"后,传记创作出版在更广范围、更大规模、更深程度和更高质量上得到了蓬勃发展。 总的来看,中华人民共和国成立以来,我国传记创作出版呈现出"马鞍形"发展轨迹。②

总之,出版不能超越时代,出版发展阶段的划分多以社会政治历史阶段性变化为依归。 综合上述几种关于我国 1949 年以来六十多年的出版与传记创作出版阶段的划分,本书比较倾向于按四个发展阶段来分析六十多年来传记出版情况。 具体为:第一阶段(1949—1965),因为这是我国社会政治、经济、文化等制度变更的一个新起点,是中华人民共和国成立初期的十七年时期,是奠定新质出版事业的阶段,这也是新的传记创作出版奠定期,传记出版表现出以树立时代新人与英雄叙事为特征;第二阶段(1966—1976),因为"文革"的爆发,此十年时期为我国社会全面动乱的时期,出版事业遭受重创,而传记创作出版也深受影响,几乎停滞,但在特殊的时代氛围里,因为迫于形势的压力与政治等需要,传记出版"树典型,表忠心"与"历史人物唱主调"交替,分别表现出"去英雄化"与"去当代化"倾向;第三阶段(1977—1991),"文革"结束,中共十一届三中全会召开,社会逐步走向正常的秩序,出版事

---

① 全展.传记文学:阐释与批评 [M].武汉:湖北人民出版社,2007:93-106.

② 郭久麟.中国二十世纪传记文学史 [M].太原:山西人民出版社,2009:16.

业也逐渐恢复并走上正轨，积极满足因之前书荒而造成的巨大社会阅读需求，传记创作出版也进入复苏与振兴的时代，不断突破各类人物题材禁区，表现出新的特质；第四阶段（1992 年以来），邓小平的"南方谈话"标志着社会主义市场经济体制的确立，改革开放继续推进、深入，这给我国整个社会带来了全面而深刻的转型，而我国出版业在市场化、产业化的进程中得到长足发展，传记创作出版也繁荣昌盛，多元而共生，展现出新的时代特质。

　　下面几章就是按这四个阶段来分析展现各个阶段传记出版的时代背景与政策环境、阶段性概况、主要表现及特征、规律等。

第三章 /

时代新人与英雄叙事
（1949—1965）

十七年时期，传记题材与传主是从普通工人、农民、士兵等群体中涌现的先进人物与英雄这样"完全新型的人物"，突显的是时代新人登上历史舞台，是政治形势主导下的"红色"出版，"红色"阅读潮流下的英雄叙事。

"唯物主义历史观从下述原理出发：生产以及随生产而来的产品交换是一切社会制度的基础；在每个历史地出现的社会中，产品分配以及和它相伴随的社会之划分阶级或等级，是由生产什么、怎样生产以及怎样交换产品来决定的。所以，一切社会变迁和政治变革的终极原因，不应当在人们的头脑中，在人们对永恒的真理和正义的日益增进的认识中去寻找，而应当在生产方式和交换方式的变更中去寻找；不应当在有关的时代的哲学中去寻找，而应当在有关的时代的经济学中去寻找。……用来消除已经发现的弊病的手段，也必然以多少发展了的形式存在于已经发生变化的生产关系本身中。这些手段不应当从头脑中发明出来，而应当通过头脑从生产的现成物质事实中发现出来。"①恩格斯在论述社会历史的变革规律时做了如上论述。当我们来看我国 1949 年以来的媒介空间与文化流变，特别是传记出版与时代社会关系时，可以借鉴这一规律作为研究的视角、思路以及理论依据。

第一节　时代背景与政策环境

一、高度组织化、一体化文化体制的建立

刘向《说苑·指武篇》曰："圣人之治天下，先文德而后武

---

① 恩格斯.社会主义从空想到科学的发展·马克思恩格斯选集（第三卷）[M].北京：人民出版社，1972：424-425.

力。 凡武之兴，为不服也；文化不改，然后加诛。"这可能是
汉语中最早出现的"文化"一词。 南齐王融《三月三日曲水诗
序》曰："设神理以景俗，敷文化以柔远。"可见，中国最早的
"文化"有着"文治和教化"的意味。 古今中外，关于文化的
解释见仁见智。 如冯友兰在《三松堂学术文集》中就说，中国
文化就是中国之历史、艺术、哲学……之综合体；除此之外，
并没有别的东西，可以单叫作中国文化。 英国人类学家爱德
华·泰勒（Edward Bernatt Tylor）1871 年在《原始文化》一书
中讨论文化之定义时提出："文化或文明，就其广泛的民族学意
义来说，乃是包括知识、信仰、艺术、道德、法律、习俗和任何
人作为一名社会成员而获得的能力和习惯的复杂整体。 人类的
各种各样机会中的文化状况，在其可能按一般的原理加以研究
的范围内，是一个适合于研究人类思想和行动的规律的课题。"
美国人类学家克利福特·格尔茨（Clifford Geertz，1926—2006）
曾说："文化是指一个社会全部的生活方式，包括价值观、习
俗、象征、制度以及人际关系。"①何为文化？ 马克思主义文化
观有自己的解释。 1876 年，恩格斯在《劳动在从猿到人转变过
程中的作用》中指出，文化借助于意识和语言而存在，文化是
人类特有的现象和符号系统，文化就是人化的自然，是人的对
象化或对象的人化。 在中国的语境中，毛泽东在《新民主主义
论》中认为："一定的文化（当作观念形态的文化）是一定社会
的政治和经济的反映，又给予伟大影响和作用于一定社会的政
治和经济；而经济是基础，政治则是经济的集中的表现。"可
见，文化是一定社会的经济和政治在观念形态上的反映，并影
响、反作用于经济和政治，是一定社会主体对过去、现在和未

---

① A. L. Kroeber and Clyde Kluckhohn. *Culture：A Critical Review of Concepts and Definitions*. New York：Vintage Books（A Division of Random House），1952：3.

来社会生活的一种自觉认识和向往，它对人起着潜移默化的作用，影响人们的思想和行为。①

　　在一定社会中，文化并不是一成不变的。这种改变可以是由于族群社会内部的发展或由于不同族群之间的接触而引起的一个族群文化的改变，而一个社会内部和外部的变动都会促使其文化系统发生适应性变化，从而引发新的需要。这就是文化流变或文化变迁。文化流变的主要机制为创新、传播和涵化。创新包括发现和发明，而涵化则包括接受、适应（同化或融合）、抗拒。

　　文化既然是一定社会的经济和政治在观念形态上的反映，那么当社会制度发生深刻的变革或者说社会生产方式发生急剧变更时，建立其上的文化也必然随之发生深刻的改变。

　　中华人民共和国建立后，作为执政党的中国共产党及其领导人需要确立其各方面的领导地位，包括文化领导权。这种努力时间还更早些，即在延安时代以毛泽东的《在延安文艺座谈会上的讲话》为标志与节点。正如学者李洁非、杨劼所指出的："延安时代对 20 世纪上半段文学有清算意味，是'古典'倒掉、走入'现代'的中国文学重新树起标尺的一个转折。……为了某种梦想，文学舍弃自由，走向整齐划一，走向秩序，走向集中。""在某个方面，就中国而言，历史上没有任何其他的文艺理论著作能与之相比，因为它制订、规定了未来数十年一个国家的文学艺术的秩序、标准和原则——这是它真正的权威性之所在。"②可以说，《在延安文艺座谈会上的讲话》是奠定了国家秩序的文本之一，它明确规定了未来数十年文艺的秩序、标准与原则等。

①　孟宪平.文化体认流变的多维审视及现实启示［J］.中共重庆市委党校：探索，2009（1）.

②　李洁非，杨劼.共和国文学生产方式［M］.北京：社会科学文献出版社，2011：23-24.

其实，何止是文学，整个文化与社会都体现了这种转向，诸如走向整齐划一，走向秩序，走向集中等。

中华人民共和国的建立，以公有制为经济基础，以人民当家做主为旨归，这是生产方式和交换方式的巨大变更，由此社会一切都发生了深深的变革，其中也包括文化。在此种背景下，与之相适应的一种新的文化体制产生了。文化/文学体制是由一定的思想、制度和组织三方面构成的。在延安时期，中国共产党就开始形成了一个相对完整的文化管理体制，包括掌控文化的领导权，如何领导、指导和管理文化生产等；这种体制可以体现在如下四个方面："首先，是文化各种品类、部门，举如新闻、出版、教育、研究……一应俱全、悉备无遗，较之延安之前，实有天壤之别，这当然为实施党的文化领导权奠定了坚实的客观基础。其次，就文化工作的运行给出严密详尽的规章，明确了管理顺序，无论写作、编辑与发表，环环相扣，责有攸归，以切实保障和贯彻党的一元化领导。第三，对文化队伍予以充分组织化，使每个作家、艺术家、教师、理论家、学者、编辑、记者的存在脱离于'个人主义'，而成为党的文化工作者。第四，针对不同的文化生产，从理论和思想上分别明确其标准、尺度、原则和政策——例如有关新闻的党性，以及文艺上的'工农兵方向'、现实主义原则等——并结合现实和形势需要，随时调整，这些指导可能非常细致、具体，甚至具体到创作的题材及内容。"[①]

可以说，1949 年后的文化体制具有两个明显的特征：组织化和计划化。组织化，就是用一定的办法对文化劳动者统一管理。如文联、作协对文艺家、作家，即形成文化生产者与体制之间一种特定的契约关系。计划性，就是将文化生产纳入国家

---

① 李洁非，杨劼.共和国文学生产方式［M］.北京：社会科学文献出版社，2011：61.

控制，从题材的确定、创作方法和风格等艺术细节的官方规定、作品出版发表之前的审查、对出版单位和刊物的领导直至文学产品的销售，进行资源的配置和创作监管。

这一阶段我国文化（文学，包括出版等）机制体现出高度的"一体化"。这是高度组织化、行政化、级别化的生产机制，是契合计划经济体制的，适合统一管理、监督管控。由此，"文艺成为政治工具，党的机器中的螺丝钉"，也难怪此时期公开发表出版的文学作品在题材、主题、趣味、风格、艺术手法等方面具有高度趋同性，比如选题上集中于革命历史、农村生活，政治抒情诗异常繁盛，现实主义一花独放等，这都与高度组织化、行政化的文化（文学，出版）生产制度密切相关，即一体化的文化生产机制必然产生一体化的文学生态模式。①

中华人民共和国宣告成立前夕，"第一次文代会"1949年7月2日在北平召开。文代会先开，这显示了组织管理文艺、文化工作的重要性。会议通过的《中华全国文学艺术界联合会章程》明确其宗旨即"彻底打倒帝国主义、封建主义和官僚资本主义，建设中华人民民主共和国和新民主主义的人民文学艺术"，要求会员"反映新中国的成长，表现和赞扬人民大众在革命斗争和生产建设中的伟大业绩"；"肃清为帝国主义者、封建阶级、官僚资产阶级服务的反动文学艺术及其在新文学艺术中的影响"；在工厂、农村、部队中"培养群众中的文艺力量"，等等。可以说，一是歌颂、赞美，二是批判、斗争，三是工农兵方向，这是中华人民共和国建立初期中国文艺工作的三大基本任务。②"第一次文代会的组织结果就是全国文联和各专业协

---

① 吴义勤主编.文学制度与中国新时期文学 [M].北京：文化艺术出版社，2013：168-169.
② 李洁非，杨劼.共和国文学生产方式 [M].北京：社会科学文献出版社，2011：73.

会的建立。……标志着当代中国文艺体制这台功能强大机器的成形。"①中国文艺生产方式大变革的时间点是在 1949 年,从此开始了前所未有的全新生产方式。如中国作协就在其章程中要求:文艺为工农兵服务的方向,贯彻执行百花齐放、百家争鸣、推陈出新的政策,团结全国以工人阶级作家为骨干的文学队伍,积极地参加社会主义革命和社会主义建设事业,为实现共产主义的伟大理想而奋斗;……中国作家应当努力深入工农兵群众,与劳动人民密切结合……②

1949—1956 年中华人民共和国成立初期的六七年,是强调文学/文化正规化的时期,鉴于共和国成立所形成的和平建设环境,人们的愿望是利用这样的机遇,尽快步入正轨,因此重视名家、重视专业创作者,希冀向世界先进文学的目标进发。但是,在当时的语境下,因无产阶级文化的主体是工农兵大众,所以他们既是被表现的主体,也是去表现的主体。因此,1957年反右开始之后,由谁掌握无产阶级文化这一议题重新得到重视。最终,要求工农兵应该全面拥有和代表整个无产阶级文化,劳动人民要知识化,知识分子要劳动化,由此工农兵创作呈爆发式增长,群众创作运动狂热,出现了诸如"全民办文艺"、"全党办文艺"、"人人是诗人"等口号。可以说,中华人民共和国成立后,文艺发展的路径与趋势是:强调无产阶级政治意识形态,破除文学创作方面知识分子的垄断,培养造就工农兵作者,积极推进工农兵创作活动。而这种趋势,在"文革"中发展到了空前的地步。

---

① 李洁非,杨劼.共和国文学生产方式 [M].北京:社会科学文献出版社,2011:74.
② 中国文学艺术工作者第三次代表大会资料 [R].中国文学艺术界联合会,1960:409.

二、当代出版生产传播制度的建立

1949 年前后，随着整个社会结构的剧变，一种新的出版体制逐步建立，催生了新的出版生产传播模式。1948 年，全国解放战争已经取得了决定性的胜利，在此种形势下，中共中央开始对新解放区以及全国解放后的出版事业着手部署。1949 年 1 月 31 日北平和平解放后，中共中央宣传部派出版小组进入北平参加出版方面的接管和筹划出版书刊等工作。2 月 22 日，在中央的电报指示下，中宣部出版委员会在北平正式成立，黄洛峰任主任委员。随之，出版委员会做了接管、制订出版政策和干部学习读物，组织公司合营的联合出版社，统一华北新华书店，举办业务训练班，筹备召开全国新华书店出版工作会议等一系列工作，这为 1949 年后出版事业由分散走向统一集中做了重要的准备。①

1949 年 10 月 3 日全国新华书店出版工作会议在北京开幕。这是中华人民共和国成立后召开的第一个全国性出版会议，受到党中央的重视，毛泽东、朱德还为大会题词。会议通过了《关于统一全国新华书店的决定》及其附件《关于统一全国新华书店各部门业务的决定》等。1949 年 10 月 3 日《人民日报》评论这次会议"标志着全国出版事业适应着新的情况开始走向全国范围的统一"②。

中华人民共和国成立后，出版生产传播制度的建立主要体现在如下几个方面。

首先,建立新闻出版行政领导机关。设立新闻总署和出版总

---

① 肖东发，方厚枢主编.中国编辑出版史（下册）[M].沈阳：辽海出版社，2006 年 3 月第 2 版：1-11.
② 肖东发，方厚枢主编.中国编辑出版史（下册）[M].沈阳：辽海出版社，2006 年 3 月第 2 版：11-13.

署,并任命相关负责人。 中宣部出版委员会改组为出版总署出版局。 1952 年 2 月,新闻总署撤销,相关业务归并到出版总署管理。 1954 年 11 月 30 日出版总署不再设立,其出版行政业务划归文化部,12 月 1 日文化部出版事业管理局成立,归口管理全国出版事业。 其后,出版总署又经历设立、归并等几个阶段,直至目前的国家新闻出版广电总局。 之后又确立了中央和省(市、区)等新闻、出版两级管理体制。 这种管理体制促使原有的分散的出版资源迅速被整合起来,也便于对全国出版事业实行集中、统一、有效的管理。①

其次,实行出版、印刷、发行专业分工制以及出版专业化。根据《关于统一全国新华书店的决定》等文件,1951 年底完成全国新华书店的统一工作。 1949 年 7 月,按照中央提出的"公私兼顾"的政策组织公私合营的出版社共同完成中华人民共和国建立之初中小学教科书的出版发行。 1950 年起,开始对私营出版业进行初步的调整和改造。 1956 年 6 月,改造基本完成,全国不再存在私营性出版社。 到 1956 年底,全国国营出版社从 1950 年的 25 家发展到 82 家,公私合营出版社从 1950 年的 2 家发展到 19 家,全国国营、公私合营出版社共计 101 家(其中中央级 54 家,地方 47 家;不含副牌社,则有 97 家)。 在统一与改造合营过程中,1950 年 10 月,政务院发布了《关于改进和发展全国出版事业的指示》,明确提出书籍杂志的出版、发行、印刷是三种性质不同的工作,原则上应当逐步实现科学的分工。 同时,出版社必须实行专业化。 为了便于提高出版物的质量,专营出版工作的出版社,首先是公营出版社,应当按出版物的性质而逐步实行大致分工。 为此,成立了出版国家政治性书籍的人民出版社,同时又按照专业分工方向,建立了若干

① 肖东发,方厚枢主编.中国编辑出版史(下册)[M].沈阳:辽海出版社,2006 年 3 月第 2 版:13-14.

规模较大的国家专业出版社或专以某一部分读者为出版对象的综合性出版社。①

　　再次,建立起敏感选题先审核再出版的出版审批制度以及相关管理措施。这些方面的主要表现有:请示报告制度和审核、审批制度是出版社必须遵守的规范,审核、审批中最为重要的是选题出版计划的审核,再之是有关书稿须报请党的意识形态部门进行政治审核,唯有审核合格后才能出版。通过机构调整、书刊查禁等行政干预,是对出版机构进行行政管理的重要方式。日常性的措施如工作检查也是对出版机构进行监管的制度之一。② 这些制度的最初政策依据是《关于执行〈关于公营出版社编辑机构及工作制度的规定〉的指示》(1952 年 9 月 8 日出版总署发布),其具体条文规定:(1) 设立总编辑为首的编辑部并组成包括社外专家参加的编委会;(2) 做出全年的选题、编辑、发稿、出书计划,并拟定每季每月的计划;(3) 向著作人约稿应订立合同;(4) 一切期刊、丛书的出版必须有编辑计划,并经出版行政机关审批;(5) 每一书稿从采用到印制成书,应实行编辑初审、编辑主任复审、总编辑终审和社长批准的编审制度,以及编辑加工、设计、校对、印成后校读等基本程序;(6) 编辑部对每一书稿都应负政治上与技术上的责任。③ 如中国青年出版社 1955 年在收到《红旗谱》的原稿后,编辑经过认真研究,认为这部描写革命斗争的小说,将会在读者中产生深远的影响,但对于小说中的一些叙述是否符合党的

① 肖东发,方厚枢主编.中国编辑出版史(下册)[M].沈阳:辽海出版社,2006 年 3 月第 2 版:14 - 18.
② 王秀涛.中国当代文学生产与传播制度研究[M].北京:文化艺术出版社,2013:60 - 64.
③ 肖东发,方厚枢主编.中国编辑出版史(下册)[M].沈阳:辽海出版社,2006 年 3 月第 2 版:21 - 22.

方针，编辑觉得把握不准。 于是，编者在致作者的信中提出："我们觉得，除了请河北党委审查外，还有必要请中央审查。因为小说中提到的斗争，是和党当时的斗争路线有关的。"[①]而《保卫延安》"这本书从看初稿、定稿、审查、出版，全是由人民解放军总政治部文化部负责的"[②]。

总之，1949 年起，通过计划化与行政化的架构，逐步建立起了一套严格的选题审批、发稿制度、出版制度等，将编印发等工作纳入可以方便管控的体制轨道中。 这种出版体制系统以制度化的方式运营，成为社会整合、舆论宣传和意识形态建构的强有力工具，体现了权力话语的运作逻辑，对于保障中国有社会主义特色的出版事业起了巨大作用。 但也应看到，这种管理体制虽能有效实现舆论宣传和意识形态建构等，但出版业的高壁垒使得出版社缺乏竞争力，也会极大地影响我国出版生产流通的效益发挥以及文化教育和知识市场等的自由流通。

三、出版政策与传记出版政策

我国出版业是党和政府牢牢掌控的重要领域。 宪法规定公民有言论出版自由（宪法第 35 条），出版自由通过国家掌控的出版机构来实现。 我国对出版的制度性管理往往是通过政策来发号施令，这种政策主要包括党和政府的指示、决定、决议、规定、通知以及重要领导人的讲话等。 因此，通过梳理出版政策的前后的变化，也可以从一个视角来反映时代与社会的变迁。 出版性质（也包括方针）是人们对出版活动本质属性的根本认识，也是一个国家或制度中的出版政策对出版的本质性规定。 可以说，出版性质很大程度上决定着出版体制、机制及功

---

① 张羽，梁斌.关于《红旗谱》的通信 [J].编辑之友，1985（2）.
② 杜鹏程.《保卫延安》的写作及其他——重印后记 [J].延河，1979（3）.

能，会在相当长的时间内影响一个国家或地区出版业的整体发展。另一点就是出版工作的基本任务，这是实现出版宗旨、目标的前置性规定，往往会在出版政策中明确提出。因此，这里所说的出版政策，也主要涉及出版工作性质和基本任务规定。

（一）出版——极关重要的"政治工作"

1949 年 10 月时任中宣部副部长的胡乔木在指示新华书店编印发分别独立时指出："发行工作是一个非常重要的政治性的工作，是人民生活中一天不能缺少的有浓厚政治性的工作。""发行工作，是从意识形态方面、思想文化方面来促进人民和国家进步的，发行任何有益国计民生的书籍都是政治工作。"①《中共中央关于中央政府成立后党的宣传部门工作问题的指示》（1949 年 12 月 5 日）中明确指出："我们工作是有关人民精神生活的一种领导工作，因此不仅仅是一种经济工作，而且也是一种政治工作。我们都是政治工作者。"《政务院关于改进和发展全国出版事业的指示》（1950 年 10 月 28 日）中有："书籍杂志的出版、发行、印刷是与国家建设事业、人民文化生活**极关重要的政治工作**。""公私营的专业出版社应尽可能在出版总署的协助下与有关的政府部门或人民团体建立固定的联系，使出版物的内容更能合于国家和人民的需要。"②1951 年 2 月 23 日，出版署署长胡愈之在新华书店总店成立大会上的讲话中说："新华书店……它是供给人民精神食粮的一种机构，也可以说是供给人民的思想斗争武器的机构，就是精神的兵工厂。出版物是战胜敌人所不可缺少的主要武器之一，而出版事业机构，则是以生产并供应此种文化武器为唯一任务。出版工作者

---

① 宋应离.胡乔木对新中国出版事业的贡献［J］.出版史料，2006（2）.

② 中宣部出版局《出版工作文献选编》编辑组编.出版工作文献选编［M］.沈阳：辽宁教育出版社，1991：233.

是文化战线上的武器生产者和后勤部队。"①

可以看出，20 世纪 50 年代对出版（包括发行）工作的认识和界定，即极关重要的"政治工作"。 出版机构的任务是生产供应人民思想斗争的武器，供给人民精神食粮。 出版工作虽然也是一种经济工作，但政治工作是主要的。

1960 年文化部党组为了指导将直属的人民出版社等 7 家出版社由企业单位改为事业单位，出台了《关于人民出版社等七个出版社整顿工作的报告》，文件要求："出版社是党的政治思想机关，是学术机关，又是出版机关。"②《中共中央批转中央宣传部关于出版工作座谈会情况和改进出版工作问题的报告》（1963 年 7 月 31 日·中发［1963］514 号）其附一《中央宣传部关于出版工作座谈会情况和改进出版工作问题的报告》中说："当前国际上现代修正主义思潮的泛滥，国内阶级斗争的长期存在和新的资产阶级分子的产生，给我们提出了一个严重的问题，就是怎样在我国防止修正主义思想的滋长和资本主义的复辟。 而解决这个问题的关键，就是要在思想战线上坚持不懈地进行'兴无灭资'的斗争，教育全党和全国人民，教育我们的后代，提高共产主义觉悟，认识社会主义社会整个历史时期阶级斗争的规律。 我们的出版工作，是意识形态领域无产阶级同资产阶级斗争的重要阵地之一，我们必须十分重视这个工作，兢兢业业地把这个工作做好，使出版工作在国际国内的阶级斗争和我国社会主义建设中发挥积极的作用，决不能让这个阵地为资产阶级思想和其他反动思想所占领。"报告同时指明："出版工作的基本任务，是传播马克思列宁主义、毛泽东思想，

---

① 方厚枢，魏玉山.中国出版通史·中华人民共和国卷［M］.北京：中国书籍出版社，2008:42.

② 宋木文.出版社"企业属性"考［J］.出版发行研究，2003（9）：5-8.

进行'兴无灭资'的斗争，普及阶级斗争和生产斗争的知识，提高人民的共产主义觉悟和科学文化水平，为社会主义革命和社会主义建设服务。""在出版工作中，第一，必须坚持'政治第一，质量第一'的方针。政治第一，就是要求出版工作必须符合无产阶级革命和社会主义建设事业的当前需要和长远需要，出版每一本书，都首先要看它的政治内容，考虑它的政治后果，并且要根据政治形势，来决定先后缓急，决定多出什么，少出什么，或者不出什么。质量第一，首先要求政治上正确，同时要求具有一定的学术、艺术水平。……第二，要明确出版工作的主要对象是广大人民群众和干部，首先要考虑满足广大群众的需要，要把出版适合广大工农群众和干部阅读的书籍放在第一位；同时又要重视出版专家和高级知识分子需要的书籍，为科学研究提供必要的条件。第三，要正确执行'百花齐放、百家争鸣'的方针。……"①

上述材料表明，20世纪60年代国家政策对出版工作的态度是坚持"政治第一"，是意识形态领域的重要阵地。就连要求质量第一，也是首先要求政治上正确。出版工作虽是要出版适合工农兵和干部阅读等出版物，但是其基本任务是进行"兴无灭资"斗争，普及阶级斗争和生产斗争的知识。可以看出与20世纪50年代相比，60年代出版工作更强调其政治功能、意识形态服务功能。

（二）传记出版的审查批准及出版资格认定制

与传记出版（包括回忆录等）有关的政策主要体现在对政治人物、党史军史人物，特别是政治领袖人物作品出版的规定上，因为这些类别具有特殊重要的地位，容易涉及政治敏感内容。相关的政策规定有几个方面：务必经过有关领导部门审查

① 中宣部出版局《出版工作文献选编》编辑组.出版工作文献选编　[M].沈阳：辽宁教育出版社，1991:233-238.

批准后才能正式出版，由中央一级有关的出版社出版或指定的
出版单位出版；由专门机构进行编写审查等。

其一，要经过有关领导部门审查批准后才能正式出版，以及
由中央一级有关的出版社出版或指定的出版单位出版的相关
政策。

《中共中央批转中央宣传部关于出版工作座谈会情况和改进
出版工作问题的报告》（1963 年 7 月 31 日 · 中发［1963］514
号）附一《中央宣传部关于出版工作座谈会情况和改进出版工
作问题的报告》就规定："关于政治书籍的出版和控制问题。
政治书籍是出版物的组成部分，应当积极加强和改进这方面的
出版工作。 ……政治书籍的出版，应当加以适当的控制。 有
些书籍，例如中央文件、主席和中央负责同志的言论、著作，
中共党史和中华人民共和国国史，各国共产党、工人党的文件
和这些党的领袖的著作，以及论述国际共产主义运动和国际政
治形势的著作，必须经有关领导部门的批准，由中央一级有关
的出版社出版。 有些政治书籍的出版，如革命回忆录、党员课
本、宣传党纲党章和解释党的重大政策的著作，必须分别由各
中央局、各省市委宣传部或中央有关领导部门审查批准。"①这
里不仅要求对政治书籍加以适当控制，而且要经过审查批准，
还只能由一定级别的出版社出版。

上述文件的附二《关于一些政治书籍的出版权限和控制办
法的规定（草案）》中有关于回忆录出版的规定："凡是中央文
件和主席以及中央负责同志的著作、报告、讲话，一律由人民
出版社和中央一级其他的出版社出版。 必要时，可以将纸型分
送各地印行。 各地方出版社，不得出版上列文件。 人民出版
社和中央一级其他的出版社，在出版上列文件和言论的汇编、

---

① 中宣部出版局《出版工作文献选编》编辑组编.出版工作文献选编
　［M］.沈阳：辽宁教育出版社,1991：236.

选编和专题摘录时，出版前必须把编选目录报中央有关领导机关审查、批准。""发表或出版革命回忆录，必须经过严格的审查。要注意政治上正确，内容要符合事实；防止借革命回忆录的名义，吹嘘自己；更要防止别有用心的人，借革命回忆录进行政治投机。宣传群众中的英雄模范，如刘胡兰、黄继光、雷锋等烈士事迹的书籍，出版前必须经省市委宣传部或中央有关领导部门审查确实。凡是写革命领袖事迹的传记和作品，必须经中央有关领导部门审查批准，才能出版。革命烈士的文集，包括选集和全集，应经中央有关领导部门批准，由中央指定的出版社出版。"①

从上述文字可以看出，不仅中央领导一级的人物有关作品要经审查批准才能出版，群众中的英雄模范事迹出版也必须经过审查批准。

其二，对于主要领袖人物的著作、传记等还成立了专门机构进行编写审查。

这方面专门机构主要是中共中央毛泽东选集出版委员会，1950 年春由中共中央组织成立。刘少奇为该出版委员会主任，其他成员有陈伯达、田家英、胡乔木以及尤金（苏联顾问）、费德林（苏联驻华使馆翻译）等。该出版委员会是斯大林向毛泽东建议并派员协助而成立的。委员会成立后便开展了《毛泽东选集》的整理编辑出版工作，其中包括毛泽东的著作《矛盾论》和《实践论》等。② 可以说，如果要出版关于毛泽东传记类作品，最终需要这样的机构甚至传主本人来审查。

---

① 中宣部出版局《出版工作文献选编》编辑组编.出版工作文献选编 [M].沈阳：辽宁教育出版社,1991：234-240.
② 白云涛.《毛泽东选集》出版的前前后后 [EB/OL].中国共产党新闻网,2013-12-18. http://www.szhgh.com/Article/red-china/mzd/maoshidai/201312/39259.html.

第二节 传记出版概观

一、数据分析

1949—1965 年，作为传记出版的第一阶段，共 17 年，一般称为中华人民共和国建立之初十七年时期。这一阶段是社会主义出版事业的奠定发展时期，也可视为新兴的传记创作出版奠定期。

这一时期，根据中国版本图书馆的样例数据，按传记题材范围及传主的身份统计，计 881 种，见表 3 - 1（特别需要说明的是，由于收集的书目资料不尽完备，表中所统计的期间出版传记图书品种数尚待进一步充实完善；因传记类目划分标准的差异及归类的复杂性，表中按题材、人物类别所做的分类统计也是相对的。以下几章此类统计数据情况类似，不再赘言）。可以看出，按数量从多到少来计，英雄、模范、先进人物传记占据多数，达到 337 种之多；其次是世界他国人物传记（这里不包括马恩列斯毛等革命导师；欧洲人物有 125 种，其中苏俄有 87 种；美洲人物 11 种；亚洲人物 7 种；其他 11 种），其中百分之七八十为欧洲人物传记，欧洲人物传记中苏俄人物占有百分之七十多，从中看出在中华人民共和国成立之初，社会主义阵营第一大国苏联对新生中国的影响；第三为除马恩列斯毛等革命导师以外的政治人物传记，有 82 种；第四为科学家、技术人员传记，有 65 种；第五为马恩列斯毛等革命导师传记，有 58 种，可看出在中华人民共和国建立初期革命导师的重要影响与地位，等等。

各类别主要题材、人物具体占比情况见图 3 - 1，从图中可以看出，英雄、模范、先进人物传记占到 38%，近 2/5，为最多；世界他国人物占到20％；政治人物占到9％；科技人物及马恩列斯毛等革命导师分别占到7％；文学家占到5％，等等。

表 3-1　1949—1965 年传记书目抽样数据题材、
人物类别/品种数一览表

题材、人物类别	品种数
哲学、宗教人物	16
艺术家	22
历史人物	24
其他	24
军事人物	34
文学家	45
马恩列斯毛等革命导师	58
科学家、技术人员	65
政治人物	82
世界他国人物	174
英雄、模范、先进人物	337

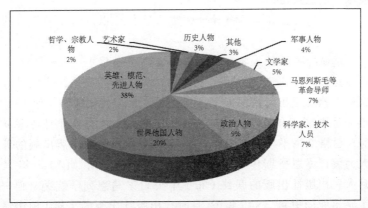

图 3-1　1949—1965 年传记书目抽样数据题材、人物类别/品种占比图

二、总体表现

中华人民共和国的成立，中国历史进入了新的阶段。半殖民地半封建社会的中国变成了一个真正独立自主的国家，更为主要的是，中国人民从此站起来了，开始了人民当家做主的新时代。创立新生中国的过程，是英雄群起辈出的时代。歌颂英雄，呼唤英雄，是时代的强音。英雄主义，不仅是对历史的反刍，对奉献、牺牲者的致敬与景仰，更是对社会主义新时代的热切呼唤。因此，英雄叙事成为中华人民共和国建立初期的主基调。所以说，中华人民共和国建立初期的传记是新的传记创作出版，就是因了中华人民共和国这一伟大的胜利，人们景仰英雄，传记书写的对象也主要转向了英雄。

1949—1965 年期间，称为十七年时期，时代氛围与环境决定了文学、文化的内容与类型等。文学、文化活动（包括出版等）需要被作为武器和工具来凝聚共识、统一行动。因此，能写什么，能出版什么，就是一个原则问题。

这一时期的传记创作出版大致可以分为三类：一是革命导师领袖人物传记，一是革命回忆录，一是工、农、兵、知识分子英雄、模范人物。

本节先主要分析革命导师领袖人物传记以及革命回忆录的情况。

革命导师领袖人物传记。以《全国总书目》1949—1954 年"马克思列宁主义、毛泽东著作与传记"统计为例，革命导师领袖人物传记出版情况如下：马克思生平与传记 5 种，如 1949 年 7 月中国青年出版社出版的萧三编《伟大的导师马克思》等；恩格斯生平与传记 1 种，即 1950 年 1 月三联书店出版的郭大力编译《恩格斯传》；列宁生平与传记 10 种，如 1949 年 10 月人民出版社出版的联共（布）中央附设马恩列学院编《列宁生平事业简史》，1949 年 12 月时代出版社出版的〔苏〕柯诺诺

夫著、任溶溶译《列宁的故事》等；斯大
林生平与传记 11 种，如 1949 年 11 月人
民出版社出版的〔苏〕亚历山大诺夫等编
《斯大林传略》等；马克思、恩格斯、列
宁、斯大林传记合刊 7 种，如 1949 年 9
月人民出版社出版的解放社编《论马恩列
斯》，1954 年 2 月中南人民出版社出版的
〔苏〕巴格里科夫著《列宁斯大林底伟大
友谊》等；毛泽东生平与传记 5 种，如
1951 年 8 月湖南通俗出版社出版的徐松
林著《回忆红军时代的毛主席和朱德总司

〔苏〕柯诺诺夫著
《列宁的故事》

令》，1953 年 8 月中南文艺出版社出版的李季著《毛泽东同志
少年时代的故事》等。

　　这一时期，根据中国版本图书馆样例数据统计，共有马恩
列斯毛等革命导师传记作品 58 种，其中马克思、恩格斯的有 11
种，列宁的有 17 种，斯大林的有 11 种，毛泽东的有 18 种，革
命领袖论述专题（其他）1 种。从图 3－2 中可以看出，因毛泽
东为中华人民共和国的主要缔造者，其地位影响最大，因此传记
品种数也是最多的，占到 31％；其次是苏联的革命导师列宁，占
到 29％；再之为斯大林和马克思、恩格斯的传记，各占 19％。

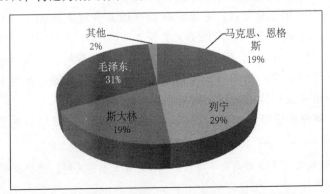

图 3－2　马恩列斯毛等革命导师传记品种数占比图

特别值得一提的是，鉴于毛泽东在革命斗争与中华人民共和国成立中的作用和地位，关于他的传记比较多。在抗日战争与解放战争时期就有相关毛泽东的传记作品出版。特别是萧三，他是毛泽东青年时代的好友，又是革命作家，他是写毛泽东青年时代的上佳人选。据研究，萧三 1941 年 12 月 14 日在《解放日报》发表文章《毛泽东同志的少年时代》，又于 1944 年 7 月发表了《毛泽东同志的初期革命活动——〈伟大的五十年〉的一章（初稿）》（该文 1945 年 1 月由华北新华书店出版了单行本）。此后，解放区很多地方未经萧三同意就将他的作品收集出版了单行本，名称各有不同，据说有二十多种，比如《毛泽东故事选》（新华书店晋察冀分店，1945 年 11 月）、《毛泽东故事》（东北书店，1946 年 10 月）、《人民的舵手》（冀南书店，1947 年 5 月）、《毛泽东印象记》（晋绥新华书店，1947 年 6 月）、《毛泽东同志——儿童时代、青年时代与初期革命活动》（山东新华书店，1947 年 11 月）、《毛泽东的青年时代》（东北书店，1948 年 4 月）等。萧三则又将自己写的《毛泽东同志的儿童时代》、《毛泽东同志的青年时代》两文予以修订，1949 年 8 月以《毛泽东同志的青少年时代》之名由新华书店刊行，到"1950 年 10 月第三版时，总印数已达 4 万册"[①]，已成为一本畅销书了。

1956 年 5 月 2 日，毛泽东在最高国务会议上提出了"百花齐放、百家争鸣"的方针。《文艺报》1956 年组织召开了"传记文学创作座谈会"，后开辟"传记文学笔谈"专栏，发表会议发言的整理记录，如张羽的《传记文学的真实性》等，其主要目的为推动促进传记文学之发展。

革命回忆录。中华人民共和国建立之初，以回忆录的方式

---

① 汪成法.《毛泽东的青年时代》一书是萧三所著 [N].中华读书报，2007 - 11 - 14.

记录中国革命的作品也有，但不多，如 1952 年 5 月人民文学出版社出版的方志敏著《可爱的中国》等。而有组织的大规模的革命回忆录的写作出版则主要开始于 1958 年前后。

《人民日报》在 1958 年 11 月 25 日刊发了一篇评论文章《欢迎老干部写革命回忆录》，文章说，在当前全民"大跃进"中，大规模地发起动员老干部写革命回忆录是对文艺战线提出的一个新任务。文章还指出：首先，革命回忆录是中国共产党领导全国革命斗争的历史纪实，所以，革命回忆录除了可以纪念先烈们，还能起到教育青年一代的作用。其次，这是建设社会主义文学的任务使然，优秀的革命回忆录是革命文学的组成部分。第三，老干部们亲历过革命，需要及时地记录保存，是珍贵的历史材料。因此，组织老干部写作革命回忆录已经成为一项重要的革命任务，不仅要求党委宣传部门介入，制订计划、组织力量，从而保障写作时间的充分，而且要求组成专业的作家和编辑团队，来协作写作。① 可见，回忆是为了继承革命的优良传统，更是着眼于当下。回忆革命的历史，主要是用革命斗争中所蕴含的积极因素来支持"大跃进"，从思想上动员、鼓励和团结最广大的人民群众参加"大跃进"运动，促进社会主义建设。

为了配合全民"大跃进"，为实现"多快好省"，文学创作采取了两种方法：一种是大搞报告文学，一种是大搞集体创作。这种革命回忆录式的革命自传文学，其目的就是唤起回忆，融入时代洪流，激发起时代精神，号召组织全民创作，以调动群众积极性，强调每一个个体都不是旁观者，都不外于社会主义建设的。正如何长工在《写革命回忆录是我们应尽的社会义务》中说，"回忆录的阅读对象是高级知识分子和工农大

---

① 潘阳.历史与叙述——革命自传文学（1949—1966）研究 [D].上海：华东师范大学，2011.

众"，在写作时塑造人物形象要做到生动形象，"高级知识分子看得带劲，工农大众非常喜欢"①。因此，自 1958 年开始了群众性的大写革命回忆录的运动。除了老干部写革命回忆录外，还有其他各类作者，甚至文盲也能参与创作，几乎任何人都可以来书写、见证历史。同时，还广泛开展了家史、厂史、公社史即"三史"创作活动。于是，一个群众性的革命回忆录写作运动蓬勃兴起。其间，创作出版了反映中国人民和中国人民军队英勇业绩和光辉历程的大型革命

杨植霖等著《王若飞在狱中》

回忆录集即《星火燎原》和《红旗飘飘》，以及吴运铎的《把一切献给党》、陶承的《我的一家》、缪敏的《方志敏战斗的一生》、杨植霖等的《王若飞在狱中》、罗广斌等的《在烈火中永生》等。

第三节 "要表现完全新型的人物"

一、新型的人物——"群众所向往的理想人物"

从 1949 年 10 月 1 日中华人民共和国成立，到 1957 年社会主义改造完成，人民群众热情高涨，涌现了一批批先进人物和劳动模范；在文学创作领域，作家的目光与笔触关注到这样一大群体，以普通工人、农民、士兵、知识分子和女性为描写对象

---

① 何长工.写革命回忆录是我们应尽的社会义务 [J].文学知识，1959 (1).

开展创作。

中国文学艺术工作者第二次代表大会于 1953 年 9 月在北京召开。周扬在《为创造更多的优秀的文学艺术作品而奋斗——一九五三年九月二十四日在中国文学艺术工作者第二次代表大会上的报告》中指出:"文艺创作的最崇高的任务,恰恰是**要表现完全新型的人物**,这种人物必须是和旧社会所遗留的坏影响水火不相容的,恰恰是不只要表现我们人民的今天,而且要展望到他们的明天。……在我们的作品中可以而且需要描写落后人物被改造的过程,但不可以把这看为英雄成长的典型的过程。……至于一个人物如果具有和英雄性格绝不相容的政治品质、道德品质上的缺陷或污点,如虚伪、自私甚至对革命事业发生动摇等,那就根本不成其为英雄人物了,他还有什么价值值得人去称赞和歌颂呢? 我们的作家为了要突出地表现英雄人物的光辉品质,有意识地忽略他的一些不重要的缺点,使他在作品中成为**群众所向往的理想人物**,这是可以的而且必要的。我们的现实主义者必须同时是革命的理想主义者。"①

可见,在中华人民共和国建立初期阶段,文艺创作"要表现完全新型的人物",这种"完全新型的人物"更多的是普通工人、农民、士兵等群体中涌现出的英雄与先进人物。由此,像黄继光、邱少云等一批战争烈火中涌现的英雄(特别是中国人民志愿军抗美援朝的壮举,激发了巴金、黄钢等作家多次赴朝采写),雷锋、焦裕禄等和平建设时代的英雄,他们的英勇事迹理所当然地成为传记作品或其他文学作品挖掘的富矿。如梁星的《刘胡兰小传》、叶坪的《伟大的方志敏》、周而复的《白求恩大夫》、郇顺义的《董存瑞》、丁洪等的《真正的战士——董存瑞的故事》、韩希梁的《黄继光》、菡子的《和黄继光班相处

---

① 周扬在中国文学艺术工作者第二次代表大会上的报告 [EB/OL]. http://www.chinawriter.com.cn/2011/2011.- 11 - 03/104138.html.

的日子里》、高玉宝的《高玉宝》等。

社会主义建设时期，需要激励号召人们积极投身建设，需要树立典型榜样，因此关于劳动英雄的传记书写与出版成为特别的亮点，数量居多。 如《全国总书目》1949—1954年"历史人物、传记"统计如下：共产党人传记19种，革命家传记15种，军事家、战斗英雄传记29种，劳动英雄传记100种，社会科学家传记6种，艺术家传记30种，文学家传记60种，自然科学家传记37种，和平战士传记8种，一般传记6种，反动人物传记与批判9种。 可以看到，劳动英雄这类题材和传主的人物传记是这段时期内所有传记中数量最多的。 各地出版机构纷纷推出了劳动英雄人物（先进群体）传记作品，如华北人民出版社出版了《矿山英雄马六孩与连万禄》，工人出版社出版了《刘英源的故事》，山东人民出版社出版了《郝建秀》、《女工的榜样李凤莲》，通俗读物出版社出版了《全国纺织工业劳动模范魏秀英》，东北人民出版社出版了《新中国的一个工人——劳动模范刘景贵的故事》，江西通俗出版社出版了《特等劳模喻冬莲》，南方通俗出版社出版了《劳动模范王生保》，云南人民出版社出版了《工人厂长董福生》，河北人民出版社出版了《妇女生产旗帜王青梅》，江苏人民出版社出版了《我的村庄我的家》（农业劳模魏秀华讲述），西北人民出版社出版了《王秀兰和她的互助组》，川北人民出版社出版了《新中国新人物》，江西通俗出版社出版了《水利劳模故事》，贵州人民出版社出版了《苗族女副乡长项华英》，华东人民出版社出版了《优秀的农村工作干部》，工人出版社出版了《国营商店的先进营业员》，山西人民出版社出版了《群众教师翁思娴》，湖南通俗出版社出版了《优秀的乡村人民教师》，福建人民出版社出版了《模范军属潘作通》，江西人民出版社出版了《模范接生员罗桂香》，重庆人民出版社出版了《模范人民警察张国富》，河南人民出版社出版了《植树能手石玉殿》，江西通俗出版社出版了《模范兽医林义凤》,等等。 从上述列举的作品来看,劳动英雄涵盖了各个行业领域,体现出基层性与群众性,确实是"新型的人物",反映了新生中国即人民当家做主的一种蓬勃向上的时代风貌。

二、榜样英雄的畅销

社会心理往往是社会存在的直接或间接的反映。 图书的热销与阅读热可以看作反映社会心理的晴雨表。 书籍某种程度上主导着一个时代的文化潮流,其中,畅销书无疑是最能反映某个特定时期大众阅读品位与文化追求的图书品种,具有很强的时代性。 一本或某一类型图书的畅销,往往不但是一个时代政治、经济、社会和文化精神以及价值取向的缩影,甚至会在一定社会历史条件下成为引领时代社会发展的重要力量。 从某种意义上说,畅销书往往代表着某种社会性现象或潮流,其作为文化体系内的一个因子,以其广泛性传播、全面性影响,引导着社会大众的阅读,满足受众的精神需要,进而会影响到受众的行为和生活方式乃至思想观念等。

畅销书之风行,一般是与特定的时空语境紧密相连。 从某种意义上说,畅销书也是社会学的试验场。 作为一种被读者广为接受的购买阅读现象,一本书或一类书高销售数字的背后,也往往反映出一个时代社会公众的社会心理、世风百态,体现出某一阶段政治、经济、文化甚至时尚、趣味等。

20世纪下半叶以来的图书出版,因时代变革,新的社会制度的建立,从社会经济基础到上层建筑等均发生了颠覆性的革新,特别是中华人民共和国建立之初的阶段,政治威权高度整合着社会,文化、出版等表现出高度的依附性,图书出版等文化生产高度统管统销,密切地为新生中国的文化意识形态建设服务。 在这种形势下,有些图书动辄行销几十万册、几百万册,甚至达上千万册,这算不算真正意义上的畅销书呢? 也许我们可以称之为"准畅销书时代"的"畅销书"吧。 所谓"准畅销书"阶段,即 20 世纪 50—70 年代,生产有着严格的计划或受到某些严控,图书通过发行而非完全意义上市场销售行为,读者购买与阅读非完全自主,这个阶段往往是"只能出版这个,只能读这个的年代",以产定销,因为出版与发行、购买与阅读更多的是受国家意识形态主导。

中华人民共和国成立初期(1949—1956)的传记类畅销书,如梁星《刘胡兰小传》(中国青年出版社,1951 年 4 月版,76 万册)、〔苏〕柯斯莫杰米扬斯卡娅著/龙侠译《卓娅和舒拉的故事》(中国青年出版社,1951 年 4 月版,209 万册;一说为 162 万册①)、魏巍《谁是最可爱的人》(人民文学出版社,1951 年 10 月版,28 万册②)、吴运铎《把一切献给党》(中国工人出版社,1953 年 7

梁星著《刘胡兰小传》

月版,383 万册③)、丁洪等《董存瑞的故事》(中国青年出版社,1954 年 5 月版,55 万册)、高玉宝《高玉宝》(中国青年出版社,1955 年 4 月版,72 万册;一说 77 万册④),等等。⑤

可以看出,1949—1956 年,畅销书传记所写的人物主要是

① 肖东发,方厚枢主编.中国编辑出版史(下册)[M].沈阳:辽海出版社,2006:46.

② 肖东发,方厚枢主编.中国编辑出版史(下册)[M].沈阳:辽海出版社,2006:42.

③ 肖东发,方厚枢主编.中国编辑出版史(下册)[M].沈阳:辽海出版社,2006:42.

④ 肖东发,方厚枢主编.中国编辑出版史(下册)[M].沈阳:辽海出版社,2006:42.

⑤ 傅惠民辑.40 年来我国部分出版社发行在 50 万册以上的图书目录(一)[J].出版工作,1989(10).

青年英雄、革命家、革命烈士的传记，如刘胡兰、董存瑞、吴运铎、高玉宝等以及《王若飞在狱中》的王若飞、《方志敏战斗的一生》的方志敏等。 英雄先进人物传记主要是反映各个革命历史时期特别是抗日战争时期和解放战争时期还有抗美援朝战争中的英勇斗争，以及中华人民共和国建立后中国人民建设新生活中的先进人物事迹等。 也有翻译自社会主义阵营老大哥苏联的英雄读物如〔苏〕柯斯莫杰米扬斯卡娅《卓娅和舒拉的故事》，还有具有传记色彩的作品如〔苏〕奥斯特洛夫斯基《钢铁是怎样炼成的》(发行量达 199 万册)。①

〔苏〕奥斯特洛夫斯基著《钢铁是怎样炼成的》

前文分析过这一时期的传记创作出版，大致可以分为三类：一是革命导师领袖人物传记，一是工、农、兵、知识分子英雄、模范人物，一是革命回忆录。 那为何英雄先进人物传记畅销呢？ 下面以《高玉宝》、《把一切献给党》两个例子来分析说明。

高玉宝著《高玉宝》畅销分析。该书 1955 年 4 月 20 日由中国青年出版社首次出版，引起巨大反响。《高玉宝》除了以 7 种民族语言文字出版，还有十多种外文版。 也有说汉文版发行量达 450 多万册。 据此书还改编了 24 种连环画，京剧、木偶电影、木偶戏等 12 种文艺演唱形式及戏曲书。 作品写的是出身旧社会穷苦人家的高玉宝，早年做过放猪娃，当过童工、劳工，学过木匠，仅上过一个月的学，在革命队伍的熔炉中成长为"战士作家"。 他的成长与涅槃，是个奇迹。 奇迹何以能创

---

① 肖东发，方厚枢主编.中国编辑出版史（下册）［M］.沈阳：辽海出版社，2006：45.

造？ 高玉宝自己说：归功于祖国和人民，"我的救命恩人——共产党和毛主席"。 而高玉宝的成长，则具有典型的代表性，他只是新中国成长起来的千千万万劳动人民子弟中的一个。 因此《高玉宝》的出版与广泛发行，一方面是自上而下推动的结果，带着明确的政治目的性与倾向性，出版此书目的就是树立榜样与典型，来展现革命部队、新社会、新中国能让一个贫苦的青年获得新生、升华生命，以此来教育引导更多的人；一方面也应和着当时全国、全军的扫盲工作及鼓励青少年学习的需要，文盲战士学文化能写书的事儿，本身就有传奇性，一时传遍全国，家喻户晓，引起广泛的轰动，畅销也就在情理之中了。

高玉宝著《高玉宝》

吴运铎著《把一切献给党》畅销分析。1953 年 7 月，中国工人出版社出版该书。 有资料说，《把一切献给党》出版发行后，从 20 世纪 50 年代到 60 年代十年期间，陆续加印一千多万册，成为超级畅销作品。 特别是"书名'把一起献给党'也成为当时鼓舞人们奋勇当先、献身祖国非常有凝聚力的口号"①。

---

① 叶志良.现代中国传记写作的历史与叙事［M］.北京：清华大学出版社，2012：52.

《把一切献给党》记述的是作者吴运铎本人在抗日战争和解放战争中的真实经历。吴运铎从一个只上过小学的半文盲，最终成为一个著名的兵工专家。他多次身负重伤，炸掉了左手手指，炸瞎了左眼，一条腿也被炸成了残废，全身伤痕压着伤痕。但他在困难面前不退缩，在危急时刻往前冲，以对党的无限忠诚与不屈不挠的斗志，战胜了死亡的威胁。就连躺在病床上，他仍然刻苦钻研，坚持实验。他真正实践着"把一切献给党"。1953 年，吴运铎拖着伤残的身体写下了自传体作品《把一切献给党》，发行达几百万甚至千万册，并被翻译成俄、英、日等多种文字，还被改编成话剧等其他作品形式。这是一个战士的成长史，也是一个共产党员的思想发展史，"把一切献给党"是一个在战争中浴血奋战的共产党员的心声。《把一切献给党》成了那个时代鼓舞人们奋发向上的教科书。他被誉为"中国的保尔"，曾经激励了中国的几代年轻人。"学习吴运铎"、"把一切献给党"成了当时最响亮的口号。① 可以说，那是一个呼唤英雄和创造英雄的年代。歌颂英雄，呼唤英雄，是时代的强音。英雄主义，不仅是对历史的反刍，对奉献者、牺牲者的致敬与

吴运铎著《把一切献给党》

---

① 谢振声.吴运铎和《把一切献给党》[J].出版史料，2011（3）.

景仰，更是对社会主义新时代的热切呼唤。无论是高玉宝那样的识字学习英雄，还是吴运铎那样成长为兵工专家"把一切献给党"的英雄，英雄叙事成为中华人民共和国建立初期的主基调。因此，这一时期，英雄先进人物的传记凸显，成为畅销的品类。

1957—1965 年传记类畅销书，主要是战斗英雄、劳动模范或先进典型人物的作品。如房树民等《向秀丽》（中国青年出版社，1959 年 4 月版，147 万册）、《解放战争回忆录》（中国青年出版社，1962 年 4 月版，89 万册）、《毛主席的好战士——雷锋》（中国青年出版社，1963 年 4 月版，484 万册）、《青年英雄的故事》（中国青年出版社，1964 年 4 月版，115 万册）、《青年英雄的故事（续编）》（中国青年出版社，1965 年 4 月版，95 万册）、《一心为革命——王杰的英雄事迹和日记》（中国青年出版社，1965 年 11 月版，530 万册）、《一不怕苦，二不怕死——学习王杰同志一心为革命的崇高精神》（中国青年出版社，1965 年 11 月版，56 万册）、陈跃《忆张思德同志》（中国青年出版社，1965 年 12 月版，120 万册）、陈跃《人民的好儿子刘英俊》（中国青年出版社，1965 年 12 月版，120 万册）、《祖国忠贞九儿女》（中国青年出版社，1965 年 6 月版，58 万册）、《活学活用毛主席著作的尖兵——廖初江》（上海人民出版社，1964 年 4 月版，93 万册）、陈广生与崔家骏《雷锋的故事》（解放军文艺出版社，1964 年 4 月版，132 万册）、金敬迈《欧阳海之歌》（解放军文艺出版社，1965 年 12 月版，116 万册）、仰英《向秀丽》（广州文化出版社，1959 年 2 月版，82 万册）等[1]，是一批典型人物如张思德、向秀丽、雷锋、麦贤德、刘英俊、王杰、欧阳海、罗盛教、张春玉、焦裕禄等的传记类图书，有的人

---

[1] 傅惠民辑.40 年来我国部分出版社发行在 50 万册以上的图书目录（一）[J].出版工作，1989（10）.

物作品还不止一种，印数大，多在 50 万册以上。

供青少年阅读的人物传记类作品，往往更能体现一个时期的主流价值观，一般总是会选取时代最需要的典型人物。中国少年儿童出版社出版了一批畅销作品，如黎明《黄继光》(中国少年儿童出版社，1957 年版，59 万册)、松群编《列宁的故事》(中国少年儿童出版社，1960 年版，90 万册)、本社编《雷锋》(中国少年儿童出版社，1963 年版，132 万册)、杨永青画《雷锋小时候的故事》(中国少年儿童出版社，1964 年版，181 万册)、吴敏画《雷锋叔叔的故事》(中国少年儿童出版社，1964 年版，174 万册)、本社编《伟大的共产主义战士——王杰》(中国少年儿童出版社，1965 年版，63 万册)、王美琪改编/流萍画《罗盛教》(中国少年儿童出版社，1965 年版，76 万册)、董辰生画《英雄黄继光》(中国少年儿童出版社，1965 年版，108 万册)、杨永青画《欧阳海》(中国少年儿童出版社，1965 年版，100 万册)等。① 传记主人公主要是黄继光、雷锋、王杰、罗盛教、欧阳海等当代英雄。

可以看出，这一时期传记类畅销书表现的是"完全新型的人物"，是从普通工人、农民、士兵等群体中涌现出的先进人物与英雄。图书畅销基本上是政治形势主导下的"红色"出版、"红色"阅读潮流。因为社会主义建设时期，需要激励号召人们积极投身建设，需要树立典型榜样，因此像以雷锋为代表的时代先进典型，就是在建设祖国过程中所涌现出的有着心甘情愿的奉献精神、青春和生命属于革命事业的崇高信念的榜样，树立这些典型，就是来召唤、鼓舞一代代中国人为祖国建设而奋斗。在火热的社会主义建设大潮中，这样的一批典型人物也激励着更广大的群众，因此关于他们的传记也就顺理成章地成

---

① 傅惠民辑.40 年来我国部分出版社发行在 50 万册以上的图书目录（一）[J].出版工作，1989 (10).

了畅销作品。

那么,这些表现"完全新型的人物"的传记是如何组织写作与出版的? 下面以《高玉宝》、《雷锋的故事》为例来具体论述。

三、《高玉宝》、《雷锋的故事》的出版

《高玉宝》的作者,就是被周恩来总理称为"战士作家"的高玉宝。①

高玉宝出身于穷苦人家,仅上过一个月的学,早年做过放猪娃,当过童工、劳工,学过木匠,1947 年从军。 这个文盲战士在行军间隙刻苦识字,创作了具有自传色彩的《高玉宝》。他把不会写的字全用各种图形画和符号来代替,一年零五个月写了约 25 万多字的初稿。 他的事迹极其典型,为此《人民日报》1951 年 12 月 16 日刊文《英雄的文艺战士高玉宝》予以报道,随后全国媒体响应。《解放军文艺》开始于 1951 年连载《高玉宝》,从而引起广泛反响,读者纷纷给高玉宝写信,作者一天能收到二百多封信。 高玉宝这一文盲战士写字写书的事引起了部队上级部门的注意,高玉宝被调到北京修改稿件。 在作家荒草的协助下,高玉宝对书稿进行了修改,稿件后经总政治部主任罗荣桓亲自审定。《高玉宝》于 1955 年 4 月由中国青年出版社出版,在国内外引起了极大的反响。

可以看出,《高玉宝》一书的组织出版,是自上而下的行为,有着明确的政治目的性与倾向性,其目的就是树立榜样与典型,展现革命部队、新社会、新中国能让一个贫苦的青年获得新生、升华生命,以此来教育引导更多的人。《高玉宝》的出版,文盲战士学文化写书的事儿引起了轰动效应,可以激励青少年学习,推动了当时的全国扫盲工作。 正如高玉宝所说:

---

① 高玉宝.《高玉宝》出版后和我怎样写这本书(代序)[M]//高玉宝.北京:解放军文艺出版社,1991.

"我的成长，只是新中国成长起来千千万万劳动人民子弟中的一个。一个革命战士，能为人民写出书来是光荣。但这光荣，应属于养育我的母亲——祖国和人民，应属于教育、培养我的救命恩人——共产党和毛主席。"①所以在某种程度上，可以说，出版《高玉宝》更多的是一种政治需要。

20世纪60年代《雷锋的故事》是如何出版、为何出版的？

陈广生等著《雷锋(的)故事》

雷锋是一位共产主义战士，是在毛泽东思想哺育下成长起来的。1962年8月15日，雷锋因公殉职，当年9—12月，其所在部队驻地以及沈阳等地广泛地报道了雷锋事迹，同时，《沈阳日报》、《辽宁日报》等报刊也连续刊发了诸如《红色的战士雷锋》、《雷锋的日记摘抄》等文章。

沈阳当地的春风文艺出版社为了更深入地做好雷锋的宣传工作，派27岁的年轻编辑王德昌去采写雷锋先进事迹。接到任务后，王德昌先后前往雷锋生前所在团、沈阳军区、团省委、辽宁日报等单位收集雷锋的有关资料。在撰写书稿过程中，几位写作者约定了处理素材的原则，其中包括要重点写好

① 高玉宝.《高玉宝》出版后和我怎样写这本书（代序）[M]//高玉宝.北京：解放军文艺出版社，1991.

雷锋入伍后的事迹，要写出雷锋如何成为伟大光荣战士的过程，要以雷锋亲笔留下的自传、日记、讲话录音、读书笔记为主要根据，以采访得来的雷锋亲友、长辈、老师、同学、工友、同事、部队首长、战友提供的材料为补充，厚今薄昔，要重点写好雷锋参军后的事迹。……全书要写出雷锋在党的培养下，从一个苦孩子成长为自觉的共产主义战士的过程，体现出一个助人为乐、无私奉献的共产主义者的光辉形象。

按当时出版部门有关规定：写真人真事的稿件，必须报请有关领导单位审核。因此书稿被分别送给辽宁省委宣传部和沈阳军区文化部审核，其中一份还上送至北京审读。随后有关方面传达了三点意见：（一）书稿已审阅通过，书名改为《雷锋的故事》；（二）该书由春风文艺出版社和解放军文艺社联合出版，春风文艺出版社负责在东北三省发行，解放军文艺社在军内和关内各省发行；（三）作者署名为陈广生、崔家骏、潘照坤、王德昌，即部队、地方各 2 人。

1963 年 3 月 1 日，解放军文艺社在《人民日报》第六版刊文预告新书《雷锋的故事》即将出版。1963 年 3 月 5 日，毛泽东主席题词"向雷锋同志学习"发表。为配合宣扬毛泽东主席的题词，1963 年 4 月 16 日，《雷锋的故事》由解放军文艺社与春风文艺出版社同时出版，春风文艺出版社首版印了 20 万册，解放军文艺社首版印了 73 万册。该书及时出版，为全国人民广泛开展学习雷锋提供了最基本的教材。据统计，《雷锋的故事》总发行量高达 7000 万册，还出版了蒙古、朝鲜、维吾尔等少数民族文本，以及被翻译成 19 种各国语言的外文本。因此，《雷锋的故事》被誉为把雷锋介绍给全国和世界的"第一书"。①

英雄形象的要求、标准都是随时代的需要而形成的。20 世

---

① 王德昌.揭秘《雷锋的故事》出版前后 历尽艰辛终于付梓［N］.中国新闻出版报，2013-3-28；陈俊屹，陈凤军.《雷锋的故事》出版记［M］//雷锋在沈阳.沈阳：沈阳出版社，2013.

纪 50 年代出版的《高玉宝》表现的是被奴役者如何成为新人、成为主人的,《雷锋的故事》则再现了雷锋这位 20 世纪五六十年代和平时期英雄的生命过程和精神面貌。在社会主义建设时期,雷锋就是适应时代需要的英雄模范,值得作家去写,值得作为榜样来学习,因此就成为值得出版社挖掘出版的题材。出版宣传雷锋,就是以雷锋这个在祖国建设进程中涌现出的具有无私奉献精神和崇高理想与信念的榜样,来召唤、鼓舞广大人民为祖国建设而奋斗。

在推出英雄、树立典型的过程中,可以看到出版者尤其是出版社在其中所起的主要作用。《雷锋的故事》的出版就是春风文艺出版社政治目光敏锐,快速抓取挖掘身边的典型素材并积极推出的成功案例。

此外,我们还可从具有传记色彩的《刘志丹》一书来看出版社在策划推出传记作品过程中的主观能动性。该书作者李建彤在 1979 年出版的《刘志丹》前言中说:"《刘志丹》小说究竟是怎样写出来的呢？ 1956 年以前,工人出版社的选题计划中就列入了《刘志丹》这个选题。他们有个任务,就是出版烈士传记和革命回忆录,对工人进行革命传统教育。他们偶然碰到了我,就约我写,我没敢答应。虽然在延安时就听人讲过刘志丹同志的英雄事迹,也积累过一些材料,但是在 1956 年,我还没有决心去写,题目太大,思想、艺术上都没有准备,怕拿不下来。特别是同刘志丹相连着的,是一段极其复杂的斗争历史,即令是写小说,也离不开那些事件。回避了那些事件,就不是刘志丹了。后来,在工人出版社的同志们的鼓励下,我才答应了。一开始,出版社的一个女同志和我一块跑,找线索,查资料。——直到 1958 年才动笔,同年冬天写出初稿。"①这里可以看出,出版该书的目的,就是对工人进行革命传统教

---

① 何家栋,邢小群.关于小说《刘志丹》写作的前前后后[EB/OL].见 www.21ccom.net,共识网.

育，是出版社主动作为的结果。

总之，1949—1965年这一时期的传记创作出版体现出如下几点：主题集中明确，具有鲜明的时代特色，带着强烈的政治功利性；题材主要涉及革命历史或现实生活斗争等方面，革命与阶级斗争色彩浓烈；传主或为先烈，或是时代英模。无论是革命导师领袖人物传记，工、农、兵、知识分子等英雄、模范人物传记，还是革命回忆录，都被赋予了特别的意义，带有明确的政治目的性与倾向性，承担着建构一个历史时代政治共同体的重任。因此，这些传记作品也就天然地存在着不足，正如研究者王庆生指出的："革命回忆录和人物传记文学也存在明显的缺陷。如题材主题的单一，表现技法的单一，视野狭窄，深度不够。还有些作品在反映历史的真实性上大打折扣，有意无意地为贤者讳，为尊者讳，着重写传主'过关斩将'的英雄事迹，因为把握的尺度不准，有的甚至史实错位。"[1] "存在着传主类型较为单一、题材狭窄的毛病；不少作品艺术粗糙，创作上出现了公式化、概念化、简单化的倾向，传主形象失之片面，个性模糊，只见叙事，而不见闪动鲜活的人性的身影；有的传记自觉不自觉地拔高、神化，甚至人为地造假失真。"[2]

---

① 王庆生主编.中国当代文学史［M］.北京：高等教育出版社，2003：202.
② 全展.中国当代传记文学概观［M］.哈尔滨：黑龙江人民出版社，2004：3.

第四章 /

"树典型，表忠心"与"历史人物唱主调"（1966—1976）

传主以及题材范围前后截然分明，以 1972 年为界线，前期"去英雄化"，传主多是工农兵典型，是从当时火热的生产生活、革命斗争实践中涌现出的先进分子；后期"去当代化"，传主基本上是历史人物，以中国古代历史人物为多，特别是以秦始皇为代表的法家以及部分农民起义领袖等。

第一节　时代背景与政策环境

一、出版事业发展受挫

根据《中国出版通史》相关材料，"文革"爆发后，出版界被视为"彻底批判"的"五界"①之一，是最早受到冲击、最早被"夺权"的部门之一。

在出版战线上，林彪、江青一伙大造谬论，煽动"怀疑一切、打倒一切"，全盘否定了之前出版事业的革命传统、成就等。出版界被造反"夺权"，机构被撤并，人员被批斗下放，出书数量也锐减，大批图书被斥为"毒草"而禁售封存。

"文革"期间，面对濒临灭顶之灾的出版事业，周恩来总理极力纠正极"左"思潮，为恢复出版工作，多次做出指示并采取了各种措施。他指示国务院出版口做些调查研究，召开一个全国性的座谈会。因此，1971年召开了"文革"开始后的第一个全国性出版会议——全国出版工作座谈会，在周恩来总理的支持与推动下，并以中共中央文件形式下达了《关于全国出版工作座谈会的报告》及出版计划，要求各地主要领导抓起出版工作。由于张春桥等插手了文件起草，将"两个估计"写入这个文件，因此许多计划没有得到落实。

1973年下半年开始，全国掀起"批林批孔"、"评法批儒"的运动，重印和新出版了一大批"法家著作"等历史图书以及

---

① "五界"即学术界、教育界、新闻界、文艺界、出版界.

批林批孔之作；1975 年下半年开展了"评《水浒》、批宋江"的运动，大量出版了各种版本的《水浒》。

"文革"后期，邓小平主持全面整顿时，对出版工作予以关注，但后因"批邓、反击右倾翻案风"运动而没有得到贯彻。

总的来说，1966 年 5 月至 1976 年 10 月的"文革"，使得中华人民共和国建立之初十七年时期创建起来的新兴的社会主义出版事业，遭受了摧残与破坏。

二、强调出版的工具性

"文革"时期，彻底实现了工农兵对文艺的统治，工农兵是文艺创作的主力军。"依靠谁去占领农村文艺阵地？ 这是文权落到哪个阶级手里，由哪个阶级实行专政的问题。 ……农村两条文艺路线斗争的实践证明，无产阶级要占领农村文艺阵地，……依靠我们贫下中农……"①到了后来，文艺的各个领域发生了深刻的变化。"文艺领域里对资产阶级的全面专政正在不断加强。 ……工农兵是我们社会主义国家的主人，也是社会主义文艺的主人。"②这种创作主体与功用，也导致了"文革"期间文艺创作的空白，只出现了所谓的"八个样板戏和一个作家"现象。

新中国的文艺生产有很强的目的性与计划性。 在这种机制、格局之下，文化的特性主要表现为政治文化居于绝对的主导，文艺为政治服务，文艺以政治为中心；出版传播作品的媒介更多地沦为一种工具，即意识形态斗争的工具，甚至一度在"文革"时期被用作阶级斗争的工具。

早在革命战争年代的 1930 年 8 月 10 日，中共中央机关报

---

① 无产阶级必须占领农村文艺阵地 [N].人民日报,1970‐10‐27.

② 歌颂无产阶级文化大革命 歌颂社会主义新生事物 北京市工农兵业余文艺阵地百花盛开 [N].新华社电,1976‐4‐20.

《红旗日报》发刊词就说过，报纸是阶级斗争的工具。 随着20世纪50年代反右运动以及反右斗争的扩大化，党和政府对新闻出版事业性质的认识开始偏离正确轨道，如毛泽东1957年7月提及："至少在帝国主义消灭以前，报纸，各种意识形态的东西，都是要反映阶级关系的。"①这里就强调了报纸是阶级斗争的工具。《文化部出版事业局1958年出版工作初步总结》中也说"出版工作中两条道路的斗争并没有结束"②。 出版是阶级斗争的舆论工具，在阶级斗争压倒一切的时代氛围中，这一观念逐渐被强化。

而在"文革"期间，新闻出版的"无产阶级专政的工具"论成为出版活动的指挥棒，林彪、"四人帮"炮制所谓"黑线专政"论，打倒一切，全面否定"文化大革命"前的出版工作和出版工作队伍，实行出版战线的工农兵专政，致使这一阶段出版业遭受了极大的创伤。

总的来说，出版是"阶级斗争的工具"，是"无产阶级专政的工具"，这就是"文革"时期对出版的认识。

在空前的劫难中，"四人帮"一伙推行文化专制主义，不准以任何形式表现真人真事。 江青甚至说："就是刘胡兰，也不要写真人真事！"连《刘胡兰传》也不准出版。③

---

① 毛泽东.毛泽东选集（第5卷）［M］.北京：人民出版社，1991：444.
② 中国出版科学研究所，中央档案馆.中华人民共和国出版史料（9）1957—1958［M］.北京：中国书籍出版社，2004：575.
③ 郭久麟.中国二十世纪传记文学史［M］.太原：山西人民出版社，2009：127.

第二节　传记出版概观

一、数据分析

1966—1976 年，为六十多年来传记出版的第二阶段，连头带尾 11 年时间；这一阶段可视为传记创作出版的停滞期，说是停滞，是相对于第一阶段十七年时期快速发展而言的，这一阶段也出版了一定数量的传记类图书作品。

这一时期，根据中国版本图书馆的样例数据，按传记题材范围、传主的身份统计，计 343 种，见表 4－1。可以看出，按数量从多到少来计，继续革命的先锋战士（包括忠于毛主席革命路线的优秀共产党员、一不怕苦/二不怕死的共产主义战士、一心为革命一心为人民的人等）人物传记为多数，有 231 种之多；其次是世界他国人物传记 41 种（多为政治家，不包括马恩列斯等革命导师），其中亚洲人物 5 种，非洲人物 5 种，欧洲人物 16 种（多为英国人物），美洲人物 14 种，从中似乎可看出此阶段我国国际关系的变化；再次之为历史人物（与"评法批儒"运动中宣扬秦始皇等法家有关，其中以秦始皇居多）；接着是马恩列斯毛等革命导师传记（其中大多是关于毛泽东的，其次是列宁的 5 种，斯大林的没有，马克思的 1 种，其他综合的 2 种），可以看出在此阶段领袖人物毛泽东的重要地位与影响；再接着是政治人物（不包括马恩列斯毛等革命导师），1976 年因周恩来逝世而出现了 2 种，华国锋因成为主席而出现了 4 种；还有，鲁迅的传记出现了几种，这可能与"文革"期间毛泽东批示周海婴希望出版《鲁迅全集》的来信有关。

表 4‑1 1966—1976 年传记书目抽样数据题材、人物类别/品种数一览表

题材、人物类别	品种数
科学家	3
其他	3
文学家（鲁迅）	8
政治人物	9
马恩列斯毛等革命导师	21
历史人物	27
世界他国人物	41
继续革命的先锋战士	231

各类别题材、人物具体占比情况见图 4‑1，可以明显看出，继续革命的先锋战士人物传记占到 67%，居于绝对多数；世界他国人物传记品种数占 12%；历史人物传记占比 8%；马恩列斯毛等革命导师传记占比 6%，等等。

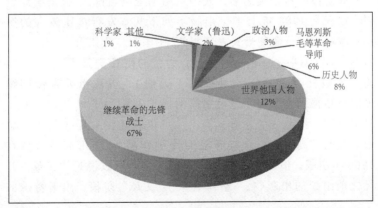

图 4‑1 1966—1976 年传记书目抽样数据题材、人物类别/品种占比图

二、总体表现

　　"文化大革命"时期，在林彪集团、"四人帮"等控制干扰之下，实行文化专政，制定了《开放图书目录》（两期），规定除了自然科学与工程技术类书籍外，只有经过严格仔细筛选的一千多种人文社科类图书可以出版阅读。加之，在"文革"期间，文化出版等部门受到严重冲击，文艺工作者离开了创作生产岗位，题材范围受到大大限制，几乎闹到书荒的地步。期间，传记出版几乎处于停滞阶段，传记图书数量少；根据书目来分析，传记所涉及的题材比较单一。受社会政治形势的影响，可以明显地看出，传主以及题材范围前后截然分明，以1972年为界线，前期的传主多是工农兵等先进典型、先进分子，是从当时火热的生产生活、革命斗争实践中涌现出的时代先锋，彰显的是一种胸怀宽广、全心全意为人民服务的高大形象；后期传主基本上是历史人物，以中国古代历史人物为多，特别是以秦始皇为代表的法家以及部分农民起义领袖等。

　　此阶段的传记类图书，大销量图书乏善可陈。根据统计资料，仅仅在1966年上半年出版了如下几本发行量比较大的图书：本社编《革命硬骨头麦贤得》（中国青年出版社，1966年2月版，959万册）、本社编《一心为公的硬骨头张春玉》（中国青年出版社，1966年6月版，77万册）、天津市委宣传部编《向焦裕禄同志学习　做毛主席的好学生》（中国青年出版社，1966年2月版，60万册）等。① 可以看出，主要还是表"忠心"式的"高、大、全"形象的传记作品。这几本书虽然在1966年出版，但从图书的生产周期来看，可以说是"文革"开始之前组织的出版物。整体看来，"文革"阶段，由于特殊的

---

① 傅惠民辑.40年来我国部分出版社发行在50万册以上的图书目录（二）[J].出版工作，1989（11）.

时代氛围与政策,是个传记畅销书缺失的时期。

第三节　前期的工农兵典型传记出版

列宁说过:"历史早已证明,伟大的革命斗争会造就伟大人物,使过去不可能发挥的天才发挥出来。"在中国人民反帝反封建反独裁的新民主主义革命过程中,造就并涌现出一批无产阶级革命家及其领袖人物,他们的高尚品质和丰功伟绩赢得了世人的尊崇。按理说,歌咏无产阶级革命家及领袖人物的作品应喷薄而出,但是,中华人民共和国成立后,领导人对此保持清醒的警惕,中央特别规定,为防止"个人崇拜"与反对"现代迷信",不赞成作品描写歌颂健在的革命领导人。如中国共产党七届四中全会通过的《关于增强党的团结的决议》,就强调在党内要反对骄傲情绪以及个人崇拜:"严格遵守集体领导的原则,……反对把个人放在组织之上,反对不适当地过分强调个人的作用,反对骄傲情绪和个人崇拜。"再如,邓小平在中国共产党的八大会议上代表党中央所做的《关于修改党的章程的报告》(1956年9月16日),其中专门谈到"领袖对党的作用","苏联共产党第二十次代表大会的一个重要的功绩,就是告诉我们,把个人神化会造成多么严重的恶果";"我们党也厌弃对于个人的神化","我们的任务是,继续坚决地执行中央反对把个人突出、反对对个人歌功颂德的方针"①。在1957年夏的财经工作会议上,毛泽东再次强调了在之前(1949年3月)党的七届二中全会上所提出的防止个人崇拜的六条规定,是无比重要的,并且继续有效,即不给党的领导祝寿;不送礼;少敬酒;少

————————

① 邓小平.邓小平文选(第1卷)[M].北京:人民出版社,1994:235.

拍掌；不用党的领导人的名字作地名、街名和企业的名字；不把中国同志和马恩列斯并列等。 因此，在中华人民共和国建立十七年期间，关于毛泽东的传记类作品，相对于中华人民共和国建立前而言，就显得比较少，如据《全国总书目》统计，1949—1954 年毛泽东生平与传记只有 5 种，而且其内容写的多是毛泽东同志少年时代的故事等。

1957 年左右，对于个人崇拜问题，毛泽东态度发生了变化，这可能与国内外政治形势生发变动有关。"个人崇拜有两种：一种是正确的，如对马克思、恩格斯、列宁、斯大林正确的东西，我们必须崇拜，永远崇拜，不崇拜不得了，真理在他们手里，为什么不崇拜呢？ ……另一种是不正确的崇拜，不加分析，盲目服从，这就不对了。 反对个人崇拜的目的也有两种：一种是反对不正确的崇拜，一种是反对崇拜别人，要求崇拜自己。 问题不在于个人崇拜，而在于是否真理，是真理就要崇拜，不是真理就是集体领导也不成。"①这段话是毛泽东在 1958 年 3 月成都会议上说的，他对个人崇拜提出了两种看法，从话语中可看出，这里似乎是将真理崇拜与个人崇拜相等同了。1965 年毛泽东在和美国记者斯诺谈话时，"承认中国确实有'个人崇拜'，认为当时需要有更多的个人崇拜"②。

1966 年 8 月 8 日，《关于无产阶级文化大革命的决定》通过，林彪在讲话时说，"这次文化大革命最高司令是毛主席"，"毛主席又把局面扭转过来了"。 8 月 12 日通过的《中国共产党第八届中央委员会第十一次全体会议公报》，确定了毛泽东在党内、国家的绝对崇高的地位。 1966 年 8 月 18 日北京举行

---

① 冯建辉.关于个人崇拜的历史反思［J］.炎黄春秋，1999（7）：34 - 40.

② 高皋，严家其."文化大革命"十年史［M］.天津：天津人民出版社，1988：1.

了大规模的"庆祝文化大革命大会"，陈伯达、林彪在大会的发言中给毛泽东冠以"伟大的领袖"、"伟大的导师"、"伟大的统帅"和"伟大的舵手""四个伟大"。 通过这样的运动式推动，对毛泽东的个人崇拜达到了空前的地步。

中华人民共和国成立后的历程，也是毛泽东在全国人民心目中的威望不断提高的过程，这一提高过程，还被林彪等助推着。 庐山会议后，林彪成了国防部长，在他的推动下，学习毛泽东著作活动先后在军队及全国展开。 在学毛著的热潮中，为了学习材料的需要，各种版本毛泽东著作被大量刊行。"文革"期间出版的毛泽东主要著作有《毛主席语录》、《毛泽东选集》和《毛泽东著作选读》（分甲种本和乙种本）等。 整个"文革"时期，仅毛泽东著作和毛泽东像、单张语录和诗词便占全国图书总印数 1/3 强，达到 108 亿册/张之多[1]。 随着"文革"中毛泽东接见红卫兵等群众性运动蜂起，伴随毛著的刊行，全国上下掀起了热潮，这样毛泽东的思想及其本人逐渐被神圣化了。

与毛泽东著作铺天盖地的出版发行，高达几千万册甚至数亿册，全民性持有宣传学习相比，在 1966—1976 年期间，毛泽东传记的出版则可以说微乎其微了。 据《全国总书目》统计，在此期间出版的毛泽东传记，有代表性的有如下几种：《毛主席的革命故事》（安徽人民出版社，1968 年 4 月版）、《日出东方红》（解放军文艺出版社，1968 年版）、《东方红》（解放军文艺出版社，1968 年 5 月版）、《韶山升起红太阳》（解放军文艺出版社，1968 年 1 月版）、《韶山升起红太阳》（湖南人民出版社，1968 年 5 月版）。

与个人崇拜相对，就是全国各族各行各业人民群众的表"忠心"了。 从传记出版来看，在书名的组成部分上，一般被

---

[1] 方厚枢，魏玉山.中国出版通史·中华人民共和国卷［M］.北京：中国书籍出版社，2008：131.

标以"一不怕苦，二不怕死"以及"人民的好儿子"、"毛主席
的好学生/好战士/好工人/好农民/好干部/好孩子"、"无限忠于
毛主席革命路线的好干部"、"无产阶级专政下继续革命的先锋
战士"等。 据《全国总书目》统计，以 1966—1969 年出版的传
记作品来看，这期间共出版传记图书 220 种，其中标以"一不
怕苦，二不怕死"的群体英雄事迹编选作品有 21 种，写"一不
怕苦，二不怕死"个体的有 81 种，二者合起来数量几近一半。
另外，树立宣传典型的个体传记情况如下：焦裕禄 31 种，王杰
4 种，麦贤得 4 种，蔡永祥 5 种，刘英俊 19 种，杨今月 2 种，李
文忠 4 种，门合 10 种，郭嘉宏 5 种，吕祥璧 3 种，年四旺 3
种，吕玉兰 3 种，寇志寒 2 种，金训华 9 种，这 14 人的传记作
品共计 104 种。 据《全国总书目》统计，1970 年共出版传记作
品 129 种，多冠以"无产阶级专政下继续革命的先锋战士"，诸
如"一不怕苦，二不怕死，全心全意为人民"、"把一生交给党
安排"、"无限忠于毛主席的……"、"拉革命车不松套，一直拉
到共产主义"、"为伟大领袖毛主席争光"，等等。 据《全国总
书目》统计，1971 年共出版传记作品 125 种，除了涉及国外人
物的 2 种 [《〈国际歌〉作者鲍狄埃和狄盖特》，商务印书馆，
1971 年 12 月版；《控诉法西斯（季米特洛夫在莱比锡审讯中的
两个发言）》，人民出版社，1971 年 9 月版] 以及纪念学习鲁迅
的 4 种外，其他类似表"忠心"的传记作品有 119 种，如"一不
怕苦，二不怕死的革命精神万岁/永放光芒"、"一片丹心为人
民"、"无限忠于毛主席的……"、"无产阶级先锋战士"、"执
行/捍卫毛主席革命路线的先锋战士"、"红心永向红太阳"、
"爱民模范"、"模范饲养员"或者"模范共青团员"，等等；值
得注意的是，这 119 种传记作品中，有一种写林彪的，即周赤
萍著《东北解放战争时期的林彪同志》，由福建省新华书店于
1971 年 7 月出版。

其间有几位特别的典型如焦裕禄、王杰、刘英俊、门合等。

典型树立的过程，除了新闻媒体大量宣传以外，出版单位亦随之跟进而出版了传记作品，从而为典型的宣传以及各地组织学习典型的力量提供了材料。

焦裕禄（1922.8.16—1964.5.14），在河南省兰考县担任县委书记时，虽身患肝癌，仍坚持带领全县人民群众与内涝、风沙、盐碱三害等自然灾害斗争。1964年5月14日，焦裕禄被肝癌夺去了生命。《人民日报》1964年11月20日发表了题为《焦裕禄同志为党为人民忠心耿耿》的报道，在河南省内引起了很大反响。一年后，新华社副社长穆青带着记者冯健到河南了解灾情，听闻此事深受感动。1966年2月7日，由穆青等完成的《县委书记的榜样——焦裕禄》1万多字长篇通讯刊发，《人民日报》配发了社论《向毛泽东同志的好学生——焦裕禄同志学习》，由此震撼了全国亿万人民的心。在图书出版领域，据《全国总书目》统计，关于焦裕禄的传记作品在1966年2、3、4、5月以及11月从中央级到地方多家出版社共出版了31种，可见其速度之快，数量之多；书名除了标以"县委书记的好榜样"外，还有"毛泽东同志的好学生"等，从而树立起了"党的好干部"、"人民的好公仆"的先进典型。

《县委书记的榜样——焦裕禄》（河北人民出版社）

《县委书记的榜样焦裕禄》（人民出版社）

刘英俊（1945.4.8—1966.3.15），雷锋式的伟大战士。1966 年 3 月 15 日，在佳木斯市郊，年仅 21 岁的战士刘英俊执行任务时，为救六名儿童勇拦惊马，不幸牺牲。1966 年 4 月 10 日，中央军委追认刘英俊为中国共产党党员，授予"人民的好儿子"称号；7 月 14 日，总政治部要求在全军宣传学习刘英俊，接着，宣传学习活动波及全国。据《全国总书目》统计，1966 年 7—11 月，中央级及地方多家出版社共出版了刘英俊传记图书 19 种，书名或标以"人民的好儿子"、"毛主席的好战士"、"毛泽东时代的伟大战士"，或类似于《学习最高指示/执行最高指示/宣传最高指示/捍卫最高指示——向毛主席的好战士刘英俊同志学习》等。

王杰（1942—1963），驻扎江苏徐州某部工兵连的班长。1965 年 7 月 14 日，他在帮助民兵练习爆破技术训练中为掩护民兵扑向炸药包英勇牺牲，被追认为革命烈士。党和国家领导人毛泽东、周恩来等，分别为王杰题词。毛泽东题词："我赞成这样的口号，叫作'一不怕苦，二不怕死'。"在出版方面，据《全国总书目》统计，1966 年出版了关于王杰的传记图书 4 种，包括《王杰日记》、《王杰的话》以及《一心为革命 一切为革命——

解放军报编辑部
编《王杰日记》

向毛主席的好战士王杰同志学习》等。王杰被塑造成了"读毛主席的书、走革命的路"的"不怕苦、不怕死"典型。

门合（1928—1967.9.5），是和黄继光、雷锋以及焦裕禄等齐名的英雄，也是 20 世纪 60 年代树立的典型。1967 年 9 月 5 日，在青海巴仓农场做"支左"工作的门合，因扑向即将引起连锁爆炸的防雹土火箭而英勇牺牲。门合此举救了 27 人性命，牺牲时才 40 岁。1968 年 6 月，门合被命名为"无限忠于毛主席革命路线的好干部"。 命名题词是林彪题写,他时任中共中央副主席。 据《全国总书目》统计,1968年5月至8月,全国共出版门合的传记作品10种,作品均冠名为"无限忠于毛主席革命路线的好干部——门合"或"向无限忠于毛主席革命路线的好干部门合同志学习"。

这里要特别一提"一不怕苦,二不怕死"这个口号的由来。这是开国中将张国华(1914—1972)在汇报中提及的一句话。张国华1962年10月20日指挥对印自卫反击战取得了胜利,共击毙俘获印军7000多人。 因此,1963年2月,张国华在向毛泽东汇报边境自卫反击作战的情况时,报告中提到了那句在驻藏部队中已经传播开来的豪迈誓言——"一不怕苦,二不怕死",当他说到"我们的战士靠的就是'一不怕苦,二不怕死'的精神"时,毛泽东赞许了"一不怕苦,二不怕死"这个提法。因为"一不怕苦,二不怕死"这个口号,也在王杰的"王杰日记"中出现过,所以中国人民解放军总政治部1965年11月6日在下发向王杰同志学习的指示中,向全军提出了要发扬"一不怕苦,二不怕死"的革命精神。 1969年4月28日,在九届一中全会上毛泽东再次肯定了"一不怕苦,二不怕死"这一革命口号。 从此,"一不怕苦,二不怕死"的革命精神叫响全军、全国,也就成为那代人表达斗志、忠心的一句响亮口号。 这也反映在20世纪60年代下半叶的传记作品多被标以"一不怕苦,二不怕死"这一口号与主题上。

从传记出版的品种来看,1966—1971年之间,以树立工农兵典型为主,传记作品可以归纳为这么几个特点:一、所写的人物为当代普通群体中涌现的先进典型、积极分子,即只写当下人物;二、立足人物的工作、奉献、牺牲;三、其主题主要表现为,人物的奉献牺牲等精神是在毛主席的思想精神影响教育下形成的,即表达一种忠心。 特别值得一提的是,个人崇拜之下的表"忠心"式的传记出版,表现出一个鲜明的倾向,就是去英雄化的倾向，这与中华人民共和国建立之初十七年时期书写时代新人与英雄大大不同。 这可能与"文革"期间的特殊政策环境有关。 马烽在《刘胡兰传》后记中记述道：该书初稿写成是在 1964年。 当时，中国青年出版社准备出版，在出版前曾印了几百册样本，分送给刘胡兰的家乡云周西村党支部、文水县委会、山西省委、原晋绥边区的领导人以及刘胡

马烽著《刘胡兰传》

兰生前友好和有关单位征询意见。 后作者根据这些意见对书稿进行了修改。 而后，中国青年出版社又重新排版打出了清样，但一直未能出版。 其原因是在"四人帮"统治的文艺界，有一条不成文的规定：不准以任何艺术形式表现真人真事。 他们的"旗手"还下达了这样的命令："……就是刘胡兰，也还是不要写真人真事！"这样一来，所有以前歌颂女英雄刘胡兰的如话剧、歌剧、叙事诗、连环画等艺术作品均不能表演刊发。《刘胡兰传》当然也就未能出版。 直到"四人帮"垮台后，《刘胡兰传》才由中国青年出版社和山西人民出版社安排出版。① 这里"不准以任何艺术形式表现真人真事"的规定，是一种要求去英雄化的创作出版倾向的体现。

第四节 后期的历史人物传记出版

自 1972 年起，传记作品表现出另一特点，即主要写历史人物，有着明显的去当代化的倾向。 这与 1966—1971 年的主要写当下人物形成了鲜明的对比。 1970 年 12 月 28 日，毛泽东又

① 马烽.刘胡兰传·后记［M］.北京：作家出版社，2008.

与美国记者斯诺见面,在谈话中说1965年前后自己甚至连北京的宣传工作都管不了。这似乎是为自己辩解"文革"前期的个人崇拜。同时,他对个人崇拜提出了批评:"个人崇拜现在没必要了,要降温了。"①这是一个方面。

另一方面则是与林彪集团阴谋破产后的政治形势有关。1971年12月始,全国"批林整风"运动展开。"关于粉碎林彪集团反革命政变斗争"的材料被中共中央批发,前后有三批。在思想理论领域里,一开始批林的调子一直定在林彪唯心主义的"天才论"、"顶峰论"上,后来,"批林整风"突然转为"批林批孔"。为何要"批孔"? 因为林彪尊孔。因林立果搞的《"五七一"工程纪要》中说毛是"当代的秦始皇",林彪的住处也查出肯定孔、孟的材料,而孔子主张恢复西周礼制,是"复辟",是"倒退"(郭沫若等史学家的学术观点认为西周是奴隶制,春秋战国时代则是向统一的封建制过渡),这恰好与当时那股否定"文化大革命"、想回到"文革"前的所谓"复辟"思潮相对应。

"文革"前夕及"文革"中,毛泽东贬低孔子,抬高秦始皇,对孔子的评价越来越低,甚至进行全面否定。1964年6月,毛泽东在一次接见外宾谈话中,将秦始皇与孔子相比:"孔夫子有些好处,但也不是很好的,我们认为应当讲公道话。秦始皇比孔子伟大得多。孔夫子是讲空话的。"1968年10月31日,在中共八届十二中全会的闭幕会上,毛泽东宣称:"拥护孔夫子的,我们在座的有郭老,范老基本上也是有点崇孔啰,因为你那个书上有孔夫子的像哪。冯友兰就是拥孔夫子的啰。我这个人比较有点偏向,就不那么高兴孔夫子。看了说孔夫子是代表奴隶主、旧贵族,我偏向这一方面,而不赞成孔夫子是

---

① 樊跃发.新中国建立初期毛泽东反个人崇拜思想特点分析[J].毛泽东思想研究,2010(5):97-101.

代表那个时候新兴地主阶级。因此，我跟郭老在这一点上不那么对。你那个《十批判书》崇儒反法，在这一点上我也不那么赞成。"①1971 年"九一三"事件发生后，在"批林批孔"运动中，毛泽东对孔子予以全面否定。在中央政治局会议上，毛泽东提出"郭老的《十批判书》有尊孔思想，要批判"；在 1973 年 7 月的一次谈话中，毛泽东又说："郭老在《十批判书》里自称是人本主义，即人民本位主义。孔夫子也是人本主义，跟他一样。郭老不仅是尊孔，而且是反法的。尊孔反法，国民党也是一样啊！林彪也是啊！"同时，毛泽东还写了一首《读〈封建论〉呈郭老》：劝君少骂秦始皇，焚坑事件要商量。祖龙魂死业犹在，孔学名高实秕糠。百代多行秦政治，十批不是好文章。熟读唐人《封建论》，莫从子厚返文王。②在这首七律中，他明确表达了自己贬低孔子、抬高秦始皇的态度。③在"批林整风"运动中，毛泽东还突然自比秦始皇，而林彪则成了主张复辟倒退（回到"文革"前）的孔孟之流，由此党内这场关于林彪集团是"极左"还是"极右"的争论，竟然成了关乎两千年以前的"儒法之争"。1973 年 8 月 5 日毛泽东在一次谈话中说："历代政治家有成就的，在封建社会有成就的，都是法家。这些人主张法治，犯了法砍头，主张厚今薄古。儒家满口仁义道德，一肚子男盗女娼，都是主张厚古薄今的。"1973 年 8 月 7 日《人民日报》刊发了杨国荣《孔子——顽固地维护奴

---

① 张鸣."文革"中毛泽东为何贬低孔子抬高秦始皇［EB/OL］. http://history.sina.com.cn/bk/2014-05-12/104590593.shtml.

② 陈晋主编.毛泽东读书笔记解析（下册）［M］.广州：广东人民出版社，1996:1273；1973 年 8 月 5 日，毛泽东作《七律·读〈封建论〉呈郭老》.

③ 陈晋主编.毛泽东读书笔记解析（下册）［M］.广州：广东人民出版社，1996:1273；1973 年 8 月 5 日，毛泽东作《七律·读〈封建论〉呈郭老》.

隶制的思想家》一文，8 月 13 日又刊登了杨国荣的《两汉时代唯物论反对唯心论先验论的斗争》，以迎合某种政治需要。 一个多月后在接见埃及副总统侯赛因·沙菲时，毛泽东表明自己也就是秦始皇："秦始皇是中国封建社会第一个有名的皇帝，我也是秦始皇，林彪骂我是秦始皇。 中国历代分两派，一派讲秦始皇好，一派讲秦始皇坏，我赞成秦始皇，不赞成孔夫子。"①

在当时的全国舆论中，也营造了一种批判"尊儒反法"的氛围，如 1973 年 9 月 4 日《北京日报》刊发了北京大学、清华大学大批判组写的《儒家和儒家反对思想》，9 月 15 日上海出版的《学习与批判》创刊号上刊发了署名石仑写的《论尊儒反法》一文，9 月 17 日《北京日报》刊发了北京大学、清华大学大批判组写的《秦始皇在历史上的进步作用》，10 月 1 日《红旗》杂志转载了刊于《学习与批判》的《论尊儒反法》，等等。② 批判"尊儒反法"，实际上是把"批林整风"转变为"批林批孔"，影射到批"周公"。

总的来说，无论是个人崇拜的降温也好，"尊儒反法"也好，总的形势背景是"尊法反儒"，这是有现实所指的。

在尊法反儒、扬秦贬孔的时代氛围下，传记出版方面也有相应的表现，可以说基本上是历史人物传记唱主调。 据《全国总书目》统计，1972 年出版传记作品 15 种，分为三类：一类是马克思、恩格斯、列宁、斯大林传记，出版有《马克思传》、《列宁回忆录》2 种；一类是中国历史人物传记，有 7 种，其中就有上海人民出版社 1972 年 5 月出版的洪世涤著《秦始皇》；一类是外国历史人物传记 6 种。 1973 年出版传记作品 17 种，

---

① 陈晋主编.毛泽东读书笔记解析（下册）[M].广州：广东人民出版社，1996：1155.

② 高皋，严家其."文化大革命"十年史 [M].天津：天津人民出版社，1988：488 - 489.

也分为三类：一类是马克思、恩格斯、列宁、斯大林传记，有 7 种；一类是中国历史人物传记，有 4 种，其中关于秦始皇的传记作品有 3 种，另一种是《王荆公年谱考略》（王安石也是法家人物）；一类是外国历史人物传记 6 种。 1974 年出版传记作品 46 种，分为三类：一类是马克思、恩格斯、列宁、斯大林传记，有《回忆马克思恩格斯》等 3 种；一类是中国历史人物传记，有 40 种；一类是外国历史人物传记 3 种。 在 40 种中国历史人物传记中，关于秦始皇的传记有 34 种之多，其书名标题除了《秦始皇》、《论秦始皇》、《关于秦始皇》外，还有正面积极评价秦始皇的书名如《正确评价秦始皇》、《秦始皇在历史上的进步作用》（有 10 种）、《厚今薄古的专家秦始皇》（有 5 种）、《新兴地主阶级杰出的政治家秦始皇》、《秦始皇是坚决打击奴隶主复辟的政治家》等；与尊崇秦始皇的传记相对，还出版了批判孔孟传记作品 5 种，即《孔丘反动的一生》（北京人民出版社，1974 年 9 月版）、《孔老二罪恶的一生》（陕西人民出版社，1974 年 6 月版）、《孔丘丑史》（内蒙古人民出版社，1974 年 12 月版）、《孔老二罪恶史》（安徽人民出版社，1974 年 10 月版）以及《反动阶级的"亚圣"——孟轲》（陕西人民出版社，1974 年 9 月版）。 1975 年出版传记作品 20 种，其中有秦始皇以及吴起、李斯、曹操、王安石等具有改革家、法家气质的人物传记；还有特别具有影响的冯友兰著《论孔丘》（人民出版社，1975 年 9 月版）。 1976 年出版传记作品 35 种，分为三类：一类是马克思、恩格斯、列宁、斯大林传记，有 2 种；一类是中国历史人物传记，有 31 种，其中除了秦始皇传记资料 2 种外，也有《孔门群丑》、《尊孔派和卖国贼——曾国藩、李鸿章、张之洞、袁世凯》等，还有韩非、张良、贾谊、晁错、曹操、诸葛亮等人物传记；一类是外国历史人物传记，有 2 种。

洪世涤著《秦始皇》　　　《秦始皇》（人民出版社）

柳宗元等著《论秦始皇》　　冯友兰著《论孔丘》

　　另外值得一提的，是关于农民起义首领的传记。对于农民战争，毛泽东一向予以积极评价。他曾在《中国革命和中国共产党》中说道："地主阶级对于农民的残酷的经济剥削和政治压迫，迫使农民多次地举行起义，以反抗地主阶级的统治。从秦朝的陈胜、吴广、项羽、刘邦起……总计大小数百次的起义，都是农民的反抗运动，都是农民的革命战争。中国历史上的农民起义和农民战争的规模之大，是世界历史上所仅见的。在中国封建社会里，只有这种农民的阶级斗争、农民的起义和农民的战争，才是历史发展的真正动力。"①在"以阶级斗争为纲"、"造反有理"背景之下，农民起义的意义也随之被任意地拔高或夸大，到了"文革"中，有将农民起义领袖加以革命化与美化的倾向。据《全国总书目》，1972 年就有《陈胜、吴广》、《陈胜、吴广、洪秀全》、《陈玉成》(3 种)的传记出版；1976 年出版有《中国农民起义领袖小传》、《洪秀全》、《刘邦》等传记。

　　总之，1966—1976 年期间，传记出版相对来说处于停滞状态，呈现出萧条景象，数量比较少，题材比较单一，多为呼应政治形势需要的急就章，质量不高。以 1972 年为界，前期表现出去英雄化的倾向，是个人崇拜盛势下的"树典型，表忠心"，是"一片丹心为人民"、"无限忠于毛主席"下的"无我"；根据"三突出"的原则，传主主人公必须为形象高大、胸怀宽广、全心全意为人民服务的没有缺点的"高大全"形象，多被作为政治工具而有失人性，传主可敬而不可亲，失去客观公正性。后期表现出去当代化的倾向，传记人物主要是历史人物，这些历史人物被有选择地呈现，同时为了某种政治需要，或褒扬或贬抑。特别是在传记的写作出版中，服务于现实斗争，成为政治运动的应声虫，甚至为了政治运动的需要而篡改史实，如在尊法反儒、扬秦贬孔中颠倒是非、歪曲历史。这样，传记出版甚至一度沦为了阶级斗争的工具。

---

① 毛泽东.中国革命和中国共产党 [M] //毛泽东选集（第二卷）.北京：人民出版社，1991：619.

第五章 /

复苏与振兴——各类人物传记题材的
开拓与发展（1977—1991）

这是一个传记出版复苏与振兴的时期，不仅传记出版数量增多，而且各类人物传记题材得到开拓与发展，有不少突破了之前的禁区，不断地发出"思想解放的春天"的信号，展现了蓬勃发展、进步、开放与包容的时代风貌。

第一节　时代背景与政策环境

一、"思想解放的春天"

在历经了"十七年时期"、"文革"两个阶段之后，社会发展进入了"新时期"阶段，此"新"，强调的是新生与再建。从 20 世纪 70 年代末到整个 80 年代，拨乱反正、思想解放、改革开放等是时代的主题。这种新生与再建，实际上就是生产关系的改良，是生产方式的调整，即立足于中国现有的生产力水平，围绕着推动生产力进步的目的，从整体上调整、变革过去生产方式中所有与生产力不相适应的地方；这种变革集中体现在经济建设领域，即"以经济建设为中心"。这种经济基础的变化，必然需要社会思想、文艺、文化乃至文学等领域的反映与呼应；同时，人民群众日益增长的物质需求也不可避免地激活其精神文化的需求，因此，文艺生产不可能置身于事外，必然形成解放文艺生产力的强烈社会期待，为使文艺生产与社会生产力大发展趋势相匹配，从而形成了文艺生产方式变革的需求。①

"文革"一结束，如同铁闸崩裂，积蓄长久的思想、文艺等解放的洪流，奔涌而出，思想文化解放的春天到来了。周扬 1979 年 11 月 1 日在第四次全国文代会上，在《继往开来，繁荣社会主义新时期的文艺》报告中指出："我们要批评各种错误思

① 李洁非，杨劼.共和国文学生产方式 [M].北京：社会科学文献出版社，2011：148-149.

想，反对无政府主义、极端个人主义和资产阶级'自由化'的倾向。但是现在的情况不是思想解放过了头，而是思想解放还不够，束缚思想解放的阻力还很大……只能促进，不能促退……要求文艺工作者解放思想，首先文艺工作的领导人自己要带头解放。"①更为主要的，还有更高级别的领导人为文艺思想解放来定调子，即邓小平在这次大会的"祝辞"中所表达的："党对文艺工作的领导，不是发号施令，不是要求文学艺术从属于临时的、具体的、直接的政治任务，而是根据文学艺术的特征和发展规律，帮助文艺工作者获得条件来不断繁荣文学艺术事业，提高文学艺术水平，创作出无愧于我们伟大人民、伟大时代的优秀文学艺术作品和表演艺术成果。……在文艺创作、文艺批评领域的行政命令必须废止。……文艺这种复杂的精神劳动，非常需要文艺家发挥个人的创造精神。写什么和怎样写，只能由文艺家在艺术实践中去探索和逐步求得解决。在这方面，不要横加干涉。"②这就是明确表明，文艺不需要以政治为中心，不需要去完全为政治服务了。

冲破了以政治画线的藩篱，积蓄了此前三十多年的各种作用力，使得 20 世纪 80 年代的思想文化领域的根本要务成为解放文化、文艺的生产力。首先是思想文化领域的各种突破，抛弃了之前的一个个包袱，逐个排雷和解除禁区，许多禁忌纷纷失去了神秘性和崇高感。具有普世意义的有关人性、人道主义的思想，也逐步被引为基本的价值观。理论批评领域强劲有

---

① 周扬.继往开来，繁荣社会主义新时期的文艺——一九七九年十一月一日在中国文学艺术工作者第四次代表大会上的报告 [N].人民日报,1979-11-20.

② 邓小平.在中国文学艺术工作者第四次代表大会上的祝辞 [M]//中国新文艺大系 1976—1982·理论一集·上卷.北京：中国文联出版公司，1988：4.

力，各类批评理论层出不穷，一大批中青年批评家也纷纷涌现。各种思潮流派纷起，涌现了追逐外国思潮与流派的倾向，如在文学创作领域，出现了诸如"伤痕文学"、"寻根文学"、"现代派"、"意识流"、"新小说"与拉美魔幻现实主义等。因此人们往往用"文艺的春天"、"思想解放的春天"来形容20世纪80年代，用"黄金时代"来予以赞颂。

二、"书刊是思想文化科学的主要传播手段"

"文革"结束后，党中央开始拨乱反正，着手加强和改进出版工作。1977年12月在北京召开了全国出版工作座谈会。在1978年2月26日召开的第五届全国人大一次会议上，时任国家领导人华国锋在政府工作报告中，明确指出要"加强出版事业，尽快改变目前书刊品种少，出版周期长，印刷技术落后的状况"①。1978年6月，《国家出版局关于加强和改进出版工作的报告》(1978年6月17日)出台，指出："出版战线的基本任务是：宣传马克思列宁主义、毛泽东思想，宣传毛主席的无产阶级革命路线和党的方针、政策，批判资产阶级、批判修正主义，传播阶级斗争、生产斗争和科学实验的理论和知识，促进科学文化事业的发展和繁荣，为极大地提高整个中华民族的科学文化水平，为实现新时期的总任务而斗争。""坚持为无产阶级政治服务、为工农兵服务的方向。在新的历史条件下，出版工作为无产阶级政治服务、为工农兵服务，就是为新时期的总任务服务，为在本世纪内把我国建设成为社会主义的现代化强国服务。""出版工作要反对脱离政治的倾向，又要避免对为

---

① 华国锋.团结起来，为建设社会主义的现代化强国而奋斗——在五届全国人大一次会议上的政府工作报告 [R].1978-2-26.

政治服务做狭隘的理解。""图书、报纸、杂志都是党的宣传工具。"①同年 7 月,《国务院批转国家出版局关于加强和改进出版工作的报告》(1978 年 7 月 18 日·国发〔1978〕141 号)发布,报告明确:"出版战线在宣传马克思列宁主义、毛泽东思想,实现新时期总任务,极大地提高整个中华民族科学文化水平的斗争中,担负着重要任务。"这是一个过渡时期,国家政策强调图书出版等为党的"宣传工具",虽担负着提高整个中华民族科学文化水平的重任,为实现新时期任务奋斗,但出版工作还是为无产阶级政治服务、为工农兵服务,依然充满着批判资产阶级、批判修正主义、传播阶级斗争等延续性政治色彩。

　　1983 年 6 月,《中共中央、国务院关于加强出版工作的决定》(1983 年 6 月 6 日·中发〔1983〕24 号)发布,这是为适应党的十二大提出的全面开创社会主义现代化建设新局面的宏伟纲领,建设高度的物质文明和高度的社会主义精神文明的需要而颁发的。这是中华人民共和国建立以来,第一个也是唯一一个由中共中央和国务院联合颁发的关于出版工作的决定。决定强调:"出版事业的发展,既是社会主义精神文明建设的重要方面,又是物质文明建设的组成部分和重要条件。""**书刊是思想文化科学的主要传播手段。**"②在谈到出版工作的性质和指导方针方面,虽还提及在社会主义社会,出版工作有着鲜明的思想性、革命性,但首先应该是宣传、教育工作,同时,"又是一项科学文化工作,具有很强的知识性和科学性","是为最广大的

---

① 中宣部出版局《出版工作文献选编》编辑组编.出版工作文献选编〔M〕.沈阳:辽宁教育出版社,1991:240-242.
② 中宣部出版局《出版工作文献选编》编辑组编.出版工作文献选编〔M〕.沈阳:辽宁教育出版社,1991:246.

人民群众服务的,具有广泛的群众性和计划性"① 。另外,出版工作还要加强核算与经营管理,注意经济效果等,是这次文件所特别提出的:"社会主义的出版工作,首先要注意出版物影响精神世界和指导实践活动的社会效果,同时要注意出版物作为商品出售而产生的经济效果。""出版部门要加强经济核算,提高经营管理水平……注意经济效果,但决不能单纯追求利润。否则,就不能克服和防止精神产品商品化的现象,就不能保证我们的出版工作的社会主义性质和方向。"②这是在思想大解放、改革开放新的历史条件下对出版工作的性质与任务的认识上的飞跃,明确了出版工作是宣传教育工作,又是科学文化工作,书刊就是主要传播思想文化科学的。而更具有突破性意义的一点是,这是在中央文件中第一次提出了出版工作和出版物有两重性,特别是指明其所具有的商品属性。

三、传记出版政策新调整

这一阶段与传记出版相关的政策规定,主要有涉及重大选题备案以及根据形势变化而对某类题材做限制性规定等方面。

首先,在重大选题备案方面,特别对于有关党和国家领导人的著作、革命回忆录以及传记等的发表、出版予以特别规定。如《中共中央批转中宣部、中央文献研究室〈关于毛、周、刘、朱和现任中央常委著作的出版、发表及审核办法的请示报告〉的通知》(1982年6月29日·中发〔1982〕33号),通知规定了涉及这些领导著作的编写、审定与出版单位,明确交由人民出版社出版:"毛、周、刘、朱和现任中央常委的选

---

① 中宣部出版局《出版工作文献选编》编辑组编.出版工作文献选编
　　[M].沈阳:辽宁教育出版社,1991:247.
② 中宣部出版局《出版工作文献选编》编辑组编.出版工作文献选编
　　[M].沈阳:辽宁教育出版社,1991:245-247.

集、文集（包括专题文集、书信集、诗词集）和个人传记、年
谱，统一由中央文献研究室或中央指定的其他单位负责编辑工
作，报送中央文献编辑委员会审定，交由人民出版社出版。"①
1990 年 5 月针对一段时间来出版、发表主要领导人作品中史实
与评价偏颇等问题，又颁布了《关于对描写党和国家主要领导
人的出版物加强管理的规定》（1990 年 5 月 5 日·中宣发文
［1990］5 号、［1990］新出图字 551 号），规定提出了具体要
求，明确了相关重大选题出版物的所指、范围、备案程序及所
限定的出版单位："规定所称党和国家和主要领导人指：现任或
曾任党中央政治局的常委，国家主席、副主席，国务院总理，
全国人大常务委员会委员长，中央顾问委员会主任，全国政协
主席。 本规定所称描写党和国家主要领导人的出版物指：专门
描写、记述上述人物的专著、传记、回忆录、纪实文学、报告文
学等。 ……出版、发表这类图书、文章必须十分严肃、慎重。
所述史实一定要准确，观点必须符合党中央《关于若干历史问
题的决议》、《关于新中国建立以来党的若干历史问题的决议》
以及中央有关文件的精神。 ……这类图书限由人民出版社、中
央文献出版社、中共党史资料出版社、中共中央党校出版社、
中国青年出版社、解放军出版社和各省、自治区、直辖市人民
出版社出版，其他出版社一律不得安排出版。 ……凡写健在的
党和国家主要领导人的书稿，在报送新闻出版署之前，须先由
出版单位征求本人意见。"②同年，对于此问题又做出了几项补
充规定，即《关于出版发表毛、周、刘、朱、任、邓、陈和现任
中央常委著作的几项补充规定》（1990 年 8 月 21 日·中宣发文
［1990］9 号、中献发［1990］48 号、［1990］新出联字 7

---

① 新闻出版总署图书出版管理司编.图书出版管理手册（2006 修订）
  ［M］.北京：中国法制出版社，2006：217.
② 中宣部出版局《出版工作文献选编》编辑组编.出版工作文献选编
  ［M］.沈阳：辽宁教育出版社，1991：482-483.

号），补充规定重申之前有关规定必须遵循，同时还强调："研究毛、周、刘、朱、任、邓、陈等老一辈革命家和现任中央常委的思想、生平、著作的书籍，也要从严掌握，讲求质量。出版单位必须对书籍质量严格把关，报经省以上宣传部门和新闻出版部门批准，并限于在中宣发文〔1990〕5 号、〔1990〕新出图字 551 号文件规定的省级和中央一级出版社出版。"①

再者，根据形势变化而对某类题材进行限制的有关规定和做法。如关于中共党史人物传记的编辑出版的做法。要了解中国近现代史和当代史，就需要研究了解中共党史人物传记，中共党史人物传记可以说是中共党史的重要组成部分。在延安时期党的七大前后，曾编辑过《革命死难烈士英名录》、《军队死难烈士英名录》和《中国共产党烈士传》等，后者收录了李大钊、瞿秋白、恽代英、刘志丹等的传记、回忆录等；中华人民共和国成立后，也曾组织革命烈士传和关于烈士的回忆录的编写与出版，但 20 世纪 50 年代，长篇传记小说《刘志丹》被错误地定性为"反党小说"后，党史人物的编写出版就成为禁区。此种禁区状态一直持续到十一届三中全会后，直到 1979 年 3 月由全国十八所高校党史教师发起成立中共党史人物研究会，编写《中共党史人物传》时才得以解禁。② 1980 年前后，出现了一些做过头的现象：对老一辈革命家的歌颂仍有一些过于突出个人，不够实事求是；纪念文章多了一些；一部分纪念文集重复积压；特别是许多纪念方法严重地流于形式，有的甚至为了收集个人文物，成立专门小组，跑遍全国。这些不适当的纪念方法不但造成铺张浪费，脱离群众，而且本身就带有个人创造

---

① 中宣部出版局《出版工作文献选编》编辑组编.出版工作文献选编 [M].沈阳：辽宁教育出版社,1991：483-484.

② 王敏.关于大型人物传记丛书《中共党史人物传》的编辑出版工作 [M].编辑之友,1991(3).

历史的色彩，等等。① 为此，中共中央发出了《中共中央关于坚持"少宣传个人"的几个问题的指示》(1980 年 7 月 30 日)，规定要求慎重编写出版文集等，如要出版须送宣传部门审核，等等："三中全会决定要'多歌颂工农兵群众，多歌颂党和老一辈革命家，少宣传个人'。随后在五中全会通过的《关于党内政治生活的若干准则》第二条就此做了一些正式规定。实践证明，这个方针是正确的，三中全会以来执行这个方针总的说来是有成绩的。但是也还有一些问题。""关于老一辈革命家和其他革命英雄的斗争史，以及革命战争、革命运动、革命工作的历史，写成不事夸张的回忆录发表或保存，对于教育后代和研究历史，都是必要的。但出版个人传记或个人文集，则应比较慎重。今后这类传记和文集，有全国影响的应经中央宣传部核准，属于地方范围的应经省一级宣传部核准，不要随便编辑出版，或为此随便成立各种组织，未经中央或省核准而成立的组织应当撤销。对于重要人物或重要历史问题的宣传，报刊或出版社应注意遵照中央有关指示。"②另外，还有对涉及"文革"题材的回忆录、传记等限制性规定。如中共中央宣传部、新闻出版署联合发布《关于出版"文化大革命"图书问题的若干规定》(1988 年 12 月 10 日)，规定有关"文革"的回忆等原则上不要再安排发表出版，有价值的需要出版的须按程序报批等："有关'文化大革命'的回忆录、传记、纪实文学作品等，前一段时间已出版了不少，原则上不要再安排。那种捕风捉影、肆意虚构、夸大史实，以林彪、'四人帮'的所谓'野史'、'秘闻'为主要内容的作品，不得再出版。确有一定价值、严肃认真的回忆录，地方出版社专题报当地省（自治区、直辖市）委

---

① 中宣部出版局《出版工作文献选编》编辑组编.出版工作文献选编[M].沈阳：辽宁教育出版社,1991：287.

② 中宣部出版局《出版工作文献选编》编辑组编.出版工作文献选编[M].沈阳：辽宁教育出版社,1991：287.

宣传部，中央级出版社专题报上级主管
部（委），经审查同意后，写出书面审查
意见，报新闻出版署并中宣部审批同意
后方可组织出版。 这些回忆录必须事实
准确，不得违背中央《关于新中国建立以
来党的若干历史问题的决议》精神，不得
随意使用中央未正式公开的历史材料，
不得随意涉及党和国家领导人个人品德
问题。"①还有，针对期刊发表涉及我

华应申编《中国共产
党烈士传》（东北新
华书店印行）

党、国家已故领导人或现任领导人的纪
实作品等出版行为，则颁发了《新闻出版
署关于对期刊发表纪实作品加强管理的
通知》（1990 年 2 月 16 日），通知要求，一律参照出版社同类
图书选题需要走的程序操作，经审核批准，才能刊登："期刊凡
发表涉及对台关系、国民党上层人物内容的纪实作品；涉及
'文化大革命'中重大政治事件内容的纪实作品；涉及刑事侦
查、刑事犯罪内容的纪实作品；涉及国际共运及苏联、东欧国
家领导人、政治事件的纪实作品；涉及宗教、少数民族内容的
纪实作品；涉及我国党、国家已故或现任领导人的纪实作品，
一律按照出版社同类图书选题需向中央或地方有关部门申报的
规定，经审核批准后方可刊登。"②

　　另外，对于主要领袖人物的著作、传记等还有专门机构进
行编写审查。 中共中央 1950 年春成立的"中共中央毛泽东选
集出版委员会"依然存在，不过更名为中共中央毛泽东主席著
作编辑出版委员会，由中共中央 1977 年 3 月 1 日成立。 该出

①　中宣部出版局《出版工作文献选编》编辑组.出版工作文献选编
　　［M］.沈阳：辽宁教育出版社，1991：590.
②　中宣部出版局《出版工作文献选编》编辑组.出版工作文献选编
　　［M］.沈阳：辽宁教育出版社，1991：671.

版委员会由华国锋任主任，叶剑英任副
主任。 1980 年 5 月经中央同意决定，中
共中央毛泽东主席著作编辑出版委员
会，更名为中共中央文献编辑委员会；
出版委员会办公室则改名为中央文献研
究室，作为专门的办事机构。 对于中央
文献研究室的职责，逐步确立了其编
辑、研究、宣传、审核四位一体的工作
格局与功能，其中包括对老一辈革命家
的传记、手迹等的编写与审查。 该机构
由此先后编辑出版了党和国家领导人等

《中共党史人物传》
（第一卷）

老一辈革命家的著作以及传记等作品。 此外，还有如中央党史
研究室相关职责功能也关涉到传记出版。 该机构是 1988 年 8
月由成立于 1980 年 1 月的中央党史研究室和成立于 1980 年 5
月的中央党史资料征集委员会合并而成的，负有相关职责，其
中包括深化对党史事件，以及人物的研究等。 该室承担了中共
党史人物研究成果《中共党史人物传》项目。 1980 年 7 月《中
共党史人物传》第 1 卷出版；到了 1991 年 6 月 28 日，《中共党
史人物传》50 卷首发出版。

　　还有，对于写作出版民国人物特别是国民党上层人物实行
特别的规定。 写作出版民国人物，特别是涉及国民党上层人物
的，是一个政策性和策略性很强且为国内外所瞩目的重要问
题。 20 世纪 80 年代中期有一段时间，针对不少文艺作品中出
现了过多描写或美化国民党历史人物等现象，中宣部、统战
部、对台办三部门联合颁布了规定意见，由新闻出版署转发了
《关于在文艺作品中反映和宣传国民党历史人物问题的几点意
见》(1987 年 7 月 20 日·统发〔1987〕7 号），意见要求，涉及
这方面题材的，今后要控制数量，要履行备案审批等，特别是
涉及蒋介石父子的等："今后出版此类作品，品种要适当控制，

不可过多，并一定要列入出版社的选题计划与出书计划，经上级主管部门审批并报我署备案。书稿应按规定送审。此事政策性和策略性很强，各地新闻出版局和有关出版社务必遵照中央指示，严肃对待，严格把关。""对于担任国民党要职，并追随蒋介石去台湾的国民党上层人物，除特殊需要并经过批准外，一般不宜公开发表介绍他们的传记文学和其他体裁的作品。""发表反映国民党历史人物的作品，要严格把关。涉及一些敏感人物和台湾在世的重要人物，特别是蒋氏父子，应报送省一级宣传、统战、对台工作部门审批。"①

第二节　传记出版概观

一、数据分析

1977—1991年，为中华人民共和国建立六十年来的传记出版第三阶段，这一阶段可视为传记创作出版的恢复发展与振兴期。

根据中国版本图书馆的样例数据，按传记题材范围、传主的身份统计，计3259种，见表5-1。可以看出，按数量从多到少来计，除了人物合集有240种外，数量排在前十位的分别为文学人物（作家、诗人等）304种、历史人物289种、世界他国人物（含亚洲其他国家、欧洲、美洲、非洲、大洋洲；其中，亚洲主要为日本，美洲主要为美国，欧洲以苏俄及英法等国为主）282种、科技人员（含科学家等）252种、政治人物240种、时代先锋202种、革命烈士202种、艺术家（画家、音乐家、戏剧家等）196种、军事人物（含将帅）186种；先进典型

① 中宣部出版局《出版工作文献选编》编辑组编.出版工作文献选编[M].沈阳：辽宁教育出版社，1991：596-598.

147 种；另外，财经人物（含企业家）140 种与明星（演员、歌星、体育明星等）104 种，属于比较亮眼的类别。教育工作者89 种以及学者、知识分子 71 种也是在这一阶段新出现的传记人物类别。

总体来看，这一阶段前后 15 年期间，不仅传记出版的数量大大增多，题材范围大大拓展，传主身份类别也更为丰富，特别是出现了企业家等财经人物以及明星等时代新人。

表 5 - 1　1977—1991 年传记书目抽样数据题材、
人物类别/品种数一览表

题材、人物类别	品种数
普通人物	10
传奇人物等	14
体育工作者	15
新闻工作者	16
其他	20
杰出女性	27
哲学思想家	56
学者、知识分子	71
宗教人物	77
马恩列斯毛邓等领袖	80
教育工作者	89
明星（演员、歌星、体育明星等）	104
财经人物	140
先进典型	147
军事人物（含将帅）	186
艺术家（画家、音乐家、戏剧家等）	196

续　表

题材、人物类别	品种数
革命烈士	202
时代先锋	202
政治人物	240
人物合集	240
科技人员（含科学家等）	252
世界他国人物	282
历史人物	289
文学人物（作家、诗人等）	304

　　图5-1为1977—1991年传记书目抽样数据题材、人物类别/品种占比图。由于此阶段传记题材类别比较丰富，分有二十几个类别，因此各题材、人物类别占比的绝对数值不是太高，没有一个类别超过10%的。首先，最多的是文学人物、历

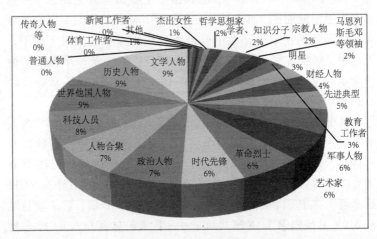

图5-1　1977—1991年传记书目抽样数据题材、人物类别/品种占比图

史人物与世界他国人物传记分别占比为 9% 左右；其次，为科技人员传记，占比 8% 左右；再之，为政治人物与人物合集，各占 7% 左右；另外，为时代先锋、革命烈士、艺术家和军事人物传记，各占 6% 左右，等等。

二、总体表现

1976 年"文革"结束，中国社会发展开始了新的转折，面临新的契机，长期处于文化禁锢中的国人等待、期盼着思想解放、社会恢复正常状态。这是一个结束或开始的年代。此时再次复出的邓小平适时地提出了"解放思想，实事求是"的思想路线。因此在 20 世纪 70 年代末至 80 年代初，中国社会以拨乱反正为抓手，在矛盾突出、斗争尖锐的时代背景下逐渐实现了思想解放，逐步完成了社会历史的转折。

在要求直面现实、反思历史、展望未来的吁求中，开始进入了所谓的新时期。其起首便是"揭批'四人帮'，歌颂革命老一代"。1976 年下半年，党和国家主要领导人毛泽东、周恩来、朱德相继逝世，而刘少奇、彭德怀、陈毅、贺龙等国家领导人和开国元勋在十年动乱中被迫害致死的真相也大白于天下，于是乎，揭批林彪、"四人帮"等的罪行，缅怀老一辈无产阶级革命家的丰功伟绩，也就顺应了举国上下广大人民群众的社会心态和期待的呼声。

揭批和歌颂成为那个时代的双重音。因此，粉碎"四人帮"后，新时期传记出版一个突出的类型就是领袖和将帅以及其他老一辈革命家等传记作品。如关于毛泽东的传记图书有《毛泽东的青少年时代》（萧三著）、《走下神坛的毛泽东》（权延赤著）、《开国领袖毛泽东》（王朝柱著）、《李敏、贺子珍与毛泽东》（王行娟著）、《国共风云——毛泽东与蒋介石》（叶永烈著）以及《历史选择了毛泽东》、《文人毛泽东》、《我知道的毛泽东》等；关于周恩来的传记作品有《随卫敬爱的周副主席》

（郭久麟著）、《大地的儿子——周恩来的故事》（苏叔阳著）、
《走下圣坛的周恩来》（权延赤著）以及《周恩来与邓颖超》等；
关于朱德的传记作品如《大海——记朱德同志》（刘白羽著）、
《朱德和康克清》（纪学著）等；其他的如《渴望真话——刘少奇
在 1961》（张步真著）、《刘少奇一生》、《陈毅青少年时期的故
事》（郭久麟著）、《在彭总身边》（景希珍著）、《李大钊》（王朝
柱著）、《一个人和一个时代——瞿秋白传》（王观泉著）、《跟着
志丹闹革命》（白仲元著）、《刘志丹》（张俊彪著）、《黎明和晚
霞——王稼祥文学传记》（朱仲丽著）以及《王稼祥传》、《张闻
天：乡情·亲情·友情》、《贺龙姐弟》、《开国上将张爱萍的戎
马生涯》、《彭雪枫传》、《非凡的年代》（罗瑞卿女儿罗点点
著）、《左权传》、《叶剑英传》、《陈赓大将》等。　新时期之初
领袖、将帅以及其他老一辈革命家等传记作品的出版，相对于
中华人民共和国成立之初中央规定的为防止"个人崇拜"和反
对"现代迷信"而不赞成在文艺作品中描写无产阶级革命家和
领袖人物形象来说，拓开了长期以来的题材"禁区"。　这些传
记作品也敢于将传主置于重大的历史事件中来展现他们高屋建
瓴、运筹帷幄、叱咤风云的一面，显现革命家与领袖们的宏伟
气魄与丰功伟绩；而且还将传主放在日常生活和爱情领域来描
述他们的平凡人性，让人感受到他们充满人性、人情与真善美
的一面，而不再是十年非常时期所表现出的概念化、脸谱化乃
至神化倾向，传主形象血肉丰满、栩栩如生、真实可信。

　　在出版领袖和将帅以及其他老一辈革命家等传记作品的热
潮中，关于毛泽东和周恩来的传记作品出现了热销。　销售量比
较大的如周世钊创作的《毛主席青年时期的故事》，由中国少年
儿童出版社于 1977 年出版，销量有 106 万册。　周恩来的传记
比较多，其原因可能跟周恩来总理逝世后"四人帮"不择手段
地压制和阻挠悼念活动而遭到人民抗争的反弹有关。　为了纪念
总理，人们冲破阻力，在清明节期间自发地到天安门广场悼念

周总理。 在随后几年，有若干本关于周恩来的传记成为畅销书，如邵年豹《周总理的故事》（中国少年儿童出版社，1977 年版，100 万册）、胡华《青少年时期的周恩来同志》（中国青年出版社，1978 年版，110 万册）、魏国禄《随周恩来副主席长征》（中国青年出版社，1978 年版，260 万册）、苏叔阳《大地的儿子——周恩来的故事》（中国少年儿童出版社，1982 年版，119 万册）等。

权延赤著　　　　　　　　　　权延赤著
《走下神坛的毛泽东》　　　　《走下圣坛的周恩来》

另外，部分政治人物由于其特殊的政治地位，关于他们的传记作品一旦能够出版，也会引起极大的关注而成为超级畅销书。 如匈牙利记者、学者巴拉奇·代内什撰写的《邓小平》，解放军出版社 1988 年 5 月推出，销量达 80 万册。 还有如〔美〕罗比·尤恩森《宋氏三姐妹》，世界知识出版社 1984 年 5 月出版，销量有 120 万册①。

文学艺术家、学人等知识分子传记的涌现。 改革开放之后，我国知识分子的社会地位空前提高，这一阶层不仅被认作

① 傅惠民辑.40 年来我国部分出版社发行在 50 万册以上的图书目录（二）、（三）〔J〕.出版工作，1989（11—12）.

工人阶级的一部分，还成为改革开放推动社会进步的主力军，境遇与社会地位大大提高，其中佼佼者还成为让人瞩目的文化英雄和社会精英。20世纪五六十年代知识分子群体被集体性压抑乃至贬斥，而改革开放解放了人的精神，对人性、人道主义的追求更加深入人心，曾被压抑的知识分子群体被补偿性地放大关注，因此对文化精英的追逐成为时代的文化景观，随之表现这一群体非同寻常的生活经历和不平凡成就的作品应运而生。有代表性的作家传记（含回忆录等）有：茅盾自传《我走过的道路》、夏衍回忆录《懒寻旧梦录》、丁玲回忆录《狱中回忆》、巴金回忆录《随想录》、陈白尘回忆录《牛棚日记》及《云梦断忆》、刘白羽回忆录《心灵的历程》、季羡林的《牛棚杂忆》等回忆录性的自传，还有曾庆瑞《鲁迅评传》、吴中杰《鲁迅传略》等一批约几十种关于鲁迅的传记作品，其他如《萧红传》、《徐志摩评传》、《沈从文传》、《胡风传》、《巴金评传》、《感伤的行旅——郁达夫传》、《风流才女——石评梅传》等；艺术家的传记作品代表性的有：《徐悲鸿一生——我的回忆》（廖静文著）、《李苦禅传》（李向明著）、《画魂——张玉良传》（石楠著）、《弘一法师传》（林子青著）、《赵丹传》（倪振良著）、《话剧皇帝——金山传》（赵云声、冼济华著）、《青铜与白石——雕塑大师刘开渠传》（纪宇著）、《张大千传》（杨继仁著）、《齐白石的一生》（张次溪著）、《圆了彩虹——吴冠中传》（翟墨著）、《情满关山——关山月传》（关振东著），等等；学人、学者的传记作品如：《心香泪酒祭吴宓》（张紫葛著）、《钱锺书传》（孔庆茂著）、《陈寅恪的最后二十年》（陆键东著）、《顾准全传》（高建国著）、《信念旅程——冯友兰传》（程伟礼著）、《傅雷传》（金梅著）、《费孝通传》（张冠生著）以及康有为、梁启超、严复、熊十力、梁漱溟、辜鸿铭、蔡元培、胡适、赵元任等一大批学人传记。这些文学家、艺术家、学人等知识分子传记作品，展现了传主学术文化创造成果及其文化学术生命历程，塑造了传主的文化人格，肯定了传主的文化贡献，再现了人文知识分子的历史风采，表现了对知识分子乃至全人类生存意义的探究，具有深刻的反思、启迪价值，也有助于重建"五四"以来的启蒙主义传统。 可以说，文学艺术家及学人等知识分子传记的出版繁荣，对文化热以及人文精神的发展，起到了很好的推动作用。

巴金著《随想录》

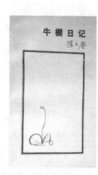
陈白尘著《牛棚日记》

张紫葛著
《心香泪酒祭吴宓》

在知识分子文化人传记出版的热潮中，不乏代表性、典型性之作出现，如成为经典的傅敏编《傅雷家书》。 此书的成功出版与三联书店原总经理范用的努力分不开。 从人民文学出版社副社长兼副总编辑楼适夷处得知傅雷小儿子在编选家书时，范用登门拜访并表达了出版意愿。 出版前，因傅雷长子傅聪依然有"叛国"之名，等到家书编好，包括序言和封面设计，送到印厂时，却遇到

傅敏编《傅雷家书》

了意想不到的阻力，原来是工人拒绝排印，说傅聪是叛徒。 后来胡耀邦为此做过一个批示。 范用有了这个批示，才使《傅雷

家书》得以问世。《傅雷家书》由三联书店1981年8月首版后，很快修订增补加印，发行量达82万册，之后成为经典长销书。这是一本充满着父爱的教子名篇，作品反映了那一代知识分子的学养造诣与风骨。此书很畅销，一说三联书店版的《傅雷家书》五版共印了116万册。① 其他关于知识分子的畅销书，如廖静文《徐悲鸿一生——我的回忆》，由中国青年出版社于1982年11月出版。书中介绍了徐悲鸿的一生，以及他各个时期的代表作品。作为徐悲鸿的第三任妻子，为了写好徐悲鸿传记，廖静文在1953年至1956年再次进入大学读书，到北京大学中文系插班学习，其行为感人至深。该书销量达56万册，影响广泛，并被译成英、法、日、捷克等多种文字。

　　科学家等科技工作者传记的创作出版。自中华人民共和国政权建立起，就重视科学事业并寄予厚望，1949年11月1日，中国科学院便正式成立了，此举反响强烈。1956年1月，全国知识分子问题会议召开，党中央号召"向科学进军"。中华人民共和国建立前十七年时期，我国科技事业得到巨大发展，科学研发体系、科技生产行业建立得比较完备，取得了一大批硕果。在此期间，科技工作者干劲高涨投身科技事业，但那个集体创造的年代，是很少突出科技工作者的个人成就的。十年动乱中，虽有"两弹一星"的辉煌，但我国科技事业的发展受到极大挫折，许多高级科技工作者靠边站甚至还会被扣上"反动学术权威"的帽子。1978年3月18日，全国科学大会召开，预示着科学的春天来了。邓小平旗帜鲜明地指出"科学技术是生产力"，对科学、教育战线提出的重要任务是要尽快培养出一批世界一流的科学技术专家。1988年9月，邓小平同志提出了"科学技术是第一生产力"这一著名而深刻的论断，"要把'文化大革命'时的'老九'提到第一，科学技术是第一生产力嘛，

---

① 《傅雷家书》：畅销25年的父子书［N］.新京报，2008-7-6.

知识分子是工人阶级一部分嘛"①。 此处不得不提及徐迟的《哥德巴赫猜想》，这篇不足 2 万字的报告文学发表于《人民文学》杂志 1978 年第 1 期，后经《人民日报》、《光明日报》等中央级媒体及全国其他众多媒体转载，产生了轰动性影响。 一时间，"哥德巴赫猜想"、"1＋1＝2"和"陈景润"成为流行词，数学家陈景润成了科学"明星"、科学偶像，科学与科学精神的杰出代表，科学与科学家的符号，甚至是为国家争光的民族英雄。 作者徐迟在这部作品中以生动的文笔把艰深的科学问题形象化、浅显化，特别是在过去很长一段时间科学与科学家被压抑的时代氛围下，该文的刊发，不仅反映了知识分子的精神状貌，普及了科学及科学精神，还唤起了社会公众对科学、人才、知识的尊重。 该文的广泛影响，不仅在于提升了科学工作者及广大知识

徐迟著《哥德巴赫猜想》

分子的社会地位，大涨了其献身科学的干劲，还在于激发起一批研究哥德巴赫猜想的"哥迷"，形成了有意思的"民科现象"（受《哥德巴赫猜想》影响，有些人走上了终生研究数学之路，成为民间科学家）。② 因此，该文被誉为报告文学的"报春花"，也预示着"科学的春天"到来。《哥德巴赫猜想》虽然不是传记作品，但作为非虚构文体的报告文学，该文的轰动效应与持久影响，显示了出版传播一旦契合社会的需求与心理时所能产生的重要影响。 这种对科技、科技工作者的重视与强调，

---

① 邓小平 1988 年 9 月 12 日听取关于价格和工资改革初步方案汇报时的谈话.

② 杨慧. 徐迟《哥德巴赫猜想》的传播学研究［D］. 保定：河北大学，2008.

也促使传记出版领域关注此方面的题材。20世纪80年代出版的代表性科学家传记有《李四光传》(陈群等著)、《华罗庚传》(顾迈南著)、《林巧稚》(邓加荣著),等等。1986年6月,中国科学技术协会第三次全国代表大会做出要编纂"中国科学技术专家传略丛书"的决议,丛书共有32卷,分为四大编,即理学编、工程技术编、农学编、医学编;每篇数千字到一万字不等;编委会主任、副主任、编委等基本上是院士。20世纪80年代后期,中国科学院、科学出版社策划出版《科学家传记大辞典》工程,计划收入中外古今科学家8000人的传记,后来相继出版了《中国古代科学家传记》两册(收录240人)、《中国现代科学家传记》六册(收录679人)、《世界著名科学家传记》(未完成,计划录入800人)。① 反映当代科学家的传记得以出版,填补了中华人民共和国建立以来这方面题材的空白。在20世纪80年代之前,由于特殊的时代原因,科学家群体长期不为人知、默默无名,有的甚至还要隐姓埋名,而新时期以来科学家传记的出版却撩开了这一群体的神秘面纱,使之走到台前。这反映了科学家地位的提升,科学的普及与人们科技意识的增强,我国科技发展的自信,国家意识的复苏与重构等。

商业经济人物传记的出版,是发展经济、发家致富氛围下改革先锋发出的时代新音。以1978年十一届三中全会为标志性起点,中国进入了改革开放的历史新时期。改革开放以来,是中国经济蓬勃发展的时期,是中国综合国力和国际影响力由弱变强的时期,也是中国商业经济人物特别是成功企业家不断涌现的时期。十一届三中全会提出要"按经济规律办事,重视价值规律的作用"。20世纪80年代初期,中国改革开放拉开了序幕。1980年2月,邓小平在《目前的形势和任务》讲话中

---

① 潘云唐.科学家传记出版有三大系统工程[N].中国科学报,2014-11-28(10).

明确提出要贯彻"计划调节和市场调节相结合"的方针。 1982
年 9 月中共十二大报告提出了"经济体制改革的中心问题是坚
持计划经济为主、市场调节为辅的原则"。 1984 年 10 月份，
中共十三大报告中不再提"计划经济为主"等字眼，并明确提
出"国家调节市场，市场引导企业"的新经济运行机制。 随着
国家政策的调整改变，受农村改革的影响，在企业生产领域，
中小企业、国有地方企业悄悄地试验起改革，因而在 20 世纪 80
年代中期，在企业界涌现出了第一批改革人物，如率先打破企
业"铁饭碗"的步鑫生，邓小平点名的具有风向标般的"傻子"

年广九，承包全国 100 家亏损造纸厂而
组建"中国马胜利纸业集团"的马胜
利，传奇农民企业家鲁冠球，"魔水"
（健力宝）之父李经纬，"中国 IT 企业教
父"柳传志，引领中国品牌（海尔）崛
起的张瑞敏，"中国饲料大王"刘氏兄
弟，"中关村村长"段永基，等等。 他
们敢为人先，锐意进取，成为改革开放
初期的风云人物，也因此成为人物报
道、传记书写的对象，如《步鑫生》（新
华社、华工主编，轻工业出版社 1984
年）等。

新华社、华工主编
《步鑫生》

　　此阶段的传记出版，还有不得不说的时代楷模张海迪的传
记。 青年的开拓与创新精神，在 20 世纪 80 年代我国生发巨变
的时期，成为推动社会巨变的突显力量。 如全国青年开展"争
当新长征突击手"活动，中国女排"五连冠"而喊出"人生能有
几回搏"的口号等，其中还涌现出了时代楷模张海迪。 张海迪
5 岁时因患脊髓血管瘤导致高位截瘫，但以顽强的毅力自学完
成了小学到大学的知识以及几门外语，还学会针灸，能行医。
1983 年，关于张海迪的报道《是颗流星，就要把光留给人间》

由《中国青年报》刊发，产生了轰动性影响。 随即张海迪被树立为宣传偶像，1983 年 5 月，《向张海迪同志学习的决定》由中共中央发出，邓小平等八位老一辈革命家为张海迪先后题词。 由此，张海迪成为风云人物、时代楷模，她获得了"八十年代新雷锋"、"当代保尔"两个赞誉。 张海迪的事迹到处传颂，海迪精神到处弘扬。 因此关于张海迪事迹的报道以及传记等图书得以出版畅销，如共青团中央宣传部《闪光的生活道路——张海迪事迹》（中国青年出版社，

共青团中央宣传部编《闪光的生活道路——张海迪事迹》

1983 年 4 月版，509 万册）、王燕生《坐轮椅的姑娘——优秀共青团员张海迪》（中国少年儿童出版社，1983 年 5 月版，50 万册）、团中央与本社《闪光的生活道路续集——张海迪书信日记选》（中国青年出版社，1984 年 3 月版，86 万册）。 其他类似的展现青年典型而畅销的传记图书还有：山草《党的一朵小红花——韩余娟①》（中国少年儿童出版社，1984 年 7 月版，110 万册）、中共中央组织部组织局编《先锋颂——优秀共产党员先进事迹》（新华出版社，1986 年 6 月版，171 万册）、总政宣传部《伟大的军队　光荣的战士》（解放军出版社，1986 年 10 月版，100 万册）等。

　　此外，值得注意的是民国人物传记作品的出版。"民国"一

---

① 韩余娟，女。 1971 年 9 月生。 江苏宿迁塘湖乡中心小学学生。 平时学习刻苦，热心为群众做好事。 1981 年起坚持照顾一位七十余岁的孤寡老人。 1983 年 8 月 14 日晚与老人同住，在房顶水泥檩条突然断裂时，迅速将老人推到安全处，自己不幸牺牲。 1984 年共青团中央授予她"舍己为人小英雄"称号。

词一度包含了某种政治禁忌，需要谨慎使用，但进入新时期以来，"民国"逐渐成为社会大众眼中"暗自散发文化热力的关键词"，民国题材的图书出版也逐步兴盛而形成"民国热"。1972 年中国科学院哲学社会科学部（今中国社会科学院）近代史研究所成立了民国史研究组。该组是中国大陆第一家以民国史研究命名的研究单位，成立后编辑了由中华书局内部出版发行的《中华民国史资料丛稿》。1978 年，近代史研究所的民国史研究组改称民国史研究室。1978 年以后出版的资料汇编，有内部发行的，但更多的是公开发行。

其中《民国人物传》第一卷于 1978 年出版，直至 1980 年代末期，计出版了"人物传"23 辑。"民国热"是从 20 世纪 80 年代开始的。20 世纪 80 年代中期开始出版了一批民国作者如梁实秋、朱自清、胡适等人的作品。之后开始出现民国人物传记，如关于蒋介石的有：1987 年吉林人民出版社出版的宋平所著的《蒋介石生平》、1989 年经济日报出版社出版的王俯民著《蒋介石

李新、孙思白主编《民国人物传》（第一卷）

传》、1991 年 8 月群众出版社出版的公安部档案馆编著《在蒋介石身边八年——侍从室高级幕僚唐纵日记》等（关于蒋介石传记出版具体情况下面会专节论述）。再如 20 世纪 50 年代中期全国性"胡适思想批判"政治运动的对象胡适，其传记类作品自 20 世纪 80 年代开始出现，并逐渐增多。如《胡适小传》（1978 年）、《胡适的自传》（1981 年，胡适英文口述、唐德刚编校译注）、《胡适的日记》（2 卷）（1985 年）、《闲话胡适》（石原皋著，1985 年）、《胡适传》（易竹贤著，1987 年）、《胡适年谱》（耿云志编，1989 年），等等（后文有专节阐述胡适的传记写作与出版情况）。总之，自新时期开始，关于民国的政治、

军事、重要文化人物等传记得以陆续出版。

　　下面重点分析最能代表此阶段传记出版特征并能反映时代风貌的政治人物传记的出版以及胡适的传记写作与出版。

第三节　不断突破的政治人物传记出版

　　如果说党和国家最高决策层人物的研究，是党史、国史研究的塔尖部分，那么是否也可以说党和国家最高决策层人物即领袖人物的传记编写与出版也是该领域的塔尖呢？每一个社会、时代都需要出现伟大的人物，也能造就出伟大人物来。这样的人物很多是政治领袖。正如美国前总统尼克松所说的："半个世纪以来的中国史，在很大程度上是三个人的历史：一个人是毛泽东，一个人是周恩来，还有一个是蒋介石。"[①]可见，政治人物特别是领袖人物对国家社会或一段历史的重要影响与作用。领袖传记是熔历史与艺术于一炉的一个特殊品种。前文谈到与传记出版有关的政策主要体现对政治人物特别是政治领袖人物作品出版的规定上，哪些政治领袖人物的传记、回忆录等能出版以及出版的程度、范围等，与一定时代社会的历史背景环境攸关，所以，通过分析1949年以来政治领袖人物传记的编写与出版，也可深切地反映出时代变化、社会变迁。

一、从一人之传到多人之传

　　历史地看，自20世纪三四十年代至新时期，关涉中共政治领袖人物传记，主要是毛泽东的传记。中华人民共和国建立前，在延安时期中国共产党的七大前后，曾编辑过《中国共产

---

① 叶永烈.历史选择了毛泽东·前言[M].北京：华夏出版社、四川人民出版社，2011：2.

党烈士传》等，收录了党的领袖式人物如
李大钊、瞿秋白以及高级指挥员恽代英、
刘志丹等传记、回忆录等，但这是作为烈
士来纪念的，而在世的政治领袖人物的传
记基本上只有毛泽东的传记。 宣传树立
毛泽东的形象与地位，是革命斗争的需
要，主要是为了和国民党的一个主义、一
个领袖相抗衡，中国共产党也因此需要一
位领袖，需要一个指导思想。 此时斯诺
的《西行漫记》中分解出的《毛泽东自
传》（延安文明书局发行的版本作者署名

〔美〕史诺录《毛
泽东自传》（延安
文明书局发行）

为史诺）影响一时，其价值主要有：澄清谣言，维护党和红军
的声誉；批判各种错误倾向，毛泽东在讲述自己历史时，对中
共党内的右倾、"左"倾机会主义及各种错误倾向进行了批判，
从而阐明了马克思主义的正确路线；总结革命经验教训，阐述
新民主主义革命思想。 该作品是中国革命史上的极其珍贵的重
要文献，也被称为"中国第一自传"，因为它是唯一一部自传形
式的中共领袖人物传记。[①] 另一个是毛泽东同学兼挚友萧三所
著《毛泽东同志的青少年时代》，该著曾被各解放区以不同书名
翻印过。

在 1949 年前后，又有一次毛泽东传记的出版热。 这首先
是萧三创作的关于毛泽东的早年生活的传记。 萧三先后于
1941 年 12 月、1944 年 7 月在《解放日报》刊发《毛泽东同志
的少年时代》《毛泽东同志的初期革命活动》。 华北新华书店
1945 年 1 月据这两篇文章出版了单行本。 此后，各解放区很多

---

① 刘国新. 斯诺与《毛泽东自传》［EB/OL］. http://www. txssw.
com/newswrmzd/maozedongxingjiulunwenku/39215. html 天下韶山
网/2011 - 12 - 06.

地方也翻印了此书的单行本，有二十种之多，书名各有不同，如新华书店晋察冀分店 1945 年 11 月版的《毛泽东故事选》、东北书店 1946 年 10 月版的《毛泽东故事》、冀南书店 1947 年 5 月版的《人民的舵手》等。 萧三后来又将所写的《毛泽东同志的儿童时代》、《毛泽东同志的青年时代》汇编，1949 年 8 月以《毛泽东同志的青少年时代》之名由新华书店出版发行，第三版时（1950 年 10 月）总印数达 4 万册。 还有一本比较著名的是李锐的《毛泽东同志的初期革命活动》。 李锐 20 世纪 50 年代初在《大公报》上发现了毛泽东早年发表的不少文章，在拜访毛泽东的诸多师友之后，于 1952 年写出《毛泽东同志的初期革命活动》初稿，1953 年陆续发表在《中国青年》杂志。 中国青年出版社 1957 年正式出版了此书。 该书从毛泽东学生时代写到他领导的湖南初期工人运动，有 35 幅珍贵插图，颇具史料性，据称是中华人民共和国建立初期发行量最大的一本毛泽东传记。[1] 后因作者的"政治问题"停版，直到李锐 1979 年复出之后，才有机会修订再版；后又经李锐重新编订，1992 年由辽宁人民出版社以《早年毛泽东》之名重版。 另据《全国总书目》1949—1954 年"马克思列宁主义、毛泽东著作与传记"类目中统计，毛泽东生平与传记有 5 种，如徐松林著《回忆红军时代的毛主席和朱德总司令》（湖南通俗出版社，1951 年 8 月版），李季著《毛泽东同志少年时代的故事》（中南文艺出版社，1953 年 8 月版）等。

　　从 1954 年到"文革"发生前，关于毛泽东的传记出版几乎没有。 这与当时共产党中央的决议加以限制有关。 前文提及，1954 年 3 月七届四中全会通过的《关于增强党的团结的决议》以及 1956 年 9 月党的八大会议《关于修改党的章程的报

---

[1]　毛泽东传记一直是出版界的热点 [N]．新商报，2010 - 8 - 23（42）．

告》，对这方面有明确规定，不准神化个人。①

　　中华人民共和国建立后一段时期，关于毛泽东的传记出版也不多，其原因主要有"反对个人崇拜"的限制性规定。 20 世纪 50 年代因党内斗争，长篇传记小说《刘志丹》被错误地定性为"反党小说"后，党史人物的编写出版就成为禁区。 在此种形势下，遑论表现政治人物的传记出版了。

　　关于这一点，还可以从 1949 年到 1978 年之前文艺作品对领导人形象的塑造来反映。 在此期间，电影和舞台剧极少会出现党的领导人形象。 1951 年于是之饰演了歌剧《长征》中毛泽东这一角色，这是 1949 年后，毛泽东舞台形象的第一次亮相，然而只有一句台词即"祝同志们胜利"。 1956 年，话剧《万水千山》首演时，舞台上毛泽东的形象受到极大欢迎，后来却被拿掉了。 20 世纪 60 年代排演的《东方红》舞蹈史诗，就是反映毛泽东的，但在剧中，毛的形象朦胧而含糊。 在审看《东方红》舞蹈排演时，为免突出自己，周恩来坚决要求将关于"八一"南昌起义的内容均删减掉。②

　　在 1966—1976 年期间，由于正常出版工作受到冲击，关于毛泽东的著作选集、选读、语录铺天盖地，有千百万甚至上百亿册，而正式出版的毛泽东传记就比较少。 据《全国总书目》统计，正式出版的毛泽东传记主要有：安徽人民出版社 1968 年4 月版《毛主席的革命故事》、解放军文艺出版社 1968 年版《日出东方红》、解放军文艺出版社 1968 年 5 月版《东方红》、解放军文艺出版社 1968 年 1 月版《韶山升起红太阳》、湖南人民出版社 1968 年 5 月版《韶山升起红太阳》等。 然而，在民

---

① 邓小平.邓小平文选（第 1 卷）［M］.北京：人民出版社，1994：235.

② 曹东勃.领导人影视形象的演变［N］.中老年时报，2014 - 9 - 5（5）.

间，特别是红卫兵组织等翻印的毛泽东传记作品非常多。

　　"文革"结束后，1978年3月，在全国五届人大的政府工作报告中，要求"努力创造出反映毛主席、周总理、朱委员长和其他老一辈无产阶级革命家光辉业绩……的优秀作品"，这是对全国文艺工作者提出的，做报告者为时任国务院总理的华国锋。 真正打开思想枷锁的，是1978年5月发表的《实践是检验真理的唯一标准》一文。《关于新中国建

颂东写作组编《韶山升起红太阳》

立以来党的若干历史问题的决议》，是另一个具有突破意义的重要文献，1981年6月由党的十一届六中全会提出，该决议对毛泽东的功过是非，毛泽东思想的历史地位等予以评价，并给出结论，等等。 形势发生了极大变化，随着中国社会的不断开放，人们对历史的认识和表述在发生变化，"禁区"也在被不断突破。 1979年3月由全国十八所高校党史教师发起成立中共党史人物研究会，编写《中共党史人物传》。 在中共党史研究领域，党的领袖人物与政治人物的研究成为热点与焦点。 改革开放以来，在思想解放的新局面下，对党的领袖人物进行研究的规模不断扩大，视域不断拓展，水平不断提高，体现在研究对象方面已从基本上只集中于对毛泽东一人的研究，逐渐发展为对周恩来、刘少奇、朱德、邓小平、陈云、叶剑英、胡耀邦、李先念等多位党的领袖人物，以及陈独秀、李大钊、瞿秋白、恽代英、邓中夏、张太雷、张闻天、李立三、王稼祥等早期中共领导人的研究。①

――――――――――――

① 王玉瑾.改革开放以来中共党史人物研究的特点与思考 [J].中共南昌市委党校学报，2014(1)：23-26.

在此种形势下，政治人物传记出版，除了毛泽东传记持续出版并被关注而热销外，其他老一辈革命家如周恩来、刘少奇、朱德、任弼时、邓小平、陈云等著作、年谱、传记和画册才有机会得以出版，这与新时期之前在政治人物传记出版领域长期为毛泽东一人传记形成了鲜明的对比，即由"一人之传"发展到"多人之传"。 这些政治人物传记主要有：邵年豹著《周总理的故事》、胡华著《青少年时期的周恩来同志》、魏国禄著《随周恩来副主席长征》、郭久麟著《随卫敬爱的周副主席》、苏叔阳著《大地的儿子——周恩来的故事》、权延赤著《走下圣坛的周恩来》、《周恩来与邓颖超》、刘白羽著《大海——记朱德同志》、纪学著《朱德和康克清》和《渴望真话——刘少奇在1961》、张步真著《刘少奇一生》、郭久麟著《陈毅青少年时期的故事》、景希珍著《在彭总身边》、王朝柱著《李大钊》、王观泉著《一个人和一个时代——瞿秋白传》、白仲元著《跟着志丹闹革命》、张俊彪著《刘志丹》、朱仲丽著《黎明和晚霞——王稼祥文学传记》、范硕著《叶剑英在1976》以及《王稼祥传》、《张闻天：乡情·亲情·友情》、《贺龙姐弟》、《开国上将张爱萍的戎马生涯》、《彭雪枫传》、《非凡的年代》（罗瑞卿女儿罗点点著）、《叶剑英传》等。

1980年5月，中共中央文献编辑委员会以及中央文献研究室被命名成立，其职能主要是编辑、研究、宣传、审核党和国家主要领导人著作集、党的重要文献集以及老一辈革命家传记、年谱、手迹、画册等。

总之，中华人民共和国建立后，政治领袖人物传记的出版自新时期开始，从之前一人之传变成多人之传，无论是所能写作出版的人物范围，还是题材选材的广度、表现传主人生历程的时间跨度、人物挖掘的深度等，与新时期之前相比，迥然不同，大幅突进，这归根结底反映的是对待历史的态度，社会的包容度与开放程度，这也从一个角度展示了时代与社会的变迁。

二、从神性还原到人性

上文说过，宣传树立毛泽东的形象与地位，是革命斗争的需要。 1940 年成立以陈云为校长的"泽东青年干部学校"并规定了"泽东日"，此时开始了对毛泽东个人的宣传。 1940 年 5 月 3 日王明在"泽东青年干部学校"开学典礼上发表《学习毛泽东》演讲，该演讲稿经毛泽东审看过，几天后在《新中华报》发表，该文称毛泽东为"中国革命的伟大政治家和战略家"，第一次赋予毛泽东"伟大的理论家"称号。 随后有关毛泽东的宣传不断升温，其目的是树立一个主义、一个领袖，好与国民党抗衡。

20 世纪 50 年代，开始提及个人崇拜（或个人迷信）。1953 年斯大林去世后，苏联报刊讨论个人崇拜等问题。 随后中国国内也开始谈论个人崇拜。 1954 年，《苏联宣传中对斯大林提法的改变》文件先后由毛泽东、刘少奇批示，并印发给一定级别的干部来阅读。 1956 年 9 月 16 日党的八大会议上，通过了《关于修改党的章程的报告》，在报告中明确提到反对神化个人，反对歌功颂德个人。①

但从传记出版来看，这种个人崇拜，从出版物的名称以"太阳"喻指就可以体现出来。 如经出版社正式出版的《日出东方红》（解放军文艺出版社，1968 年版）、《东方红》（解放军文艺出版社，1968 年 5 月版）、《韶山升起红太阳》（解放军文艺出版社，1968 年 1 月版）、《韶山升起红太阳》（湖南人民出版社，1968 年 5 月版）等。

"文革"期间，一些宣传教育机构，特别是红卫兵组织等编

---

① 邓小平.邓小平文选（第 1 卷）［M］.北京：人民出版社，1994：235.

写翻印了大量颂扬崇拜毛泽东的传记。 除了翻印斯诺、萧三所编写的毛泽东传记图书外，主要有以下几种[①]。 马玉卿版本，即《毛主席的革命实践活动》。 马玉卿曾做过湖南韶山毛泽东旧居陈列馆馆长，在"文革"初期写了这本书。 此版本为许多地方翻印，更改书名如《毛主席的伟大革命》《韶山日出东方红》《敬祝毛主席万寿无疆》《日从韶山出 日出东方红》等。"颂东写作组"版本，即《大海航行靠舵手》。 该书由《解放军文艺》编辑部1967年组织编写并在该刊连载，影响很大，特别在军队系统内部大量翻印。"尽朝晖"版本，即《最伟大的天才》，是北京大学红卫兵造反派组织"尽朝晖"执笔完成的，有13章，约50万字。 该书随心所欲，主观猜测，混淆视听。另外还任意捏造、歪曲历史，把井冈山朱毛会师换成林毛会师，等等。 总之，这是一部篡改了历史、极为糟糕的传记，因其文字多，刻印难度大，几乎没有被翻印。 上海"红向阳写作组"版本，即《东方红 太阳升——毛主席的青少年时代》。"红向阳写作组"是以上海复旦大学中文系为主要编写力量的。该传记在1967年12月26日毛泽东74岁寿辰这天推出。 有4章，约12万字。 这本传记在全国大中专学校流传，有二十多个省市造反派组织翻印。"辽宁站"版本，即《跟着毛泽东 世界一片红——歌颂我们伟大领袖毛主席的丰功伟绩》。 这是1967年12月推出的，由辽宁无产阶级革命派联络站组织编写。

从以上描述可以看出，从突破封锁，发出共产党革命组织在国际上声音的《西行漫记》(《毛泽东自传》)，到树立一个主义、一个领袖，到反对对个人歌功颂德，到"我是主张个人崇拜的"，到"文革"中的"表忠心"、全民膜拜"红太阳"般登峰造极领袖崇拜，毛泽东一步步地被推向了神坛。

---

① 唐春元.《文革》时期毛泽东生平传记的文本研究[J].湖南科技大学学报(社会科学版),2011(2): 20-28.

　　一切的转折变化均归结于"文革"结束、思想解放、拨乱反正和改革开放等时代大变局。首先需要拨乱反正，改变颠倒是非、混淆黑白的局面，恢复历史的本来面目，给历史人物主要是一些政治人物以公正的评价。特别是有了《关于新中国建立以来党的若干历史问题的决议》，对毛泽东做出了客观评判。唯有时代与形势向正常路径去改变，才有可能实现人的还原，实现对领袖从共性到个性、从神化到人化这样的转折性飞跃，特别是体现在传记创作方面。领袖传记往往是熔历史与艺术于一炉的一个特殊品种，其实，它不仅仅是历史的回顾与文学化的描述，更多的是关涉现实，是现实开放度与包容度的体现。因为对历史人物特别是政治领袖人物的评价问题，牵涉到怎样看待过往的历史、未来怎样继续前进等问题。

　　新时期开始出现了一批领袖和将帅以及其他老一辈革命家等传记，突破了长期以来该题材领域的"禁区"。多数传记作品将传主置于重大的历史事件中来展现革命家与领袖们的高屋建瓴、运筹帷幄、叱咤风云等宏伟气魄与丰功伟绩的一面，同时还敢于将传主放置在日常生活、喜怒好恶、情感生活等领域来展现其充满人性、人情与真善美的一面，因而传主形象血肉丰满、栩栩如生而显得真实可信，不再是过去"高大全"般的概念化、脸谱化乃至神化形象。在刚刚粉碎"四人帮"之初出版的领袖人物传记，受时代环境氛围的影响，还有些神化、理想化的色彩。而随着思想解放的深入，改革开放的力度与广度的扩大，传记作品力图把领袖人物的神性还原到人性，充实了很多逸事、生活细节，这样不仅写出了领袖人物的高尚精神风貌、独特的人格魅力和动人的生活情趣，也满足了广大读者的好奇心，缩短了传主与读者的心理距离。

　　典型如权延赤著《走下神坛的毛泽东》、《领袖泪》和《走向神坛的毛泽东》等，海鲁德著《生活中的毛泽东》，李银桥著《在毛泽东身边十五年》，陈敦德著《毛泽东、尼克松在

1972》，纪实著《朱德和康克清》，石永言著《遵义会议纪实》，铁竹伟著《霜重色愈浓》，范硕著《叶剑英在 1976》，等等，这些传记或纪实作品中涉及领袖等政治人物，与之前关于领袖的传记相比，有"异样的真实感"①。下面以具体作品来说明。

　　权延赤所著的《走下神坛的毛泽东》，作品以向毛泽东警卫员提问的方式，用生动的事例回答人们很可能感兴趣的问题，表现毛泽东生活上、性格上、感情上鲜为人知的特点，实现政治领袖从高居云端的"神"到"人"的还原。作品拟设了诸多直白的问题，如"毛泽东最大的性格特点是什么"、"毛泽东最喜欢什么，最讨厌什么"、"毛泽东喜欢听大家喊'万岁'吗"、"毛泽东很'土'吗"、"毛泽东讲究吃吗"、"常使毛泽东发愁的事情是什么"、"毛泽东接人待物有什么特点"②，等等，这些问题不仅直白，也很直接，直指毛泽东的喜怒爱恶、家庭生活等，完全是从普通人的角度来揭示领袖的性格特点以及生活的各个方面，不再神秘，不再神化。有些细节，如毛爱吃红烧肉、常便秘、调侃"放屁"等，均以小故事的形式呈现了出来。③ 作品从长期工作在毛泽东身边、对毛泽东有特别了解的直接当事人的视角，从人性的基点上来进行透视，着重表现领袖的日常生活、精神与情感世界等，此写法一改之前写领袖人物泛政治化，仅仅从党性等视角来叙事的模式，作品首先将领袖还原成感性的人，塑造成有喜怒哀乐的生命个体。总之，该

---

① 吴秀明.论近年领袖传记文学的创作［EB/OL］. http：//www. tenyun. com/guanlitizhi/2008/07/29 - 288983. shtml.

② 郭久麟.中国二十世纪传记文学史［M］.太原：山西人民出版社，2009：172.

③ 吴秀明.论近年领袖传记文学的创作［EB/OL］. http：//www. tenyun. com/guanlitizhi/200807/29 - 288983. shtml.

书第一次把毛泽东当作一个普通人来描述。如书名所描述的一样，作为一个人，而不再是神的毛泽东开始逐渐为人所知，神被解构、被还原，领袖走下神坛，然而却不失神奇。

新时期以来出版的政治领袖人物传记中，像毛泽东等领袖传记作品以不俗的开放度将领袖从神拉回到现实，成为实实在在、有七情六欲的常人，这是时代的进步。但有的作品过分专注于传主常人化、个体化生活故事的讲述，揭示了关于领袖的表层秘闻，有粗制滥造"短平快"的嫌疑。特别是在20世纪80年代末期，随着资产阶级自由化思潮的蔓延，在关于毛泽东的研究与传记人物的书写中，出现了一股逆流，作品中贬低毛泽东等政治领导人，甚至妖魔化领袖人物。这与新时期之前对领袖的崇拜形成了截然不同的对比。但诸如权延赤著《走下神坛的毛泽东》、李银桥著《在毛泽东身边十五年》等传记，主要是根据毛泽东身边工作人员口授整理而成的读物，有亲历亲闻的意味，使用了不少第一手资料，故显得异常真实。① 这些领袖传记的出版有助于将领袖人物从神坛中彻底解放出来，向人的层次还原，同时也反映出时代的变迁与社会的进步。

三、从"险学"到"显学"

在过去的20世纪绝大部分时间里，中国历史舞台就是国民党与共产党的合作与斗争的历史，而蒋介石与毛泽东是国共两党的旗手，他们之间的合作和斗争，决定了中国半个世纪的历史风云。客观地说，蒋介石是中国相当长一段时期内许多重大历史事件的决策者，其言行直接关系并影响着中国社会和政治等各方面的发展进程。

20世纪上半段相当长的时间内，蒋介石拥有集当时中国

---

① 吴秀明.论近年领袖传记文学的创作［EB/OL］.http://www.tenyun.com/guanlitizhi/200807/29-288983.shtml.

党、政、军三权于一身的绝对主导地位，国民党曾宣称蒋介石是"中国人的救星"、"世界的救星"，是"千古完人"等。① 在国共两党合作与斗争中，随着国内外形势、两党力量强弱与关系的演变，共产党对蒋介石的评价也不断发生改变。 西安事变后，共产党对蒋介石的态度逐渐发生了变化，特别是在1937年至1945年，如1938年中共六届六中全会上，毛泽东曾说过，蒋介石是国民党历史上第二个伟大的领袖，而孙中山是第一个②；1945年共产党也公开表示"承认蒋先生的领导，承认蒋先生在全国的地位"③。 但在国共两党的长期斗争中，对蒋介石的评价基本上是以负面为主。 与夺取全国胜利的进程相配合，从1945年起，陈伯达（毛泽东的政治秘书）先后写了《窃国大盗袁世凯》与《中国四大家族》，暗指蒋介石。 1949年内战后期，中共提出"打倒蒋介石，解放全中国"口号，视蒋介石为反动阶级旧政权的代表。 此种形势下，在随着中共中央迁往西柏坡的路上，陈伯达写就的《人民公敌蒋介石》于1949年4月由人民出版社正式出版。

1949年后，大陆史学界进行了革故鼎新、"为革命而研究历史"的史学革命。 鞭挞一切旧政权、旧秩序及其维护者，因此，以蒋介石为首的反动派，就是新政权各方面进行"革命"的第一对象。 可以说，《人民公敌蒋介石》一书为批判、"革命"定了性、定了调。 该书给蒋介石扣了诸多"帽子"，如

---

① 杨天石."人民公敌"还是"世界的救星"？ ——杨天石告诉你所不知道的蒋介石［EB/OL］.人民网.http://history.people.com.cn/GB/206507/206508/13101910.html/2010 - 11 - 01.

② 杨天石."人民公敌"还是"世界的救星"？ ——杨天石告诉你所不知道的蒋介石［EB/OL］.人民网.http://history.people.com.cn/GB/206507/206508/13101910.html/2010 - 11 - 01.

③ 杨天石.历史研究要摆脱"土匪史观"［EB/OL］.光明网.http://www.gmw.cn/01wzb/2007 - 12/09/content_707613.htm.

"蒋贼"、"独夫"、"死狗"、"青帮大流氓"、"罪恶滔天的内战
刽子手"、"美帝国主义的狗奴才",等等。其所选用的材料有
很强的倾向性,几乎都是指责、批判和诅咒蒋介石的。"人民公
敌"几乎成了蒋介石的符号。这本书影响很大,基本上代表了
当时官方对蒋介石定的调子,在相当长时间内影响着整个社会
对蒋介石的看法。该书出版后还多次加印,到 1965 年 11 月共
计印刷了 14 次,发行量共达 61.4 万册之多。① 该书还曾在
1950 年出版过俄文版。

陈伯达著 《人民公敌蒋介石》

直到 20 世纪 80 年代,在中国大陆,关于蒋介石的研究都
是意识形态领域的最大禁区。期间,大陆地区出版过冯玉祥著
《我所认识的蒋介石》,也出版了《蒋党真相》(恽逸群著)以
及《国贼蒋介石》(荣孟源著)等,但基本上是政治性宣传材
料,对蒋介石的定位与评价,深受陈伯达《中国四大家族》、
《人民公敌蒋介石》的影响,超不出诸如"大资产大买办、专制
独裁、卖国、四大家族利益分子"等标签式基调。另外,1961

---

① 陈红民.蒋介石在中国大陆的"三张面孔"[EB/OL].澎湃新
闻,http://www.thepaper.cn/ 2015 - 10 - 22.//裴宜理、陈红民
主编.什么是最好的历史学.杭州:浙江大学出版社,2015.

年陈毅曾要求科学院哲学社会科学部编写蒋介石传，任务交给了中国人民大学教授何干之主持，后有了初稿，但最终没有出版。① 在全面否定蒋介石的年代，与蒋介石有关的材料甚至会成为"罪证"。 在"文革"前期，红卫兵搜出一张旧画报，因其刊有蒋介石，便成了批斗傅雷夫妇的"反党罪证"，最后导致他们自杀。② 就连 1975 年蒋介石病逝于台北时，新华社还是这么报道的："一九七五年四月六日讯台北消息：国民党反动派的头子、中国人民的公敌蒋介石，四月五日在台湾病死。"可以说，自 1949 年败走台湾之后，在中国大陆关于蒋介石的形象是标签式的、被扭曲丑化的，因而刻印在人们印象中的蒋介石面孔极为单调而呆板，诸如"反动派"、"蒋匪"以及贪污腐化的"四大家族之首"等。

1976 年"文革"结束，拨乱反正，思想逐步解放，随后的改革开放成为中国当代社会与历史的重要转折点。 1979 年在成都举行了制订历史学科第六个五年计划的全国性学术会议，会上首次制订了"蒋介石研究"课题，建议浙江、上海、南京三地的学者根据地域背景与研究现状各有侧重地开展对蒋介石不同时期的研究。 1980 年代初，由南京几家学术研究与出版机构拟向中宣部立项编撰《蒋介石文选》，后因选材难度大而作罢。③

在传记出版方面，自 20 世纪 80 年代开始陆续有蒋介石的传记出版。 新时期开始大陆第一部关于蒋介石的类似于传记性质的作品是 1980 年由历史学家荣孟源撰写、中国青年出版社出版的《蒋家王朝》。 这本书是作者之前的《国贼蒋介石》(1949

---

① 杨奎松.大陆蒋介石研究相关主题回顾［EB/OL］.社科文献出版社近代史主题公众号，http：//jds. cass. cn/Item/30880. aspx/2015 - 07 - 01.

② 吴娟.蒋介石：逼近历史的真实［N］.时代周报，2010 - 3 - 17.

③ 张宪文.从"险学"到"显学"：蒋介石研究的过去、现在与未来［J］.社会科学战线，2011（8）：227 - 233.

年8月)改写版,写了蒋介石自出生到1949年撤离大陆的主要活动,以时间为序,作品的基调还是立足于批判,揭露蒋介石为"骗子"、"卖国贼"等。可以说与陈伯达的《人民公敌蒋介石》评判相类似,不过不再是无端的谩骂了。然而,这本《蒋家王朝》是大陆第一次把蒋介石作为史学研究对象而不是政治批判对象,并通过对史料的解读来研究的著作,其意义是不言而喻的。

第一本真正意义上全面介绍蒋介石完整一生的传记是1987年吉林人民出版社出版的宋平著《蒋介石生平》,该书分"传记"(约48万字)和"年谱"(约5万字)两部分。宋平通过详述历史资料,名贬实褒地相对还原了一个近似"民族英雄"的形象,书中的蒋介石虽然还是一个历史反面人物,是一个独裁、反共、亲英美帝国主义的武夫,是革命的对象,但写出了他是个孝子以及有爱国心,等等。作者虽然在总体上难以突破既往对蒋介石认定的史观,但通过描述影响历史进程中的大事,对人物形象进行完整刻画,表现出力图公允客观地来展示蒋介石的生平的倾向。《蒋介石生平》的突破也使得该书受到极大关注,出版后一度畅销,销售约80万册。[1] 随之1989年团结出版社出版了杨树标著《蒋介石传》,可以说是大陆进行蒋介石学术研究的开拓性的传记作品;该作主张要根据蒋介石在不同历史阶段的表现并结合中国社会矛盾的变化来尽量客观地评判蒋介石,在强调两岸和平统一的大背景下,强调民族主义史观,对蒋介石的作用和地位重新评判,特别肯定了蒋介石在坚持抗日民族统一战线和坚决抗日方面的积极态度与作用,表现出试图由"为政治服务"转向"学术研究"的努力。1989年经济日报出版社出版了王俯民著《蒋介石传》,作者在前言中表明以写信史作为写作的准则,旨在"探索一段真实的历史,了解

---

① 吴娟.蒋介石:逼近历史的真实[N].时代周报,2010-3-17.

蒋介石的本面目以及他一生的功过",等等。① 1991年8月,
群众出版社出版了公安部档案馆编著的《在蒋介石身边八
年——侍从室高级幕僚唐纵日记》,该日记对研究抗战及内战时
期的蒋介石很有价值。 另外②,1992年中华书局出版了严如平
和郑则民合著《蒋介石传稿》,该书对蒋介石不同时期做出较为
实事求是的评价,既写出蒋作为大地主大资产阶级代表,反共
反人民,进行独裁统治的一面,也写出了他投身辛亥革命,两
次参加国共合作的积极作用。 1996年河南人民出版社出版了
张宪文与方庆秋主编的《蒋介石全传》,该书篇幅大,有80万
字之多,充分利用了南京中国第二历史档案馆开放的档案以及
台湾地区公开的史料,资料搜集齐全,并采用56个专题的形式
突出相关重要事件;作为全传,该书还用比较多的篇幅写了蒋

宋平著   张宪文、方庆秋主编
《蒋介石生平》   《蒋介石全传》

---

① 陈红民,何扬鸣.蒋介石研究:六十年学术史的梳理与前瞻 [J].
学术月刊,2011(5):147-154.
② 特别说明:为了此专题内容完整,特将1992年以后关于蒋介石传
记出版的情况放在此节阐述。

介石在台湾后半生的历程，可以说，该书代表了 20 世纪蒋介石研究的最高水平。①

　　对于蒋介石的研究以及相关传记著作先后不断出版，这得益于高层对台政策的改变。 在邓小平的推动下，1982 年 7 月 24 日，廖承志致函蒋经国，公开呼吁国共第三次合作。 邓小平 1983 年 6 月 26 日公开倡议国共两党应就第三次合作进行"平等会谈"②。 因此随后对关于蒋介石及国民党宣传和研究的尺度也开始逐步放宽。 1985 年，纪念抗战胜利四十周年，在胡乔木的指示下，中国人民革命军事博物馆首次布展介绍国民党正面战场。 1985 年 8 月 25 日，《人民日报》专门发文纪念 1938 年国民党军队正面战场胜利的台儿庄战役。 另外，在纪念抗战胜利四十周年《人民日报》所发的一版照片中，有一张蒋介石在庐山谈话后走出会场的照片，这也是自 1949 年后《人民日报》第一次以正面形象刊登蒋介石的照片。 同时，影片《血战台儿庄》的拍摄立项被批准，1987 年纪念抗日战争爆发五十周年时公映，该片对国民党将士及蒋介石等做了较正面的刻画，这可以说释放了关于蒋介石以及国民党历史研究的一个重要信号。③ 在此前后，有关蒋介石、国民政府等大量档案被中国第二历史档案馆开放，该馆还出版了档案选编如《抗日战争正面战场》等。 蒋介石家乡浙江及奉化政协文史资料编辑委员会也

---

① 陈红民，何扬鸣.蒋介石研究：六十年学术史的梳理与前瞻［J］.学术月刊，2011（5）：147 - 154.

② 杨奎松.大陆蒋介石研究相关主题回顾［EB/OL］.社科文献出版社近代史主题公众号，http://jds. cass. cn/Item/30880. aspx/2015 - 07 - 01.

③ 杨奎松.大陆蒋介石研究相关主题回顾［EB/OL］.社科文献出版社近代史主题公众号，http://jds. cass. cn/Item/30880. aspx/2015 - 07 - 01.

出版了有关蒋介石史料的专集。① 1985 年 11 月，湖南人民出版社出版了前国民党七十九军军长方靖撰写的《六见蒋介石》，该书由全国政协委员、黄埔军校同学会理事文强审阅，书名由爱新觉罗·溥杰题写，以国民党黄埔系高级将领方靖六次单独拜见蒋介石为主要时间线索，兼述作者在军事生涯中经历的各类大小事件，细节与真实兼备，属于口述性质，是研究国民党军队高层历史和基层情况的重要参考史料。 另外，特别值得一提的是《蒋介石秘录》的出版，此书在 20 世纪 80 年代出过两个版本。 1988 年 1 月至 12 月湖南人民出版社出版了四卷本《蒋介石秘录》中译本，该书为日本产经新闻社撰，古屋奎二主笔撰写。 据称此书日文版策划撰写曾得到台湾国民党当局的协助，台当局提供了从未发表过的记录、"总统府"档案、"外交部"文书、"国防部"的战史、蒋介石的日记与回忆录等。 该书自 1974 年开始一边撰写，一边在日本《产经新闻》连载，而台湾《中央日报》也随之翻译连载，后"中央日报社"将连载内容先后出版成书 12 册，书名为《"蒋总统"秘录：中日关系八十年之证言》。 湖南人民出版社版《蒋介石秘录》内容完全取自台湾本，删去了一些反共的内容和词语，译者标明为"《蒋介石秘录》翻译组"。 另一个版本是 1989 年 1 月由广西人民出版社出版的两卷本的《蒋介石秘录》（上下册），约 48 万多字，标明由木吉雨、王俞等十位译者翻译，估计是直接译自日本《产经新闻》版本。 20 世纪八九十年代，虽然对台、对国民党以及蒋介石研究与出版的形势越来越宽松，但还是有宣传政策的限制，有的出版物虽是出版了，但带有点"打擦边球"的意味，如湖南人民出版社转自台版的《蒋介石秘录》。 因此，新

---

① 杨奎松.大陆蒋介石研究相关主题回顾［EB/OL］.社科文献出版社近代史主题公众号，http://jds. cass. cn/Item/30880. aspx/2015 -07 -01.

闻出版署在 1987 年转发了中宣部、统战部、对台办联合发布的《关于在文艺作品中反映和宣传国民党历史人物问题的几点意见》（1987 年 7 月 20 日·统发［1987］7 号），强调要严肃对待，严格把关，对涉及蒋氏父子等人物作品要报备并控制品种，等等。

1989 年之后一段时间，改革开放政策一度遭到较大冲击，社会上出现否定国民党抗战作用的声音。1991 年《中国共产党七十年》出版，该书主编中共中央党史研究室主任胡绳在书中积极评价第二次国共合作是对国家民族立的一个大功；他借第二次国共合作，再度给予了蒋介石一个比较正面的综合性评价。①

进入 21 世纪，随着中国大陆改革开放的深入，社会语境逐渐宽松，史学研究也逐渐多元化，可以说对蒋介石研究的禁忌基本破除。另外，大陆对台工作也有了很大的调整，这与陈水扁与民进党在台湾上台后推行"去中国化"、"去蒋化"运动，特别是对蒋越来越"矮化"密切相关，从而促使中国大陆越来越重视对蒋介石的研究，对蒋的评价越趋"正面"。2005 年，国家主席胡锦涛在纪念抗战胜利 60 周年的报告中，将"中国国民党"置于"中国共产党"之前，充分肯定了国民党正面战场的作用，这传递出大陆高层评价抗日战争的新姿态。② 2007 年 1 月，浙江大学"蒋介石与近代中国研究中心"成立。该中心于 2010 年 4 月 10 日至 12 日举办了一场国际学术研讨会，名为"蒋介石与近代中国"，这是中国大陆首次以蒋介石为研究对象的国际会议，这更说明大陆民国史研究与蒋介石研究的学术环

---

① 杨奎松.大陆蒋介石研究相关主题回顾［EB/OL］.社科文献出版社近代史主题公众号，http://jds. cass. cn/Item/30880. aspx/2015 -07 -01.

② 吴娟.蒋介石：逼近历史的真实［N］.时代周报,2010 - 3 - 17.

境大为改善。

除了环境逐步宽松外，档案、史料等也日渐丰富。 1997 年台湾当局开放了蒋介石的历史档案，即《蒋中正"总统"档案》（也称为"大溪档案"）、《蒋中正"总统"文物·革命文献》和《蒋中正"总统"档案·事略稿本》等，2002 年后陆续得以出版。 2005 年，美国斯坦福大学胡佛研究所保管的蒋介石日记开放，这些材料涵盖了蒋从 1917 年到 1973 年（蒋离世前两年）期间的日记。① 这些档案史料的开放与出版为学者们研究蒋介石提供了便利。

社会的开放，环境的宽松，也积极反映在关于蒋介石的传记出版方面。 学者杨天石利用开放的档案材料撰写出《蒋氏秘档与蒋介石真相》，在出版过程中却遭遇到讨伐风波；该书最终于 2002 年在社科文献出版社出版。② 杨天石除了此书外，还出版了《找寻真实的蒋介石：蒋介石日记解读》（山西人民出版社，2008 年版）以及《找寻真实的蒋介石——还原 13 个历史真相》（九州出版社，2014 年版）

杨天石著《蒋氏秘档与蒋介石真相》

等。 杨天石对蒋介石做了"定性"评价：
"一、在近代中国历史上，蒋介石是个很重要的人物。 二、在近代中国历史上，蒋介石是个很复杂的人物。 三、有功有过。 既有大功，又有大过。"③2005 年 2 月，作家叶永烈运用"比较领袖学"手法撰写的以毛泽东与蒋介石从 20 世纪 20 年代至 70 年

① 吴娟.蒋介石：逼近历史的真实［N］.时代周报,2010-3-17.
② 吴娟.蒋介石：逼近历史的真实［N］.时代周报,2010-3-17.
③ 杨天石.找寻真实的蒋介石：蒋介石日记解读 1［N］. 北京青年报,2015-10-16（B12）.

代合作和斗争为主线的《毛泽东与蒋介石》得以出版。该作曾于 1992 年拟在内地出版,但不顺利,连书名都没通过①;而到了 2005 年,同样的书名,只是增补了一些内容,却顺利出版了。叶永烈对毛泽东和蒋介石两人都以平视的角度看待,在书中特别对蒋介石的功过做了积极评价。

　　2011 年纪念辛亥革命百年前后,"蒋介石热"席卷大陆,不仅有大陆作者研究的作品,还有境外作者撰写的引进版,蒋介石个人的著述、墨迹甚至语录体作品,相关传记和著作还屡屡登上畅销书排行榜。2010 年 1 月,由美国著名作家、史学家布莱恩·克罗泽与前香港大公报记者周榆瑞 1976 年合著的《丢失中国的人:蒋介石首部完整传记》由国际文化出版公司以《蒋介石传》之名出版,这是大陆首次引进并公开出版境外作者写蒋的著作;该书撇开两岸意识形态差异,冷静、客观地考察了蒋介石的一生。②《蒋介石家书日记文墨选录》2010 年由团结出版社出版,这是 1949 年来蒋的个人著作首度在大陆出版,引起了台湾舆论的极大关注。团结出版社 2010 年 12 月还推出安淑萍等编写的《蒋介石悼文诔辞密档》,透过蒋氏所写挽联、唁电、祭文,探讨蒋介石与亲友、故旧、政要的各种关系。2011年团结出版社出版了《蒋介石文墨密档》,让读者透过蒋介石笔迹,侧面了解其性格与文化素养。③ 2011 年,由师永刚编选的《蒋介石 1887—1975(自述)》(上)由华文出版社出版,引起

① 陈雪莲.大陆首届蒋介石研讨会召开始末 [N].国际先驱导报, 2010 - 4 - 26. http://news. xinhuanet. com/herald/2010 - 04/26/ content_13424871. htm.

② 苏丹.蒋介石传记境外中译本首度在大陆出版发行 [N].中国新闻网,2010 - 1 - 24.

③ 吴灿.蒋介石著作首度在大陆出版,收录部分墨迹 [N].世界新闻报,2012 - 2 - 12.

了海内外极大关注，有媒体就认为此举是历史的进步。①

可以说，六十多年来关于蒋介石的研究与出版走过了一条艰难曲折的道路。概括起来，可表现为以下几个方面：

（一）从禁区到逐渐开放乃至基本放开。中国大陆长期以来关于蒋介石的话题基本上是一个禁区，至少在1980年代以前是这样的，就是提及也是作为批判的靶子，而从20世纪70年代末开始，关于国民党以及蒋介石的研究开始松动，作为课题来立项，研究的范围，评价的尺度大幅度放开，相关出版物包括传记作品逐渐增多，还形成了出版热。

（二）从"险学"逐渐变为"显学"。20世纪50年代到70年代，学者们研究民国以及蒋介石等几乎不可能，视其为畏途，甚至会遭遇风险，就是中国科学院历史研究所立项民国史研究也是经过周恩来总理特批的。而改革开放以来的民国史研究，以蒋介石研究居多，从"险学"逐步发展到"显学"，其间虽出现过如叶永烈、杨天石等写作出版关于蒋介石的传记作品受到批评和压力等现象，但总体趋势向好，如成立了专门的研究机构，召开了学术研究会议（包括国际性的），形成了北京、南京、浙江、上海等几个民国史研究中心，研究队伍逐步壮大，研究成果极其丰富，等等。②

（三）从"为政治服务"向"学术研究"转型。长期以来学术政治化，陈伯达所写的《人民公敌蒋介石》等出版物，可以说完全是为政治宣传服务的，而随着改革开放后社会环境越来越开放，学术研究与出版的氛围越来越宽松，逐步摆脱了"左"的政治观念的影响，不再完全是革命史观的视角，而能

①　严友良.蒋介石一生 刻下现代中国每一瞬间［N］.时代周报，2011-4-21（126）.

②　张宪文.从"险学"到"显学"：蒋介石研究的过去、现在与未来［J］.社会科学战线，2011（8）：227-233.

逐渐相对客观、公正地评介民国历史人物，其趋势表现为距离人物的真实面貌越来越接近了。[1]

（四）从标签化、妖魔化的政治符号、政治标签，到逐步找寻真实的蒋介石，蒋介石形象渐渐回归真实的个体。受极"左"思想影响，三代人对蒋的认识几乎皆受限于陈伯达、李敖的评断。长期以来，在中国大陆的历史教科书、小说和爱国影片中，蒋介石总被刻画成光头形象，说着宁波口音的"娘希匹"，革命"投机者"，一向"消极抗日，积极反共"，愚蠢粗暴、贪婪好色、胸无大志，却是独裁专制的委员长等不光彩形象。而改革开放以后，20 世纪 80 年代对蒋介石政治评价简单，人物形象单一。但随着形势的变化，对蒋介石的看法逐渐回归正常，人们渴望了解蒋介石，哪怕读些来自地摊的从海外手抄来的诸如《蒋介石大传》等非法出版物。从讳莫如深，逐步发展到遍地开花，蒋似乎受到从冷到热的"待遇"。在正式研究领域，曾经多围绕蒋介石身上的重大事件、历史关键时刻、其与其他重要人物的交往等方面来写，后来因有关档案和蒋介石日记的开放，研究者通过解读其档案与日记，关于蒋介石的个人家庭生活等各种私人情况得以公开发表出版[2]，其形象也日渐丰满、客观。特别是《蒋介石日记揭秘》等揭示了"真实的"蒋介石，甚至还给读者造成了特别的印象。一些年轻读者通过日记揭秘的文字对蒋产生了片面理解，开始大力赞赏蒋介石，诸如"震惊得几乎不能动弹了"、"蒋公可以长眠矣"、蒋"献身国家和民族的解放事业……他的失败则是他用错

---

[1]　陈红民，何扬鸣.蒋介石研究：六十年学术史的梳理与前瞻［J］. 学术月刊，2011（5）：147-154.

[2]　曹明臣.1980 年代中期以来大陆蒋介石研究的回顾与反思［J］.历史教学，2012（24）：62-66.

了人"①，等等。

可以看出，几十年来对蒋介石研究与出版大致轨迹：从限禁到禁忌基本上破除，为政治服务向逐渐进行客观的学术研究的转变，从全面否定与批判到客观公正地评述，从"险学"到"显学"，传记出版由冷到热，蒋介石形象之变从丑化到人格化，等等。这种转变，一方面反映出历史的吊诡；但另一方面也是历史之所幸，是社会进步使然，因社会逐步从非正常走向正常，从封闭、保守、僵化走向逐步开放、包容、自信与进步。

第四节　心长路远——胡适的传记写作与出版

一、"给史家做材料，给文学开生路"

在中国近现代文化史上，胡适就是一座丰碑，是个绕不过去的历史存在。胡适作为中国"五四"新文化运动的首倡者，与陈独秀齐名，时人称之为"陈胡"，是这个运动最有名的代表人物之一。胡适最初提出"文学革命"的口号，鼓吹文学革命，提倡白话文学；创作出版了中国诗史上第一部白话新诗集《尝试集》；率先用白话翻译西方文学作品，出版了第一部白话《短篇小说》译本；还热心提倡传记文学，所作白话的传记与自传，文字清新晓畅，不假雕饰，有冲淡自然之美。他因而获得了"中国文化革命之父"的美誉，也奠定了他在中国文化史和文学史上开拓大师的地位。② 上海《东方早报》在 2009 年 10

---

① 张宪文．从"险学"到"显学"：蒋介石研究的过去、现在与未来 [J]．社会科学战线，2011（8）：227-233．

② 易竹贤．胡适其人及胡适研究述评 [J]．江汉论坛，2005（3）：108-111．

月 30 日报道唐德刚去世的《“口述”民国　他仍在倾听历史的呼吸》一文中，转述了唐德刚对胡适的评价：“在 1917 年以改良起，到 1919 年‘五四’运动的再造文明、全盘西化终，这个所谓新文化运动，出了个大英雄，这个大英雄就是胡适之，这个新文化勃起的时代，也就是胡适时代。”胡适作为中国新文化运动的中心人物，是在中国近现代思想、教育、学术与文化等多方面，为国家和民族做出重大贡献并产生深远影响的人。 同时，他在国际上也享有很高声望。 作为中国自由主义知识分子的著名代表，胡适的一生又是相当复杂的。 政党的纷争，政权的更迭，时代的变幻，围绕他的褒扬与贬抑，拥有极高的声誉与爱戴，也遭遇批判与围剿，这使之成为一个复杂而独特的历史存在，可作为反映中国社会发展变化的一个典型个案，具有代表性与参考性意义。

　　胡适是现代传记文学的倡导者和积极实践者，是现代以来首提“传记文学”概念的，提出了诸如“纪实传真”等独到的理论上的论断，强调了传记文学的真实性、思想性、趣味性和功效性等基本特征。 胡适积极从事传记创作实践。 据统计，胡适一生写了不下 40 种传记或传记文学作品，代表性的如《许怡荪传》、《李超传》、《章实斋先生年谱》、《四十自述》、《胡适口述自述》、《戴东原的哲学》、《丁文江的传记》等。 胡适提倡传记文学，自己写传记，也作为传主被不断地书写。 然而几十年来，关于胡适的传记写作与出版并非一路坦途，随着时势的变化，胡适自身命运的沉浮，或显或隐，或受到限禁，或得到追捧。

　　胡适的传记首先是其撰写的个人自传，这是他提倡并身体力行中国新的传记文学的体现。《四十自述》是他于 1930 年开始撰写的，先是在《新月》月刊上陆续发表，后由上海东亚图书馆于中华民国二十二年（1933 年）9 月出版发行，钱玄同题字，作品共有六章。 胡适原拟将人生四十年分为三个阶段，留学以前为一段，留学的七年（1910—1917）为一段，归国以后（1917—1931）为一段，但后来只写出家世、童年至赴美留学前（1891—1910）的一段生活；自述基本上为"严谨的历史叙述"，甚至不加掩饰地写出了传主少年时代在上海打牌、喝酒、逛窑子等恶习，文字自然流畅，间或有生动传神的叙写，是大致可信而又可读的半部自传。 胡适在《四十自述》的"自序"里说明了写作的初衷："我在这十几年中，因为深深的感觉中国最缺乏传记的文学，所以到处劝我的老辈朋友写他们的自传。 不幸的很，这班老辈朋友虽然都答应了，终不肯下笔。"最后又说："我很盼望我们这几个三四十岁的人的自传的出世可以引起一班老年朋友的兴趣，可以使我们的文学里添出无数的可读而又可信的传记来。 我们抛出几块砖瓦，只是希望能引出许多块美玉宝石来；我们赤裸裸的叙述我们少年时代的琐碎生活，为的是希望社会上做过一番事业的人也会赤裸裸的记载他们的生活，给史家做材料，给文学开生路。"①

二、为学、为师的典范

除了《四十自述》这部个人自传外，在中华人民共和国成立前，写胡适的他传有 3 部。

1938 年 17 岁美国中学生安·厄尔曼（Ann Eurmam）写了《胡适小传》（手抄稿），小作者是胡适留学康奈尔大学时的老同学、老朋友雷格曼（Harold Riegelmam）先生的大女儿。 小传有四个部分，即生平、哲学、新文化运动、参考书目。 在台北胡适纪念馆保存的安·厄尔曼《胡适小传》英文手抄稿影印件上，有胡适为小传写的英文题辞："我们之所以为我们，我们所做的一切，我们所说的一切，都是永恒的，因为这些对于世

———————————

① 胡适 . 四十自述 [M] . 北京：中国华侨出版社，1994：1 - 4 .

界某一方面总会有影响,而这个影响又必在其他方面发生效果,如此辗转推进,在时间和空间上,永无穷尽。 胡适。"(陈之迈译文)

而第一部真正意义上的胡适的他传是 1941 年由胡适的学生胡不归为恩师 50 周岁生日撰写的《胡适之先生传》,分上、下两卷,上卷 18 章,每章一题,叙述胡适的生平事业;下卷为"50 岁年表",其中有胡适的著作分年月日列的表。 该书于 1941 年 12 月由萍社出版,颇有参考价值。 据说胡适对此传不甚满意。①

另外一部是胡适弟子罗尔纲写的《师门五年记》,该书原名《师门辱教记》,是一本关于胡适的回忆录,写的是作者于 1930 年夏从中国公学毕业后,在胡适家里边工作边学习时师生相处五年情谊至深的经历,着重写胡适怎么指导他做学问、搞研究,表现了胡适为人师表的高尚风范和严格科学的治学态度与思想。 该书写于 1943 年,1944 年由桂林建设书店出版。1945 年罗尔纲又对该书做了修改,胡适 1948 年 8 月写了序言,原拟出版而未果。 在书中罗尔纲表达出由衷感激之情:"那片教学生的苦心却是可见的。 胡适对我的督教往往如此。 这种督教,严似冰霜,却也煦如春阳。 令人向上,使人奋发。"该书得到了很高评价,如史学家严耕望在 1959 年 7 月致胡适的信中认为:"此书不仅示人何以为学,亦且示人何以为师,实为近数十年来之一奇书。"②胡适对此书非常满意,在给罗尔纲的信中说,这部自传给他的光荣比他得到 35 个荣誉博士还大。 胡适离开大陆时把它带在身边,1958 年 12 月他自费在台湾出版。

---

① 易竹贤.胡适其人及胡适研究述评 [J].江汉论坛,2005(3): 108-111.
② 罗尔纲.师门五年记·胡适琐记(增订本) [M].北京:三联书店,2006:58.

1962 年 2 月 24 日,胡适还将《师门辱教记》赠送给几位科学家,4 个小时以后,胡适便去世了①。

中华人民共和国建立之前的几部胡适传记,除了介绍胡适生平外,还展示了胡适的事功,积极表现了传主的正面形象。可以说,为学、为师典范,这是中华人民共和国建立前胡适传记的写作出版给人的总体印象。

三、"批判胡适"

中华人民共和国建立后,由于政治立场、逃亡美国等原因,胡适被全盘否定,遭到批判。 1948 年秋天,人民解放军包围北平时,解放区广播电台公开广播,劝说胡适不要跟着蒋介石集团逃跑,留在大陆会让他当北京大学校长兼北平图书馆馆长。 1949 年 5 月 11 日陈垣在《人民日报》发表《给胡适之一封公开信》,向老友胡适表达解放区人民有言论自由,呼唤胡适转向人民一边。 然而,胡适坐上蒋介石派来的专机离开了北平,后从上海乘"克里夫总统号"轮于 1949 年 4 月 6 日前往美国,开始了流亡生涯。 1949 年 8 月 14 日,毛泽东为新华社撰写了《丢掉幻想,准备斗争》,首次点名胡适、傅斯年和钱穆等,指斥他们顽固不化,是被"帝国主义及其走狗中国的反动政府"所控制的极少数知识分子的代表。 1950 年 9 月 22 日,胡适留在北京的小儿子胡思杜写的《对我父亲——胡适的批判》一文在香港《大公报》发表,揭开了批判胡适的序幕。 由于政治形势的变化,1954 年,大陆掀起批判俞平伯的《〈红楼梦〉研究》运动,后来转向批判俞平伯的老师胡适。 由批判胡适的拥蒋反共,逐步发展到 20 世纪 50 年代中期"胡适思想批判"的全国性政治运动。 在组织批判过程中,中国科学院和中国作

---

① 唐宝民. 胡适与罗尔纲 [N]. 南京大学报,2014-12-10.

家协会共同成立了专门批胡的机构，即周扬所称的"讨胡委员
会"。 配合"批判胡适"，"讨胡委员会"组织人员写了不少文
章，各地报刊发表的批判文章数以千计，如孙定国《胡适哲学
思想反动实质的批判》、艾思奇《胡适实用主义批判》等，后来
这些材料汇集起来，仅 1955 年由三联书店出版的《胡适思想批
判》就有 8 辑，约 200 万字。 据说，当时居住在美国的胡适曾
认真地搜集起这些文字，并兴致颇浓地进行了批注。 大批判期
间，其他出版社也出版了"批判胡适"著作 30 种，总计约 300
万言之多。 这些批判材料也涉及胡适的生平资料，可以看作另
类的"评传"。 批判的内容由政治批判扩展到哲学、史学、文
学、教育、语言文字学等方面，几乎是政治上彻底批判，学术
上一概否定，并给胡适扣上吓人的帽子，称胡适为"实用主义
的鼓吹者"、"洋奴买办文人"、"马克思主义的敌人"等。 这场
批判运动将胡适由学界泰斗一下子变成了声名狼藉的人物；胡
适被"搞臭"，其形象变成卖国者、买办文人、蒋介石的御用文
人、战争罪犯、战争鼓吹者等。

　　在特殊时期，余秋雨写有《胡适传——"五四"前后》，于
1973 年在《学习与批判》第 3 期发表。 该文只能算得上半部胡
适传记，是用 20 世纪 50 年代"批判胡适"时的政治观点来写，
说胡适是"心怀篡夺革命果实的一个文化革命阵营中的大奸
细"。 该作品后被收入丛书《历史人物集》，据说这是 1949 年
至 1979 年期间唯一一部在大陆正式发表的胡适传记。①

　　可以看出，这一阶段涉及胡适的传记类及评述作品，是为
了配合国内外形势的政治批判，抹杀胡适的成就，对其拥蒋反
共逃离大陆进行无限上纲批判，丑化、妖魔化胡适，缺乏历史
唯物主义与辩证唯物主义的态度，缺乏历史的真实性与科学
性，因此难以令人信服。 这样，在 20 世纪 50 到 70 年代，胡适

————————

① 汪广松.关于胡适传记的研究 [D].上海:复旦大学,2004.

的著作在中国大陆被禁毁，胡适成为一个"反动人物"而被挞伐，其正面形象在大陆湮灭了，如提及胡适，也是如同提到恶魔。

用政治斗争的方式来全盘否定胡适对"五四"新文化运动的启蒙与贡献以及学术成就是十分粗暴的。事实上，胡适作为新文化运动的旗手式人物，为诸多有识之士敬仰，其地位与功绩是抹杀不去的。就连"批判胡适"运动的发起者毛泽东于1936 年在陕北跟美国记者斯诺会见时，也谈到"五四"时期胡适和陈独秀是他心中的"楷模"，"非常钦佩"胡适和陈独秀的文章①。据著名作家、文学理论家、鲁迅研究家和文学史家唐弢（1913—1992）在《春天的怀念》一文中回忆，20 世纪 50 年代中期"讨胡"后，1956 年 2 月毛泽东在怀仁堂宴请知识分子代表时也说："胡适这个人也真顽固，我们托人带信给他，劝他回来，也不知他到底贪恋什么。批判嘛，总没有什么好话。说实话，新文化运动他是有功劳的，不能一笔抹杀，应当实事求是。到了 21 世纪，那时候替他恢复名誉吧。"②

可以说，"批判胡适"，是 1949—1976 年胡适传记的写作出版所体现出的总基调。

四、由"鬼"还原成人

中国大陆学界开始逐步为胡适恢复名誉是在 1979 年。1978 年《胡适小传》在《中华民国史资料丛稿》发表，此时对胡适还不可能做充分肯定，只是说他搞新文化运动有一定的功劳，特别是对白话文的提倡，对中国的教育、文学的发展具有

---

① 〔美〕埃德加·斯诺.西行漫记［M］.董乐山译.北京：三联书店，1979：125.

② 古远清.几度飘零：大陆赴台文人沉浮录［M］.桂林：广西师范大学出版社，2010.

重要作用。 1978 年中共十一届三中全会胜利召开，会议公报指出："解放思想，努力研究新情况新事物新问题，坚持实事求是、一切从实际出发、理论联系实际的原则，我们党才能顺利地实现工作中心的转变。"随之开始了拨乱反正与实事求是的思想解放运动，中共中央决定由中国社会科学院出面在 1979 年举办一个大规模纪念"'五四'运动"六十周年全国性学术讨论会，由此为契机，耿云志、易竹贤等一批学者撰写了重新评价与研究胡适的文章，如耿云志发表于《中国现代文学研究丛刊》1979 年第 1 期的《胡适与"五四"文学革命运动》、易竹贤发表于《新文学论丛》1979 年第 2 期—1980 年第 1 期的《评"五四"文学革命中的胡适》，等等。 到 20 世纪 80 年代前期这类"重评"性质的文章有数百篇之多，从学术研究的角度，由文学、史学、哲学、教育学、政治学、社会学等多方面，实事求是地对胡适进行拨乱反正，恢复名誉。 相关研究著作也不少，如耿云志著《胡适研究论稿》(四川人民出版社，1985 年版)、颜振吾编《胡适研究丛录》(三联书店，1989 年版)、易竹贤著《胡适与现代中国文化》(武汉大学出版社，1993 年版)，等等。

　　随着学术上胡适研究的开禁，整理编辑出版胡适的作品有了必要与可能。 1979 年 5 月中华书局出版了《胡适来往书信选》，到了 1980 年共出版了 3 卷(内部发行)，该书信选由社科院近代史研究所中华民国史研究室整理编辑，这是 1949 年之后中国大陆首次出版的胡适著作选本，有着特别的意义。 1981 年华东师范大学出版社出版了由葛懋春、李兴芝编选的《胡适哲学思想资料选》(2 卷)，上卷选录相关论文 29 篇，下卷为《胡适的自传》(胡适英文口述、唐德刚编校译注的)，该书也是内部发行。 1979 年，耿云志打算重新校订出版《胡适文存》，拟由中国社会科学出版社出版，第 1 卷排出校样开始校订时却被突然叫停。 4 卷本《胡适文存》直到 1996 年才由黄山书社出版。1985 年,中国社会科学院近代史研究所中华民国史研究室编辑的 2 卷本《胡适的日记》由中华书局出版并公开发行。因此,自 1985 年起,胡适作品的出版发行才慢慢放开,逐渐成为热门项目,代表性的如 1994 年黄山书社出版的 42 册《胡适遗稿及秘藏书信》,1998 年北京大学出版社出版的欧阳哲生主编 12 卷《胡适文集》,2003 年安徽教育出版社出版的 44 卷《胡适全集》。

由于社会氛围越来越宽松,关于胡适的传记类作品自 20 世纪 80 年代开始出现,并逐渐增多。胡适英文口述、唐德刚编校译注的《胡适的自传》附载于《胡适哲学思想资料选》,1981 年由华东师范大学出版社出版内部发行。1985 年中华书局出版了《胡适的日记》(2 卷),收录胡适 1910—1944 年间的部分日记(日记也可视为传记类作品),该书根据其手稿整理排印,相对完整地保留了日记原貌。1985 年耿云志著《胡适研究论稿》由四川人民出版社出版,该书后半部为胡适的年谱。1985 年石原皋著《闲话胡适》由安徽人民出版社出版,石原皋为胡适同乡、亲戚,在胡适北京的家里住过,作品有亲历亲闻的意味;据罗尔纲说,该书是中国大陆首次披露胡适家世的作品。①1987 年湖北人民出版社出版了易竹贤著《胡适传》,可以说是改革开放后中国大陆出版的最早一部完全意义上的关于胡适的他传,该书以文化视角多层面评价模式取代单一政治评价模式,为读者提供了胡适"这一个"独特复杂的个性,具有开拓性意义。②1987 年湖南教育出版社出版了白吉庵著《胡适传》,河南大学出版社出版了沈卫威著《胡适传》。其他的还有:朱文华著《胡适评传》(重庆出版社,1988 年版),曹伯

---

① 见石原皋著《闲话胡适》安徽人民出版社 1990 年版"再版后记".
② 秦志希. 描述"这一个"的独特道路 [N]. 人民日报,1988 - 3 - 19.

言、季维龙编《胡适年谱》（安徽教育出版社，1989 年版），耿云志编《胡适年谱》（四川人民出版社，1989 年版）等。

《胡适哲学思想资料选》（附《胡适的自传》）

可以看出，20 世纪 80 年代对于胡适的研究与写作、出版，还处于起步阶段，主要是资料的整理与发掘，因此资料整理性的年谱出版了几部；限于资料，出版的几部传记显得单薄、粗糙，更多的笔墨在于胡适的学术成就方面，好在与胡适同时代的亲历者还在，通过采访、回忆可以获得第一手感性资料；值得肯定的是，作品表现出开拓性的意义与勇气，否定了 20 世纪 50 年代《胡适思想批判》等既定观点和论调，摒弃了阶级斗争的观念。虽然有的著作还定性胡适为"资产阶级民主派"，但大多作品还是从文化思想史的高度来实事求是地评判、恢复胡适在近现代文化思想史上的地位与作用，为胡适翻案、恢复名誉，将之由"鬼"还原成人。

1991 年，是胡适 100 周年诞辰。由耿云志提议，在中国社会科学院院长胡绳以及胡适家乡政府与人民的支持下，1991 年 11 月 7 日至 10 日，"胡适学术讨论会"在安徽绩溪召开，这是中华人民共和国成立以来第一次全国规模的胡适学术研讨会，中国社会科学院、中国现代文化学会、中外名人研究中心及安徽省社会科学院、安徽大学等七十多名学者、教授与会。 此次会议的召开，标志着胡适研究的正常化。 1995 年 6 月 21 日至 24 日，中国现代文化学会胡适研究会、华东师范大学历史系联合发起的"胡适与中国新文化"国际学术研讨会在上海举行，来自海内外的五十余名专家学者参会研讨。 1999 年 9 月 5 日至 7 日，"国际胡适学术研讨会"在安徽绩溪召开。 这些学术会议不断召开，进一步鼓舞和推动对胡适作品的研究与出版，充分表明环境越来越宽松，胡适越来越得到认可，研究胡适逐渐成为"显学"。

20 世纪 90 年代出版的胡适传记作品代表性的有（考虑到胡适专题论述的连贯性，故将 90 年代以来有关胡适的传记写作出版情况亦放在此节阐述）：朱文华著《鲁迅、胡适、郭沫若连环评传》（上海文艺出版社，1990 年版），〔美〕贾祖麟著《胡适之评传》（南海出版公司，1992 年版），章清著《胡适评传》（百花洲文艺出版社，1992 年版），朱文华著《胡适：开风气的尝试者》（复旦大学出版社，1992 年版），白吉庵著《胡适传》（人民出版社，1993 年版），沈卫威著《无地自由——胡适传》（上海文艺出版社，1994 年版），阿炳编《国学宗师——胡适》（中国青年出版社，1994 年版），罗志田著《再造文明之梦——胡适传》（四川人民出版社，1995 年版），萧南编《我的朋友胡适之》（四川文艺出版社，1995 年版），沈寂著《时代碣鉴：胡适的白话文、政论、婚恋》（重庆出版社，1996 年版），胡明著《胡适传论》（上下册）（人民文学出版社，1996 年版），郜元宝编《胡适印象》（学林出版社，1997 年版），罗尔纲著《师门五年记·胡适琐记（增补本）》（三联书店，1998 年版），朱文华编《自由之师——名人笔下的胡适，胡适笔下的名人》（东方出版中心，1998 年版），〔美〕周质平著《胡适与韦莲司：深情五十年》（北京大学出版社，1998 年版），沈卫威著《胡适传》（河南文艺出版社，1999 年版），小田、季进著《胡适传》（团结出版社，1999 年版）等。①

在 20 世纪 90 年代，胡适逐渐成为研究的热点，希望了解胡适的人越来越多，胡适题材也逐渐成为市场的卖点，相关作品的出版越来越多，仅传记出版就有二十多部，其中不乏回忆性文章结集出版的。随着胡适遗稿、书信、日记以及文集的出版，公开资料日渐丰富，传记写作资料充实，如胡明著《胡适传论》（上下册）就有近 80 万字；有的作者由此修订、充实材料再版传记作品，如白吉庵著《胡适传》、沈卫威著《无地自由——胡适传》等均是修订再版之作。20 世纪 90 年代召开了几次胡适研究学术会议，有的还是国际性的，从而拓展了关注研究胡适的视野范围，其中不乏海外作者撰写的传记出版。传记作品内容日益丰富、客观，淡化了政治色彩，凸显了胡适作为学者的一面（如"国学宗师"），不仅反映了胡适生平经历、学术思想贡献、事业等，有的突出反映其家庭、婚恋、情感生活等（典型如《胡适与韦莲司：深情五十年》），有的突出胡适的"自由主义"立场（如《无地自由——胡适传》），有溢美、拔高的倾向②，这样，胡适的形象日益丰满，受到的正面评价越来越多。

21 世纪以来出版的胡适传记作品，其代表性的有：孙郁撰文《胡适影集》（山东画报出版社，2000 年版），朱洪著《胡适大传》（安徽人民出版社，2001 年版），杨沐喜著《胡适海外生涯》（安徽人民出版社，2001 年版），胡不归、毛子水、吴相湘著《胡适传记三种》（安徽教育出版社，2002 年版），杨金荣著《角色与命运：胡适晚年的自由主义困境》（三联书店，2003 年

① 房福贤.新时期中国现代文学家传记研究十六讲 [M].济南：山东文艺出版社，2009:96-98.
② 周可.走进胡适的世界——读 90 年代出版的几本胡适传记 [J].东北史地，1998 (3)：30-33.

版），朱洪著《胡适与韦莲司》（湖北人民出版社，2003 年版），余英时著《重寻胡适历程：胡适生平与思想再认识》（广西师范大学出版社，2004 年版），沈卫威著《胡适图传》（广东教育出版社，2004 年版），杨国良著《胡适的精神之旅》（江苏教育出版社，2005 年版），易竹贤著《胡适传》（湖北人民出版社，2005 年版），周海波著《胡适：新派传统的北大教授》（中国长安出版社，2005 年版），罗志田著《再造文明的尝试：胡适传（1891—1929）》（中华书局，2006 年版），桑逢康《胡适评传》（中国社会出版社，2008 年版），胡明著《胡适传论（上、下）》（人民文学出版社，2010 年版），李敖著《胡适与我》（中国友谊出版公司，2010 年版），胡仰曦著《一颗清亮的大星：胡适传》（人民文学出版社，2010 年版），耿云志著《胡适和他的朋友们（1904—1948）》（中华书局，2011 年版），江勇振著《舍我其谁：胡适（第 1 部璞玉成璧 1891—1917）》（新星出版社，2011 年版），邹新明著《胡适画传》（四川教育出版社，2012 年版），胡适著《胡适：四十自述》（中国文史出版社，2013 年版），胡适著《胡适自述》（安徽文艺出版社，2013 年版），胡适著《胡适自传》（金城出版社，2013 年版），杨小曼著《胡适全传》（华中科技大学出版社，2013 年版），周汉华著《胡适自述》（浙江大学出版社，2014 年版），胡适著《胡适传记菁华（上、下册）》（东方出版社，2014 年版），等等。

可以说，21 世纪以来，关于胡适的研究与传记出版持续高产，出版的传记数量越来越多，几乎每年都有胡适传记出版；除了胡适自述、口述自传外，不少大陆传记作者、台湾学者以及美国的学者不断撰写胡适的传记；传记的表现形式也更加丰富，有自传与他传，也有大传、全传、传论、图传、影集、合传等多种形式；作为传主，胡适被从不同角度与视角进行解读，如胡适的海外生涯、晚年境况、思想特别是自由主义思想，甚至把他放在民国人物的群体里来进行比对研究等。 这样，胡适的形象更加丰满、立体，他在近现代中国文化思想史中的地位与贡献更加突出，甚至还引申出人们对当下与未来意义的思考。 这一方面与胡适的成就及个人人格魅力有关，一方面也与21世纪以来民国题材作品的研究、出版、阅读热有关，胡适作为民国文化人群体的代表性人物，受到关注与解读也在情理之中，这样反映出中国社会越来越开放、包容与多元。

　　总之，由"鬼"还原成人，这是新时期以来胡适传记的写作出版所呈现的路径与轨迹。

五、扬—抑—扬——传记出版与时代的互动

　　胡适这位跨越两个世纪被关注的人物，关于他的研究与出版特别是传记撰写与出版，总体上说经历了扬—抑—扬这么一个变化历程，也是一条由学术上"论胡"到政治上"批胡"、"丑化胡"而重返学术"研胡"、"赞胡"的曲折之路。① 正如《胡适研究论丛》第3辑所用的书名《心长路远：胡适研究的历程》，"心长路远"也许可以概括胡适研究与出版的历程。 中华人民共和国建立之前，由于胡适在新文化运动中的贡献以及之后的显赫地位，胡适广受崇敬，无论是他自己写的《四十自述》，还是美国中学生安·厄尔曼写的《胡适小传》(手抄稿)以及其门生罗尔纲的《师门五年记》，其形象都是正面的、积极的，是凌厉风发的英雄人物，甚至可以作为人伦的典范。 而在中华人民共和国建立后，由于中国大陆政治斗争挂帅，20世纪50—70年代，以阶级斗争的形式对待胡适，胡适在中国大陆可谓众叛亲离，成为人民的对立面，被批判、丑化；就是在海峡

---

① 易竹贤.胡适其人及胡适研究述评［J］.江汉论坛，2005（3）：108-111.

对面的台湾，相当长一段时间里胡适也不见容于蒋介石政权，最后在海峡两岸的"批判"与"围剿"中完结了一生。改革开放以来，拨乱反正，对胡适恢复名誉、正名，是逐渐发现胡适，挖掘、研究胡适，力求回到原点，重新评估一切价值，无论对胡适的生命史描述还是对其思想、学术、政治轨迹的探究，都是在为我们自身进行自我的反思批判，瞻望前景，提供永不枯竭的"思想资源"。这可能是胡适的价值所在，也可能是几十年来人们不断热心于研究、解读、撰写、阅读胡适的原因所在。在此过程中，胡适的形象越来越真实、客观，丰满、立体，甚至有些高大与美好，胡适被书写被阅读，乃至民国知识分子群体被书写阅读，民国题材出现了出版热。反观当下，甚至会生发对逝往的怀想。

新华社原副社长李普（1918—2010）在《炎黄春秋》2003年第 6 期纪念李慎之的《悼慎之——我们大家的公民课教师》一文中，回忆李慎之先生有过这样的说法："20 世纪是鲁迅的世纪，21 世纪是胡适的世纪。"鲁迅与胡适都是现代文学史、现代学术史以及现代思想史上绕不开的重要人物，前者金刚怒目式的文字与思想似乎比较契合革命的、批判的、激进的 20 世纪；而后者乃是"出自幽谷，迁于乔木"亲善包容的智人，是主张"改良的"，提倡独立思考、独立判断，"大胆的假设、小心的求证"，重怀疑、重实证，学贯中西又爱护传统的文化而不迷信传统文化，建议人们要感到祖先伟大的文化而光荣，更要尽量吸收西方文化的精华，为人类创造出更光辉、更灿烂的明天，因此胡适似乎更多地指向未来。胡适大力提倡传记文学，主要是着眼于它的感化教育功能，他对比西洋教育的长处，认为其一便正是"传记文学特别发达"，而且多能写生传神，又纤细详尽，能够成为后人学习效法的榜样。胡适以其对现代的召唤，其深沉、其执着、其理性，尤其是他博大的世界视野、人类眼光，以及对传统所怀抱的亲和态度等，独具魅力，也成为后人学习、研究、效法的榜样，显示了持久的生命力与影响力。

"这个为学术和文化的进步，为思想和言论的自由，为民族的尊荣，为人类的幸福而苦心焦思，疲精劳神以致身死的人。"这是胡适墓志铭中一段话。没有任何官方的文件来给胡适一个新的定位，但在广大民众的心目中，特别是在广大读书人的心目中，胡适是一个为国家民族的进步做出巨大贡献的人。胡适有着一种令人感叹的道德上、知识上的勇气与力量。这种勇气与力量就是内蕴在知识分子心中的社会责任，是一种文明社会不可或缺的软实力。胡适是一个文化个案，也是大转折时期、战乱时期出现的知识分子之代表，他身上所体现出来的是浓厚的文化人格、凄凉的自由主义状况、复杂而尴尬的抉择以及这背后所隐藏的文化、历史、社会等深沉背景。① 这可能是出版界一直持续不断地打捞挖掘胡适这一题材富矿的理由，从胡适的年谱、文存、日记、书信、自述、口述自传、文集、全集等，到三十多年来不断涌现的关于胡适的近百部传记。

胡适从被遮蔽到成为关注的热点，离不开一批研究者、学者的辛勤打捞与书写，其中涌现了一些传记作家。这些作家来自中国大陆、中国台湾和美国等国家和地区。中国大陆方面的主要作者有耿云志、易竹贤、朱文华、沈卫威、胡明、小田、季进、罗志田、杨沐喜、周海波、杨国良、朱洪等；台湾地区的传记作者有胡不归、毛子水、吴相湘、李敖等；美国的学者有周质平、唐德刚、余英时、贾祖麟等。他们一直孜孜不倦地关注这位创造了历史的人。②

---

① 房福贤.新时期中国现代文学家传记研究十六讲［M］.济南：山东文艺出版社，2009：96‐98.
② 房福贤.新时期中国现代文学家传记研究十六讲［M］.济南：山东文艺出版社，2009：96‐98.

　　胡适从被贬抑、批判到逐渐被肯定、褒扬，是近四十年改革开放的结果，有了改革开放，胡适才有可能成为学术研究与出版、阅读的对象；胡适研究与传记写作出版广度和深度不断拓展，也从一个方面反映了中国大陆社会开明化的程度。新世纪以来，随着整个中国越来越深地融入世界，人们对胡适的看法也具备了一种国际视野，对他的看法在深度、范围上也会更加深入和广阔，因此，对于胡适的研究，还会随着时代的进步而更加全面深入。

　　总的来说，1977—1991 年期间，伴随着思想解放与改革开放，我国传记创作与出版逐渐走出了低谷，经历了相对冷寂—复苏—振兴这样的过程。传主不再局限于帝王将相、英雄豪杰或领袖人物与英雄人物，举凡领袖之外的政治人物、将帅等军事人物、科技精英、文艺家、工商等财经人物、明星主持人、曾经的"对立面"或"反面"典型乃至历史上一切有影响的人物、世界他国各类知名人物等，可以说，几乎各行各业的优秀人物甚至有少许普通平凡者都被作为传主用传记这样非虚构文体进行书写与表现。传记作家在创作传记作品过程中，也逐渐摆脱了"为尊者讳"、"为贤者讳"，歌功颂德、树碑立传甚至仰视膜拜的受局限的心态，力求真实、全面、艺术地展示传主的方方面面，在尊重历史真实性的基础上，力争达到作品的可读性与艺术性，因此，大多传主形象突破了中华人民共和国建立之初十七年时期、"文革"期间的那种公式化、脸谱化、概念化的"高、大、全"式的形象，因而个性鲜明、血肉丰满、栩栩如生、立体全面的传主形象挺立了起来；特别是领袖人物传主形象不再是高居神坛而遥不可及的完美神灵①，而是逐渐还原为真

---

① 李健. 中国新时期传记文学研究 [M]. 北京：新华出版社，2008：20-21.

实可信、活生生的、具体的人；更为可贵的是，曾经的"反面"典型也从丑化逐渐到人格化，得到了客观公正的展现。 另外，这一阶段的传记创作与出版也存在一定的问题，诸如：反映革命家、军事家、文学家的人物题材为多，而反映科学家、教育家、企业家的人物题材较少；写作出版大人物的传记为多，而写作出版普通小人物的传记不多；写作出版外国古代近代人物传记的多，而出版当代人物传记的少；出版盖棺定论者的传记多，而反映活着的人的传记少，青年群体崇拜的同龄杰出人物则更少。① 总之，这是一个传记出版复苏与振兴的时期，不仅传记出版数量增多，而且各类人物传记题材得到开拓与发展，有不少突破了之前的禁区，不断地发出了"思想解放的春天"的信号，展现了蓬勃发展、进步、开放与包容等时代风貌。

---

① 全展.中国当代传记文学概观［M］.哈尔滨：黑龙江人民出版社，2004：9.

第六章 /

多元共生的复调（1992 年以来）

巴赫金借用音乐界所用的"复调"一词，指的是用"复调"颠覆"权威"，用"复调"抵抗"主流"，用"复调"对话"官方"。 传记创作与出版的各类题材与传主你方唱罢我登场，众声喧哗，多音齐奏，竞展风采，多元而共生，体现出鲜明的复调色彩。

第一节　时代背景与政策环境

一、"南方谈话"后的深刻转型

20世纪90年代，社会主义市场经济逐步确立。以1992年邓小平"南方谈话"为标志确立了社会主义市场经济，以生产力的发展与提高为终极准绳，以此来重估一切，适合则采纳，不适合则摈弃。市场经济的深刻转型，引发了全社会各方面的深刻变化。以市场化为基本特征，由此对思想文化带来广泛的影响和深刻的变化。首先是文化的商品化、市场化，消费主义盛行。文化不完全是灵魂的家园和精神的港湾，已成为现实生活享受的一部分，可以标价来确定其使用价值，可以通过文化商品来实现价值；文化也成为消费娱乐、游戏的载体，越来越感性、感官化，越来越强调其娱乐和消遣效用。这也因此引起社会对诸如人文精神的缺失或流失，文艺生产日益商品化而引发社会道德的日益削弱，创作数量愈多可品质却愈下滑的关注与诟病等。

文化寄生于经济之下，甚至成为产业的一部分，成为拉动经济增长的重要引擎之一。资本的意识形态占据越来越重要的地位，资本势力占据文化艺术领域各个角落，购买、兼并，被购买、被兼并，成为时代的强音。这种趋势与现象，在21世纪初表现得越来越显著。

随着开放的日益深入与全方位，经济的全球化也一定伴生着文化的全球化，这种趋势在日益产业化、国际化的音乐、影视、娱乐等文化冲击下，我国文化走出去的步伐越来越快速，当然，这背后还有政府主推的国家形象建构因素的影响。

再者是图书出版、新闻报刊、广播电视等意识形态的工具属性逐渐弱化，其商业意识、产业属性逐步增强。大众传媒日益强势，凭借着其炒作热点、招徕受众的天性与本能，往往取代专业批评家、专业报刊等拥有了批评的话语权，成为设置议题、制造社会热点话题的主导角色。

新信息传播技术超速发展，制造了一个虚拟的网络空间。互联网、移动互联网等是对异质文化生成与扩展具有革命性力量的媒介平台，集文字、声音、图像等多介质的新兴多媒体文化，改变着人们对文化空间的认识和对文化的占有方式，也蛮横而自信地宣布网络载体以外的传统媒介、传统文学、传统文化已经成为过去时态。

市场经济培养了属于它的受众，通过他们冲击原有的文化秩序，也形成并强化了评价文艺的政治标准和艺术标准之外的"市场标准"，这一标准包容着销量、与大众口味的契合度以及时尚元素等；而在网络多媒体世界，是亿万民众恣意放纵的狂欢，是不择手段地吸引眼球，是一个个"族群"的喧闹与絮语，等等。多种力量与多种因素、多种文化的叠加，导致出现了一系列去规范、去秩序、去中心、去权威等倾向，之前视为主流价值观关于文化的评价标准、等级观念、艺术及审美价值的权威解释等逐渐被解构，原先体制化文化一统天下的局面被打破，多元的格局由此形成，多元而共生是 20 世纪 90 年代以来的文化生态。

二、出版要努力实现两个效益的统一

1992 年 10 月 12—18 日中共十四大在北京举行，首次提出要建立社会主义的市场经济体制目标模式。十四大之后，举行了全国宣传思想工作会议，更加明确了出版工作的指导方针、思路，加大了改革力度、管理力度。中共中央办公厅、国务院办公厅关于转发新闻出版署党组《关于进一步加强和改进出版工作的报告》的通知(中共中央办公厅·1995 年 4 月 12 日·厅字〔1995〕14 号)中指出:"新的历史时期的出版事业,是建设有中国特色社会主义事业的重要组成部分。"这是对出版工作性质与地位的界定,明确了其事业性质。 出版工作的时代课题与基本任务:"改革开放和现代化建设的新形势,为出版事业的发展创造了更有利的条件,也对出版工作提出了更高的要求。如何使出版事业更有成效地为社会主义物质文明和精神文明建设服务,是我们在新形势下面临的重要课题。""在新的形势下,建设有中国特色社会主义出版事业的基本思路是:通过建立适应社会主义市场经济体制和精神文明建设需要,符合出版规律的管理体制和运行机制,推动整个出版业的发展从以规模数量增长为主要特征的阶段向以优质高效为主要特征的阶段转移。"出版工作要坚持的方向:"以邓小平同志建设有中国特色社会主义理论为根本指针,坚持党的基本路线,坚持解放思想、实事求是,坚持服从、服务全党全国工作大局,坚持为人民服务、为社会主义服务、为两个文明建设服务,坚持以科学的理论武装人,以正确的舆论引导人,以高尚的精神塑造人,以优秀的作品鼓舞人。"同时还强调出版工作要增进效益,并通过深化改革来实现:"坚持社会效益第一,讲求经济效益,努力实现两个效益的统一。""深化改革的目标是,建立适应社会主义市场经济体制和精神文明建设要求,符合出版规律的出版管理体制和运行机制。 ……出版事业的改革要围绕培育市场、规范市场展开,适应社会主义市场经济发展的要求,整体推进,分类指导,重点突破,配套进行。"可以看出,在中共十四大提出建立社会主义市场经济体制的新形势下,虽然"出版工作是我们党宣传思想文化工作的重要组成部分",但"同时又要面向市场受价值规律的影响和制约",出版有两个效益,而出版的社会效益和经济效益必须都要通过市场才能实现。①

　　1998 年 1 月,《关于加强和改进人民出版社工作的若干意见（此件已经中央宣传部批准）》（新闻出版署·1998 年 1 月 20 日·新出图〔1998〕54 号）颁布,对新历史条件下出版的性质、使命、职责与功能等予以明确:"着力提高全民族的思想道德素质和科学文化素质,为经济发展和社会全面进步提供强大的精神动力和智力支持,培育适应社会主义现代化建设要求的一代又一代有理想、有道德、有文化、有纪律的公民,是出版界特别是人民出版社在新的历史时期的神圣使命。""人民出版社作为以出版政治理论读物为主的出版社,是宣传思想文化工作的重要单位,是社会主义精神文明建设的重要阵地。"这里强调了出版工作是宣传思想文化工作,为此决定了它在坚持党性原则上,不允许有任何的含糊和动摇。"人民出版社如同党报党刊一样,是党的意识形态的重要宣传工具,在引导人们树立正确的世界观、人生观、价值观等方面有着其他媒体不可替代的作用。"出版工作要坚定不移地与党中央保持一致,自觉增强政治意识、大局意识和责任意识,坚定不移地贯彻党的出版方针;坚定不移地坚持正确出版导向,自觉唱响时代主旋律,进一步发挥示范作用;弘扬时代主旋律,是社会主义出版事业的内在要求,也是人民出版社坚持正确导向的集中体现和职责所在;坚定不移地把社会效益放在首位,自觉增强竞争意识,努力做到社会效益和经济效益相统一。② 此次意见的出台,是针对改革开放以来,出版工作在社会主义市场经济的大潮中虽有了长足的发展,但也出现了部分出版社在政治意识、责任意识

---

① 新闻出版总署图书出版管理司编.图书出版管理手册（2006 修订）
　　[M].北京:中国法制出版社,2006:169 - 178.
② 新闻出版总署图书出版管理司编.图书出版管理手册（2006 修订）
　　[M].北京:中国法制出版社,2006:182 - 187.

等方面弱化，片面追求出版的经济效益等现象，因而再一次申明了出版单位特别是人民出版社是党的意识形态的重要宣传工具。

深化文化体制改革、发展文化产业，是中共十六大提出的战略任务；十六大报告还将"文化产业"与"文化事业"相并列。 为贯彻十六大精神，明确了出版"既是党的宣传思想阵地，又是先进文化的基本载体，也是国民经济的重要产业"①，即出版具有意识形态属性、文化属性、产业属性这三种基本属性，要求本行业的从业者首先要解放思想，即"本行业首先要大大提高对自己工作性质的认识，在社会上也要形成对出版业一种新的认识，既把它看成是党的意识形态、宣传思想阵地，又要看成先进文化传播载体，也要把它看成新兴产业"②。 而在 2005 年，国家更是在政策层面明确一贯由国有垄断经营的文化企业向社会开放。 为了大力发展我国社会主义的先进文化，充分而广泛地调动所有社会力量参与文化建设的主动性、积极性，引导社会上非公有资本进入文化产业后更加规范化，逐步建成以公有制作为主体、多种所有制经济共同进步发展的文化产业格局，进一步提高文化产业的整体实力，增强其在国际市场的竞争力，出台了《国务院关于非公有资本进入文化产业的若干决定》(2005 年 4 月 13 日·国发〔2005〕10 号)，明确了非公有资本能参股投资国有文化企业，其中包括出版物的印

① 石宗源.认真学习宣传贯彻十六大精神，以"三个代表"重要思想
　　为指导，在全面建设小康社会进程中开创新闻出版工作新局面:
　　2003 年全国新闻出版局长会议主题报告〔N〕.中国新闻出版报,
　　2003-2-26.
② 柳斌杰.提高创新意识　加快改革发展〔J〕.中国出版,2003
　　(1):8-14.

刷、发行……①但文化企业国有资本必须控股 51% 以上。 另外规定，非公有资本不得投资设立和经营通讯社、报刊社、出版社等。

三、传记出版政策再调整

这一时期，具体到与传记出版相关的出版政策方面，亦有不少新的调整与规定。 与传记出版（包括回忆录等）有关的政策主要体现在对政治人物、党史军史人物，特别是政治领袖人物作品出版的规定方面。

首先是进一步强调了出版资格认定。 1996 年发布的《中共中央办公厅、国务院办公厅关于加强新闻出版广播电视业管理的通知》（1996 年 12 月 14 日·中办厅字［1996］37 号），规定对有关领袖人物的作品出版必须遵守专业分工，实行资格认定："严格执行出版社专业分工规定，不得超越分工范围出版图书。 对重大出版项目实行'出版资格认定'制度，未取得资格的不得出版有关领袖人物、军事、外交题材的图书……"②

其次，明确范围并进行重大选题备案的政策规定。《图书、期刊、音像制品、电子出版物重大选题备案办法》（1997 年 10 月 10 日·新出图［1997］860 号）中明确列举了涉及哪些有关人物的相关作品，如要出版须履行重大选题备案："有关党和国家曾任和现任主要领导人的著作、文章以及有关其生活和工作情况的选题；涉及我国国防建设及我军各个历史时期的战役、战斗、工作、生活和重要人物的选题；涉及中共党史上的重大历

---

① 国务院关于非公有资本进入文化产业的若干决定［EB/OL］. http://news. xinhuanet. com/newscenter/2005 - 08/08/content _ 3325946. html.

② 新闻出版总署图书出版管理司编. 图书出版管理手册（2006 修订）［M］. 北京：中国法制出版社，2006：181.

史事件和重要历史人物的选题；涉及国民党上层人物和其他上层统战对象的选题；涉及前苏联、东欧以及其他兄弟党和国家重大事件和主要领导人的选题，等等。"①办法规定凡涉及上述题材的选题，须准备备案申请报告、选题、书稿、出版单位的上级主管部门或所在地党委宣传部门的审核意见等备案材料，报请新闻出版署对备案的重大选题进行审核，必要时出版署可以转请有关部门协助审核，明确了只有审核批准后，才可以安排出版。

　　对于重大备案的选题，特别是有关党和国家领导人的著作、革命回忆录以及传记等的发表、出版，在这一时期又做了一些补充规定与通知，予以重申强调，这个文件就是《关于发表和出版有关党和国家主要领导人工作和生活情况作品的补充规定》(1993 年 2 月 15 日·中宣发文〔1993〕5号)，该补充规定对相关作品范围、审查依据、报备程序以及相关出版单位等予以规定："规定所称有关党和国家领导人的作品是指：描写、记述或涉及上述人物工作和生活情况的图书、报刊文章、音像制品、电影、电视作品等。 凡发表和出版这类作品，其观点必须符合中共中央《关于若干历史问题的决议》、《关于新中国建立以来党的若干历史问题的决议》以及中央有关文件的精神。 内容一定要准确，不得使用道听途说的传闻，不得捏造、杜撰，不得损害党和国家领导人的形象，不得泄露党和国家的秘密，不得损害党和国家的利益。 凡发表和出版这类作品，必须严格执行送审制度。 ……这类内容的图书限由人民出版社、中央文献出版社、中央党史出版社、中共中央党校出版社、中国青年出版

---

① 新闻出版总署图书出版管理司编.图书出版管理手册(2006 修订)
　　[M].北京：中国法制出版社，2006：210-212.

社、八一出版社和各省、自治区、直辖市人民出版社出版，其他出版社一律不得安排出版。"①1997 年 1 月，对有关党和国家领导人的图书出版等，又发出紧急通知，即《关于重申对出版反映党和国家主要领导人工作和生活情况图书加强管理的紧急通知》（1997 年 1 月 24 日·新出图［1997］15号），明确了人物题材范围、作品类型、要指定出版单位以及须专题报批等："反映现任或曾任党中央政治局常委，国家主席、副主席，国务院总理，中央军委主席，全国人民大常务委员会委员长，全国政协主席工作和生活情况的图书必须专题报批。 上述领导人的身边工作人员、战友和子女、亲属撰写的作品中有涉及党和国家主要领导人工作和生活情况的内容的，也必须专题报批。 反映党和国家主要领导人工作和生活情况的图书包括：专著、传记、回忆录、纪实文字、报告文学、摄影画册、图片以及有关作品的汇编集等。反映党和国家主要领导人工作和生活情况的图书，只能由国家指定的出版社按专业分工范围出版，其他出版社一律不得安排出版。 出版反映党和国家主要领导人工作和生活情况的图书，必须严格执行专题申报、审批制度。 ……凡宣传地方、行业、部门及企事业单位发展业绩的图书，内容涉及党和国家主要领导人的，不论是否正式出版、公开发行，均应按照有关规定申报、审批。"②这里特别提及党和国家主要领导人的传记、回忆录的出版规定。《中共中央办公厅关于严格执行编辑出版党和国家主要领导同志讲话选编和研究

---

① 新闻出版总署图书出版管理司编.图书出版管理手册（2006 修订）［M］.北京：中国法制出版社，2006：231-212.
② 新闻出版总署图书出版管理司编.图书出版管理手册（2006 修订）［M］.北京：中国法制出版社，2006：235.

著作有关规定的通知》（1998年12月28日·中办发〔1998〕32号），除重申《中共中央批转中央宣传部、中央文献研究室〈关于毛、周、刘、朱和现任中央常委著作的出版、发表及审核办法的请示报告〉的通知》（中发〔1982〕33号）等有关文件规定仍然有效，必须继续严格执行外，还强调："研究现任中央政治局常委同志思想、生平的专著、文集，一般不出版；特殊情况需要出版的，由出版社按重大选题备案制度向新闻出版署申报；新闻出版署商有关部门提出意见后报中央批准，并指定有关出版社出版。"①

还有，就是有专门机构赋予其特别的职责与功能。即指定集编辑、研究、宣传、审核四位一体的工作格局的中央文献研究室，专门编写审查主要领袖人物的著作、传记等。中央文献研究室先后编写出版的党和国家主要领导人传记作品有：《周恩来传》（1989年、1998年先后分两部分推出）、《朱德传》（1993年）、《任弼时传》（1994年）、《毛泽东

《周恩来传（1898—1976）》

传》（1996年、2003年两部分别出版）、《刘少奇传》（1998年）、《陈云传》（2005年）、《彭真传》（2012年）、《习仲勋传》（2008年、2013年分上下卷出版）、《邓小平传（1904—1974）》（2014年）等。这些政治领导人物的传记是官方认定

① 中共中央办公厅关于严格执行编辑出版党和国家主要领导同志讲话选编和研究著作有关规定的通知（1998年12月28日）〔EB/OL〕.中国共产党新闻网，http://cpc.people.com.cn/GB/64162/71380/71382/71384/4856196.html.

的权威版本，一般在该领导人重要纪念年份推出，如《毛泽东传（1949—1976）》和《邓小平传（1904—1974）》于领导人诞辰 110 周年推出，《刘少奇传》、《周恩来传》、《陈云传》则为诞辰 100 周年，《任弼时传》为诞辰 90 周年分别出版。这样到 2014 年《邓小平传（1904—1974）》正式出版，意味着老一辈革命家主要领导人毛泽东、周恩来、刘少奇、朱德、任弼时、邓小平和陈云的官方传记基本出齐。① 另据中共中央文献研究室网站介绍："截至 2014 年 6 月，中央文献研究室编辑出版了党和国家主要领导人的选集、文选 22 种；专题文集 112 种；年谱、传记 25 种……"②该机构研究编辑审查的领导人传记、年谱等，态度都是比较严肃的，有客观依据、档案依据，多是第一手资料，故一般能经得起历史的检验。③

第二节 传记出版概观

一、数据分析

1992 年以来，为中华人民共和国建立六十多年来传记出版的第四阶段，这一阶段可视为传记创作出版的极大繁荣和多元共生的时期。

根据中国版本图书馆的样例数据，按传记题材范围、传主

---

① 关庆丰.老一辈主要领导人官方传记基本出齐［N］.新京报，2014 - 8 - 19.

② 中央文献研究室简介［EB/OL］.中共中央文献研究室网站，http://www.wxyjs.org.cn/zywxyjsjj_485/.

③ 孔任远.中央文献研究室：海外版领导人自传没我们的严肃［N］.中新社北京电，2011 - 6 - 14.

的身份统计，计 26 702 种，见表 6-1。 按数量从多到少来计，除了人物合集外，前十位的分别是欧洲人物 3906 种、美洲人物 2784 种、历史人物 2616 种、政治人物 2154 种、财经人物 1455 种、科技人物 1392 种、艺术家 1370 种、文学家和诗人等 938 种、马恩列斯毛邓等领袖人物 772 种、军事人物 685 种。 此阶段传记出版，不仅数量大，而且人物题材类型更为丰富，有四十多种类型。 除了常规的历史人物、政治人物外，财经、科技、教育、文学、艺术、体育、医疗卫生等人物喷涌而出，明星类传记也非常突出。 这从某种程度上反映出改革开放以来，社会变动加快，社会阶层更加分化，社会日趋多元，各类群体能展露风采。 另外，比较突出一点的是，涉及世界他国的人物题材数量极其丰富，从数量上来看，亚洲、欧洲、美洲、非洲、大洋洲等传记人物数量达 7335 种，占整个传记书目抽样数据近 1/3 的比例；这也能在某种程度上反映我国在扩大开放、融入世界的进程中，国人积极学习、了解、借鉴他国历史文化人物，体现出一种开放、包容的气度。

表 6-1　1992—2013 年传记书目抽样数据题材、
人物类别/品种数一览表

题材、人物类别	品种数
娼妓	8
间谍	14
慈善、残疾	18
革命家	26
其他	32
外交人物	32
世界他国人物·大洋洲	37
农民、农业科技者	61

续　表

题材、人物类别	品种数
法律工作者	64
世界他国人物·非洲	80
新闻工作者	88
杰出女性	103
英雄	105
普通人物	112
体育工作者	130
华侨爱国人士	133
学生	164
校友·校史	207
医疗卫生工作者	266
学者	282
宗教人物	307
史料集	312
哲学家、思想家	329
文化名人	396
少数民族	415
烈士	429
先进典型	452
明星	490
世界他国人物·亚洲	529
教育工作者	655
军事人物	685

续　表

题材、人物类别	品种数
马恩列斯毛邓领袖人物	772
文学家、诗人	938
艺术家	1370
科技人物	1392
财经人物	1455
政治人物	2154
人物合集	2354
历史人物	2616
世界他国人物·美洲	2784
世界他国人物·欧洲	3906

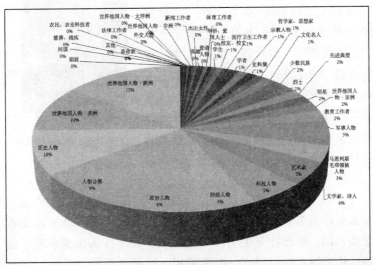

图 6-1　1992—2013 年传记书目抽样数据题材、人物类别/品种占比图

图6-1为1992—2013年传记书目抽样数据题材、人物类别/品种占比图。由于此阶段传记题材类别更为丰富，分有四十多个类别，因此部分类别在饼图中难以充分展现出来。不过，从饼图中可以看出，有几个类别比例比较显著，欧洲人物占15%，美洲人物、历史人物各占10%，人物合集占9%，政治人物占8%，而财经、科技、艺术等类别各占5%，也比较突出。这反映出这一阶段这几类人物在社会上的活跃度比较大。

二、总体表现

这一阶段政治人物传记，特别是党和国家领导人及其他老一辈革命家的传记出版比较多，呈现新气象。如上一节提及的中央文献研究室编辑出版老一辈革命家传记、年谱等，先后出版了《周恩来传》（1989年）、《毛泽东传》（1996年）直至《邓小平传（1904—1974）》（2014年）等。此外，20世纪80年代末开始到90年代又形成了一波"毛泽东热"。这一次"毛泽东热"可以说是"寻找"、"发现"毛泽东。为此，北大一位研究生辛鸣思考"毛泽东热"并写了《发现毛泽东》；山西省的北岳文艺出版社1991年5月出版了张占斌、宋一夫著《中国，毛泽东热》。

《邓小平传（1904—1974）》

这一波"毛泽东热"原因主要有：国际范围修正主义思潮的空前泛滥以及国内资产阶级自由化思潮的空前泛滥，出现否定、攻击毛泽东等现象，是"毛泽东热"产生和发展的深刻历史背景和根据；部分社会主义国家的逆转，使不少人思想混乱、迷惘，从而触发他们思考、探索原因，进而自觉地"寻找"、"发现"毛泽东；《红太阳》等红歌唤起了人们特别是一代中年人的怀旧情绪，他们不仅是怀念毛泽东，更多的是怀念自己的青春岁月。① 因此在1993年毛泽东诞辰百年前后，读书界、出版界兴起了"毛泽东热"，出版的传记有：〔美〕斯图尔特·施拉姆著《毛泽东》(红旗出版社，1987年版)，〔美〕美罗斯·特里尔著《毛泽东传》(河北人民出版社，1989年版)，〔美〕美罗斯·特里尔著《毛泽东的后半生》(世界知识出版社，1989年版)，李锐著《早年毛泽东》(辽宁人民出版社，1992年版)，〔英〕迪克·威尔逊著《毛泽东》(中央文献出版社，2000年版)等。

毛毛著《我的父亲邓小平》

其他的由传记作家或领导人的身边工作人员以及亲属甚至国外学者撰写的传记，也不在少数。如毛毛著《我的父亲邓小平》(中央文献出版社，1993年版)，由于邓小平的特殊地位，加之是邓小平的小女儿毛毛即邓榕所著，该书十分畅销。传记从子女眼光这个特殊的角度，披露了不少鲜为人知的细节，展现了一代伟人邓小平的思想、品格、气节、胸怀和胆识。这种有关政治领导人的传记写作开放程度，甚至还关涉到第三代领导集体，除了如李鹏、江泽民、朱镕基、李瑞环等党和国家领导人退休后出版个人有关著作、回忆录外，典型如美国人罗伯特·劳伦斯·库恩博士所著《他改变了中国：江泽民传》(上海译文出版社，2005年版)，这是1949年以来国内首次为在世的领导人出版传记，作者是西方人，且出版机构不是来自中央，而是地方。正如作者库恩在采访中所说：中国读者很关心中国领导人的日常生活、

----

① 徐非光.就"毛泽东热"对邓力群同志的采访和对话〔J〕.中流杂志，1991(10).

故事，这是中国开放的一个象征。 一个发达文明自由国度，老百姓有权利去了解领导他们、为他们的生活、经济和整个社会制定政策的人是怎么生活的。 这本书在中国出版是一个突破，增强了中国共产党最近提出的党的透明度。①

文学艺术家、学人等知识分子传记出版依然有生命力。 20世纪 90 年代世界政治经济格局发生重大变化，中国也进入全面深刻的转型时期，由于市场经济的全面而逐步深入，社会主义市场经济的实用与工具理性日益占据主导地位，社会上逐渐形成"物本"思想和"金钱本位"等，普遍存在着追名逐利、尔虞我诈、道德滑坡、信用危机等现象，人们的价值观发生了巨大变化，金钱至上的思潮泛滥，人与人之间的关系被物质至上主义、物质交易所侵蚀，人性似乎再次迷失。 在这种形势背景下，人文知识分子越来越处于劣势地位，普遍有社会挫折感、边缘感，不再有像过去那样群情激昂地指点江山的风光与优越感。 在这种转型变化中，作为社会精英的知识分子并没有因此而消退或随波逐流，他们以对传统文化的坚守和精神的抵抗而成为独特的风景，他们在学术文化上的贡献、学术生命以及文化品格、学人风骨等，使其作为传记作品的传主的社会功能和道德价值依然强大而富有生命。 王晓明、张宏、徐麟等在 1993年第 6 期《上海文学》上发表了《旷野上的废墟——文学和人文精神的危机》，从而引发关于人文精神危机的讨论，并逐步从文学界扩展到学术界以及社会，成为讨论的热点。 众多人文知识分子参与到讨论之中，自我反思，呼吁解放思想，调整心态，同时提出社会仍然需要人文精神，人文知识分子应该积极承担起培育现代人文精神的重任。 面对社会对商品经济时代的沉迷、媚俗乃至堕落等，部分知识分子坚持秉性，满怀人文激

---

① 《江泽民传》作者讲述传记出版幕后故事［N］.武汉晨报，2005-2-25.

情，守望人生的终极意义，追寻真正历史的轨迹，发掘生活的激情，通过著文立说激起人们重新关注被消解、边缘、遗忘的价值、理想、道德和崇高等。因此，在出版界、文化界出现了一批关于人生、文化、历史等反思、感叹与怀想的文化大散文热。而在传记出版领域，则出版了一批与人文知识分子有关的自传、他传以及回忆录性质图书并引发畅销，诸如《吴宓与陈寅恪》（清华大学出版社，1992 年版）、《心香泪酒祭吴宓》（广州出版社，1997 年版）、《陈寅恪的最后二十年》（三联书店，1995 年版）、《顾准日记》（经济日报出版社，1997 年版）、《顾准传》（团结出版社，1999 年版）、《拆下肋骨当火把：顾准全传》（上海文艺出版社，2000 年版）、《牛棚杂记》（中央党校出版社，1998 年版）等，这些关于人文知识分子的人物传记通过对传主的人生历程的描述、精神世界与意志品格的展示，反思了知识分子的文化心态，表达了对仍然坚守的理想人格的崇敬和期待。

陆键东著《陈寅恪
的最后二十年》

高建国著《拆下肋骨当
火把：顾准全传》

值得一提的是南京大学出版社推出的《中国思想家评传丛书》，该套丛书最初由已故著名教育家、原南京大学名誉校长匡亚明先生主持编撰，总卷达 200 部，6000 余万言，共收入包括文、史、哲、经、法、理、工、医、农、兵以及教育、政治、宗教等诸多学科领域"从孔子到孙中山"约 2500 年间的传主 270余名。 丛书启动于 20 世纪 80 年代中期,历经"八五"至"十一五"四个国家五年计划,横跨 20 世纪至 21 世纪两大历史周期,于 2006 年 8 月出齐,学界誉其为跨世纪的"规模最大的中国传统思想文化研究工程",国家领导人称其为"我国建国以来人文社会科学领域的标志性成果"(2006 年 9 月,国务委员陈至立同志在《评传》200 部整体出版发布会上的讲话)①。 可以说,《中国思想家评传丛书》以其思想性、学术原创性以及巨大的规模彰显了评传类传记图书出版的品牌特色。 丛书是在思想文化的大转折时代应运而生的,其出版反映了整个社会对知识分子人文思想的期待与坚守。

匡亚明主编《中国思想家评传丛书》　　　《孙子评传》

科学家等科技工作者传记的创作出版彰显了科教力量。 20世纪 90 年代,国家提出了科教兴国、可持续发展等系列战略。在这种形势下,科技工作者的地位空前提高,他们的成就与贡献,他们的教育、学习与科研的经历等引起了人们的兴趣。 20

---

① 金鑫荣.打造"人物传记"出版品牌的思路与实践 [J].江苏版协通讯(内部资料),2015(11).

世纪 90 年代以来，钱学森、杨振宁、邓稼先、吴健雄等一大批
科学家传记被推出，出版了诸如科学巨匠丛书、中国科学家传
记文学丛书、中国国防科技科学家传记丛书和当代中华科学英
才丛书等。[①]

　　民国人物传记自 20 世纪 90 年代以来出版更为丰富，形成
了热潮。 民国题材出版大致分为三个时期：20 世纪 80 年代到
1995 年前后；1995 年至 2000 年；2000 年至今。 学者智效民
说，20 世纪 80 年代后期到 1995 年期间，是认识民国的早期阶
段。 作家岳南说："民国热的发端，应该从唐德刚先生在大陆
发表著作开始，唐德刚是胡适先生最后的弟子，他在 80 年代出
版的一些关于民国的著作，比较早地进入大陆市场。 这对胡
适、傅斯年等民国学人以及蒋介石的研究，提供了一些基础材
料。"[②]20 世纪 80 年代中期开始出版了一批民国时期作者如梁
实秋、朱自清、胡适等人的作品；20 世纪 90 年代，开始转向对
民国作者以及其他民国人物生平命运的探讨，从而开始了民国
人物传记的编写与出版。

　　20 世纪 90 年代以后，随着形势的变化，中国社会科学院民
国史研究室不再编辑出版各种专题资料，其"民国人物传"和
"大事记"均公开出版。 其中，《民国人物传》自 1978 年第 1
卷公开出版后，直到 2005 年出版了第 12 卷即最后一卷，共涵
盖了近千名民国各界有影响的人物。 2011 年一次性推出的
《中华民国史》，其中的《中华民国史人物传》，有不小修改，

---

① 郭久麟.中国二十世纪传记文学史［M］.太原：山西人民出版社，
　 2009：301.
② 陈玮，任磊磊.民国热是个伪命题：迷恋过去，美化当时［EB/
　 OL］.中国新闻网,2014－11－3.

新增了一百多人①；此外，除了蒋介石的传记继续有出版外，关
于民国的各类人物基本上都有传记出版，有的甚至不止一部。
首先是政治人物。如孙中山、袁世凯、段祺瑞、冯国璋、宋庆
龄、宋美龄、蒋经国等，相关传记如李菁《天下为公：孙中
山》、尚明轩《孙中山传》、〔加拿大〕陈志让《袁世凯传》、吕
峥《中国病人：袁世凯》、彭秀良《段祺瑞传》、彭秀良《冯国
璋传》、周守高《民国八大总统》、陈廷一《宋氏三姐妹》、何
大章《宋庆龄往事》、宋美龄《宋美龄自述》、杨树标《宋美龄
传》、林傅文《宋美龄传：跨世纪第一夫人》、〔美〕帕库拉
《宋美龄传》、〔美〕陶涵《蒋经国传》、师永刚等《蒋经国画
传》、蒋经国《蒋经国自述》、刘小宁《林森传》、张学继等
《张学良全传》、〔美〕傅虹霖《张学良的政治生涯》、李茂盛
《阎锡山大传》、景占魁《阎锡山传》，等等；甚至还有如青
帮、军统特务等的传记，如杨帆《杜月笙大传》、沈美娟《戴笠
传》，等等。其次是民国军事人物传记。如经盛鸿《胡宗南大
传》、白崇禧《白崇禧口述自传》、张学继等《白崇禧大传》、
张治中《张治中回忆录》、张素我等《回忆父亲张治中》、钟子
麟《蒋介石的王牌悍将——张灵甫传》、张新蚕《张灵甫之
谜》、郑洞国《郑洞国回忆录——我的戎马生涯》、郑洞国《杜
聿明将军》、谢本书《蔡锷大传》、纳兰香未央《铁血儒将——
共和将军蔡锷传》、吴兰波《戴安澜》、雄宗仁《何应钦新
传》、陈铭枢《陈铭枢回忆录》、李宗仁《李宗仁回忆录》、宋
希濂《鹰犬将军——宋希濂自述》、刘玉章《戎马五十年——刘
玉章回忆录》、王成斌等《民国高级将领列传》（七卷本），以及

---

① 王洪波，郭倩.38年的民国40年的"民国史"[N].中华读书
报，2011-10-26（9）.

陈予欢系列之作《黄埔军校将帅录》、《保定军校将帅录》、《陆军大学将帅录》、《中国留学日本陆军士官学校将帅录》、《东北讲武堂将帅录》和《云南讲武堂将帅录》，等等。 再之，民国经济人物传记。 如陈廷一《宋氏三兄弟——三个洋博士与民国经济》、刘厚生《张謇传记》、行人《张謇传：状元大实业家》、周小鹃《周学熙传记汇编》、何昆《无钱大亨卢作孚》、刘重来《卢作孚画传》、张鲁等《卢作孚（全三册）》、无边落墨《大国商：民国富豪们的传奇之路》，以及文昊编著的《民国的买办富豪》、《民国的金融大亨》、《民国的资本家族》和《民国的实业精英》系列，等等。 最后，关于民国重要文化人物的传记最为丰富。 康有为、梁启超、王国维、严复、梁漱溟、熊十力、辜鸿铭、蔡元培、章太炎、赵元任、胡适、鲁迅、徐志摩、郁达夫、傅斯年、梅贻琦、陈寅恪、吴宓、林徽因、张爱玲、苏曼殊、周作人等一批民国（主要生活或成名于民国）知识分子传记类作品涌现。 有的文化人物如鲁迅、胡适、周作人、徐志摩等传记作品有十几种甚至几十种之多；有的传记产生了极大的影响，如张紫葛《心香泪酒祭吴宓》、陆键东《陈寅恪的最后二十年》等，形成了相关话题及学人传记热。

值得一提的是，关于胡适的传记出版更为丰富多样，彻底改变了胡适的形象。 在 20 世纪 90 年代，胡适逐渐成为研究的热点，胡适题材也逐渐成为图书市场的卖点，仅有关他的传记就有二十多部，其中不乏回忆性文章结集出版的。 这与胡适的遗稿、书信、日记以及文集的出版，公开资料日渐丰富有关。21 世纪以来，关于胡适的传记数量越来越多，至少二三十部，几乎每年都有胡适传记出版。 这样，胡适的形象更加丰满、立体。

此外，还有因对民国知名女性的追捧而形成了一种类型传记出版现象。 相关作品如林杉《你若安好，便是晴天：林徽因传》、李琴《民国奇女子：此恨绵绵无绝期》、桑妮《民国女子——她们谋生亦谋爱》、李安安《民国红颜：那些奇女子的美丽与哀伤》、刘承沅《逆袭民国：那些生如夏花之绚烂的女子》，等等。特别值得一提的是张爱玲的传记，自 20 世纪 90 年代左右她的作品又开始在大陆出版发行，由于她作品中洋溢着灵气和才华的魅力、传奇般的身世经历以及层层包裹着内心感情世界而与人疏离隔绝的处世态度等，吸引了众多探究与解读，大陆作者、港台作者甚至美国的作者，包括张爱玲的亲朋、学者以及爱好其作品的"张迷"等，不时推出关于张的传记，因此有关她的传记层出不穷，如王一心《惊世才女张爱玲》（四川文艺出版社，1992 年版）、阿川《乱世才女张爱玲》（陕西人民出版社，1993 年版）、孔庆茂《魂归何处——张爱玲传》（海南出版社，1995 年版）、司马新《张爱玲在美国——婚姻与晚年》（上海文艺出版社，1996 年版）、宋明炜《浮世的悲哀：张爱玲传》（上海文艺出版社，1998 年版）、冯祖贻《百年家族张爱玲》（河北教育出版社，2001 年版）、刘川鄂《张爱玲传》（北京十月文艺出版社，2003 年版）、余斌《张爱玲传》（广西师范大学出版社，2003 年版）、张子静与季季合著《我的姊姊张爱玲》（文汇出版社，2003 年版）、蔡登山《传奇未完：张爱玲》（云南人民出版社，2004 年版）、任茹文与王艳合著《美丽与苍凉——张爱玲画传》（团结出版社，2004 年版）、王惠玲《她从海上来——张爱玲传奇》（作家出版社，2004 年版）、安意如《看张·爱玲画语》（云南美术出版社，2005 年版）、王一心《深艳——艺术的张爱玲》（陕西人民出版社，2007 年版）、蔡登山《百年尘埃——张爱玲〈色·戒〉》（作家出版社，2007 年版）、梅寒《最好不相忘：张爱玲传》（湖南人民出版社，2013 年版）、白落梅《因为懂得，所以慈悲——张爱玲的倾城往事》（中国华侨出版社，2013 年版）、闫红《你因灵魂被爱：张爱玲传》(湖南文艺出版社,2014年版),等等。

21世纪以来,关于民国的题材更加广泛,多了一些评述性研究①,如余世存《非常道》(2005年)、唐德刚《袁氏当国》(2005年)、张鸣《历史的坏脾气》(2005年)、陶菊隐《武夫当国》(2006年)、傅国涌《笔底波澜》(2006年)、李辉《封面中国》(2007年)、孙郁《在民国》(2008年)等。② 特别是2011年前后,以纪念辛亥革命百年为沸点,出版界文化界掀起了一股关于民国的出版阅读热,诸如民国史料、民国人物、民国课本、民国儿童课外读物、"民国范"等大量民国题材图书呈现"井喷"出版态势。③ 在此过程中,过去那种总是军阀混战、民不聊生等充满概念化和脸谱化的中国认识逐渐被改变,借助于出版特别是民国人物的书写与展示,被部分遮蔽的历史开始变得血肉丰满。 在对那段历史充满"温情和敬意"的同时,为规避对某些历史事件与人物的评判,出现了多写趣闻趣事的倾向,写的多是民国文人、权势人物、江湖人物等。 在商业化、消费性潮流的推动下,在民国题材的出版方面甚至出现了娱乐化倾向,市场上有研究民国"吃喝玩乐"、"四大公子"、"少女"甚至"人物绰号"的书,甚至还有戏说、调侃、恶搞、翻案等人物传记的写作与出版。④

1992年以来传记出版的新特质是明星传记出版的"火爆",反映经济主导时代最强音的商业经济人物传记出版,以及

① "有趣"元素流行 虚虚实实"民国热"[N].中国青年报,2007-10-25(10).
② 李怡."民国热"与民国文学研究[J].华夏文化论坛,2013(2).
③ 张国功."民国热"中的出版史研究:民国风流的因与果[N].中华读书报,2012-1-30.
④ 钱欢青.民国图书:热闹之中有隐忧[N].济南时报,2013-1-22.

新时期以来传记出版中最有亮点的平民传记（普通人物传记）的出版。 这三个方面形成了独特而亮丽的社会文化现象，下面分具体三节来重点展现与分析。

第三节 "消费偶像"：明星传记"火爆"

一、明星写书出传热

与 20 世纪七八十年代，领袖、将帅人物传记出版热，知识分子、学者等传记不断涌现，陈景润等科学家受到崇拜有所不同，进入 20 世纪 90 年代，中国大陆社会追捧起明星来了。 过去的领袖神话失去力量后，明星似乎成了世俗的"新神"。 在社会主义市场经济逐步深入的时代，图书出版与消费日益受到市场因素影响，图书出版开始延伸开发其产业链，与影视等媒体密切互动，从而引发了明星传记类图书的畅销。

明星传记出版的"火爆"，形成了独特的社会文化现象。 20 世纪八九十年代以来，受市场经济与商业文化的影响，社会公众逐渐摆脱了传统保守心理，高调迈入自我意识觉醒高涨、强调展现自我并实现自我价值的时代。 在突出强调自我的时代，每个人都希望被关注，希望实现与众不同的价值认同，彰显个性，飞扬才情。 由著名电影演员刘晓庆自传《我的路》开启了明星写作传记、回忆录的热潮。 随之，各类明星，如影视明星、歌星、体育明星、笑星、电视主持人等，纷纷撰写自传或配合他人来写传记，剖露心迹，在得到一种独立化、差异化和个性化的自我表现的同时，也实现了不菲的图书市场商业经济价值。

刘晓庆著《我的路》　　刘晓庆著《我的自白录》　　刘晓庆著《我这八年》

1995 年 12 月，赵忠祥的《岁月随想》拉开了主持人（特别是央视主持人）出书热的帷幕。此后，杨澜、宋世雄等人纷纷推出了自己的随笔、自传等，有的人还一而再、再而三地出书，基本上都有比较好的销量。主持人出书有代表性的有：赵忠祥的《岁月随想》（1995 年）、《湖畔絮语》（2009 年），倪萍《日子》（1997 年）、《姥姥语录》（2011 年）、《和姥姥一起画画》（2011 年）、《倪萍画日

赵忠祥著《岁月随想》

子》（2012 年），杨澜《凭海临风》（1997 年）、《一问一世界》（2011 年）、《幸福要回答》（2013 年）、《世界很大，幸好有你》（2016 年），宋世雄《宋世雄自述——我的体育世界与荧屏春秋》（1997 年），水均益《前沿故事》（1998 年）、《益往直前》（2014 年），敬一丹《声音：一个电视人和观众的对话》（1998年）、《一丹随笔》（1999 年），白岩松《痛并快乐着》（2001年）、《幸福了吗》（2010 年）、《一个人与这个时代》（2013年）、《行走在爱与恨之间》（2014 年）、《白说》（2015 年），崔永元《不过如此》（2001 年），文清《让心灵打个盹》（2002

年），孙小梅《美丽心情》（2003 年），朱军《时刻准备着》（2004 年）、《我的零点时刻》（2011 年）、《朱军荧屏悟语》（2013 年），黄健翔《像男人一样去战斗》（2006 年）、《不是一个人在战斗》（2007 年），李咏《咏远有李》（2009 年），徐莉《女人是一种态度》（2012 年），柴静《看见》（2013 年），陈伟鸿《惊鸿一瞥：CCTV 首席财经主播陈伟鸿自述》（2013 年），郎永淳《爱，永纯》（2014 年），等等。

　　央视主持人因凭借着国家大台的背景而纷纷出书，地方台知名主持人也因相当高的知名度加入出书行列，如湖南卫视主持人谢娜《娜写年华》、江苏卫视著名主持人孟非自传《随遇而安》等。除了电视主持人外，其他各类明星也出版传记。娱乐笑星的，如姜昆《笑面人生》、黄宏《从头说起》等；影视演员、导演的，如王铁成《我演周恩来》、成龙《成龙：还没长大就老了》、李冰冰《李冰冰：十年——映画》、冯小刚《我把青春献给你》等。明星出书的套路可以总结为：主要讲述自己成名前后经历，以及"感悟"、感恩等；女明星写书主要讲述自己在娱乐圈辛苦打拼的经历，兼谈感情生活，美容保养之道等；娱乐圈名人则以自传为主，辅以菜谱、美容、游记、写真等。[①]明星图书在不同阶段有不同变化：在开始阶段，为字多图少的个人传记；接着，是写真集，以照片为主而字少，先是港台地区的明星，再是内地的明星；新世纪以来，出现了明星的生活适用类图书，涉及美容、烹饪和理财等；随着博客等兴起，明星博文汇集也是一种出书方式；近几年来，则出现了把漫画作为一种明星书出版的新形式。[②]

----

① 陈熙涵，胡敏.明星出书，集体遭遇寒冬？[N].文汇报，2010-2-9(1).

② 李雅宁.明星书挖掘明星价值层次渐深[N].中国图书商报，2008-4-11(5).

　　随着体育赛事涌现出体育明星,体育明星的自传、回忆录也不断出版。如陈祖德《超越自我》、聂卫平《围棋人生》、姚明《我的世界我的梦》、刘翔《我是刘翔》、林丹《直到世界尽头》、李娜《独自上场》,等等。体育明星的传记图书出版体现出明显的时效性与新闻性。奥运会、F1、中网、NBA火箭队和国王队的比赛等,各种体育赛事不断,一次又一次将大众的激情点燃,体育明星传记也不断推出。以2004年为例,年初译林出版社出版了《世界之王:罗纳尔多》;5月份,欧洲杯赛程最精彩期间,湖南文艺出版社推出了德国球星埃芬博格的自传《我行我诉》以及爱尔兰球星基恩的自传《我不是恶人》;雅典奥运会期间,海潮摄影艺术出版社出版了女排主教练陈忠和的《笑对人生——陈忠和自述》,湖南文艺出版社出版了《体育改变命运——10位奥运冠军的成长故事》,上海文艺出版社出版了在奥运会上涌现出的耀眼明星刘翔的《中国翔》;7月的环法自行车赛期间,湖南文艺出版社和浙江人民出版社分别出版了关于阿姆斯特朗的《重返艳阳下》与《分秒必争——重返人生之旅》;9月F1世界一级方程式汽车锦标赛上海站期间,湖南文艺出版社和浙江人民出版社分别出版了当代“车神”迈克尔·舒马赫的传记《一代天骄》与《极速双雄——舒马赫的决战》;10月份,借势NBA火箭队和国王队在上海和北京的比赛契机,长江文艺出版社举行了姚明的《我的世界我的梦》首发仪式。① 其中,一个有意思的现象是扎堆奥运年出版体育明星

姚明著《我的世界我的梦》

----

① 张翠侠.传记书:从明星效应到细节制胜 [N].中国图书商报,
　2004 - 11 - 19 (11).

传记图书，即每届奥运会结束后的下半年，当届或上届取得佳绩的部分体育明星的图书不约而同地问世，成为各大书店的热销书。如 2004 年，21 岁的刘翔在雅典奥运会上夺冠，其自传《我是刘翔》当年下半年面世；时年 23 岁的姚明在当年获得职业生涯单场得分最高 41 分，其自传《我的世界我的梦》也在 2004 年"奥运年"的下半年面世，姚明的英文自传《姚：两个世界里的生活》也是在 2004 年面世的。① 再如 2012 年伦敦奥运会期间，8 月 5 日，选择林丹在伦敦奥运会男单决赛同李宗伟终极对决夺冠的当天两个多小时后，在网络书店零点首发《直到世界尽头》，短短两小时销售已达上万册；还如，李娜自传《独自上场》，提前在网上预售，以抢搭奥运会顺风车，但由于受到李娜首轮出局的影响，《独自上场》的销售则显得比较冷清。②

各类明星可以说是"最熟悉的陌生人"，其屏幕、荧幕上的形象和声音，大众往往十分熟悉，甚至能达到闻声识人的地步，而其幕后的生活经历和工作体验，大众则常常知之甚少，因此，明星一旦著书立说，将所见、所感、所思付诸笔端，其图书往往就会有畅销的潜质了。③ 阅读明星，能满足读者的窥探欲望，引发对自我成名的想象，而对于出版者来说，明星题材往往是可以实现市场预期的优质出版资源。④

明星传记类畅销书是 20 世纪 90 年代以来畅销书市场一道

---

① 赵昂.在运动生涯的"黄金期"出书——体育明星的"作家梦"[N].工人日报，2012 - 10 - 22（7）.

② 路艳霞.出版社出书"赌"上体育明星[N].北京日报，2012 - 8 - 14（16）.

③ 王甫.从好舌头到好笔头——从电视主持人出书谈起[J].博览群书，2003（9）：29 - 31.

④ 焦敬华.消费文化视域中的电视主持人出书现象[J].四川戏剧，2014（12）：80 - 84.

亮眼的风景线。 商品经济社会中，无处不在的报纸、杂志、电视以及商品、消费、饮食起居乃至社会架构等，均充斥着名人现象。 名人特别是明星传记与畅销书是一对"孪生兄弟"。 明星的自传、明星的隐私、明星的婚恋以及明星的成功历程等，都是卖点，无论从哪一点切入，都可能会打造成畅销书。 随着社会的进步与开放，给个人的成功提供了很大的空间，人们购买阅读传记，希望从成功人士的人生经历与感悟中得到启示与激励。 关于名人、明星的诸如成长成功经历、心路历程、爱情家庭等几个方面的内容，往往成为受众阅读的趣味点与交流的谈资。 在缺少神性的当代社会，名人明星就是世俗的乌托邦中的神，关于他们的传记可以为大多数人提供了解、解读崇拜的偶像的资料，作为人们庸常生活的调剂与补偿。 20 世纪 80 年代刘晓庆以《我的路》开启明星自传的先河，后来又有上海文艺出版社出版的《我的自白录：从电影明星到亿万富姐儿》（1995 年），据说首版就印发了 45 万册。 1995 年赵忠祥《岁月随想》在上海人民出版社出版，销量突破百万册。 随后，图书市场先后涌现出杨澜的《凭海临风》（上海文艺出版社，1996 年版；销量达 60 万册）、倪萍的《日子》（作家出版社，1997 年版；半年发行量 90 万册）、姜丰的《温柔尘缘：姜丰随笔》（复旦大学出版社，1996 年版）、姜昆的《笑面人生》（上海人民出版社，1996 年版）、黄宏的《从头说起》（作家出版社，1998 年版）、赵忠祥的《岁月情缘》（作家出版社，1999 年版），等等。 这些传记图书因为满足了社会大众梦想成名成功、进一步了解名人明星以丰富对名人明星的想象、窥探名人明星的隐私等诸多心理需求，一经推出就引起大众的热切关注，无不畅销。

二、"生产偶像"到"消费偶像"

明星出书热，是 20 世纪 90 年代以来出现的重要文化现象，与特定文化时空下消费文化的盛行密切相关。

　　法兰克福学派思想家〔美〕利奥·洛文塔尔（Leo Lowenthal）曾研究过大众偶像问题，主要体现在其《文学、通俗文化和社会》一书中"大众偶像的胜利"部分。通过研究美国 20 世纪流行杂志中的人物传记，他发现，20 世纪头 20 年，传记主人公大多为"生产偶像"，主要来自工商业及自然科学等领域；40 年代后，热点人物是以"消费偶像"为主的娱乐界人士，如体育、电影明星及流行歌星。"虽然工业及专业的发展适合最高的速度和效率，但是，大众的偶像不像过去生产那样，是生产阵地的领导人物，而是电影界、夜总会、舞厅的头面人物。"①"生产偶像"，即在生产社会中，生产力较为低下，商品处于供不应求的状态，因而生产者处于社会的中心地位，出类拔萃的生产者理所当然地成为人们心目中的英雄；"生产偶像"是"给予型"的，比如科学家、企业家等，会为社会带来新的价值和观念等。②"消费偶像"，即在消费社会中，社会商品严重供过于求，社会面临的问题不再是如何提高生产而是如何刺激消费者的消费欲望、为消费者提供消费模式以及消费观，消费者取代生产者成为社会中心，大众偶像也从生产型转向了消费型；"消费偶像"是"索取型"的，一般会直接或间接地与休闲领域有关。③偶像转变的根源是社会生产发展，"生产偶像"到"消费偶像"，从某种程度上反映了社会变迁，即从生产社会到消费社会的转变，整个社会的经济由生产者为中心主义

① Lowenthal，L. *Literature*，*Popular Culture and Society*〔M〕. Englewood Cliffs，N. J：Prentice-Hall，Inc.，1961.
② 马寿帅. 谈消费社会语境中的偶像崇拜〔J〕. 剑南文学（经典教苑），2011（10）：176.
③ 马寿帅. 谈消费社会语境中的偶像崇拜〔J〕. 剑南文学（经典教苑），2011（10）：176-178.

转向了消费者为中心主义。

如果说19世纪驯化工人，那么，驯化出消费者则出现于20世纪。"南方谈话"之后，随着物质经济日益丰富，20世纪90年代以来，我国快速迈入大众消费时代。消费，在某种程度上会对社会起支配性影响。销售比生产更要紧，这是消费社会中的逻辑。消费演进的最后阶段，是完成它对一代民众的塑造。① 也就是说，人们所消费的，更多的是符号象征意义，而不再仅仅是商品和服务的使用价值。在商业与大众广告传媒的合谋下，消费主义的生活方式逐渐流行，逐步显示出其在社会大众日常生活领域里的影响力。在消费主义文化意识形态下，大众媒介往往代表着某些特定社会群体的兴趣或利益。② 消费偶像的生成一般以大众传播技术为依托，大众媒介似乎是强大有效的造神机器，特别是创造偶像崇拜。偶像本身也是一种商品，偶像崇拜行为需要通过消费才能完成。

大众传媒打造的明星的魅力和号召力，是符号化明星，成为寄托人们某种梦想的象征物。大众文化本质上就是商业文化和偶像文化。在娱乐经济中，名人效应是世界通货。明星是"用来消费"的，同时又是"用来促进消费"的。媒体、明星与商业的合谋是市场经济的铁律。③ 消费有种样式即视觉消费，"观看"本身就是一种消费，在"观看"中，大众会获得心理满足，还可交流符号意义来获取社会的认同，等等。④ 明星

① 郑也夫.后物欲时代的来临[M].上海：上海人民出版社，2006：19-25.
② 李康化.论消费主义的文化意识形态——文化消费主义研究之一[J].中国文化产业评论，2003：161-172.
③ 徐小立,刘赞.消费时代的明星报道：消费偶像的塑造[J].广州大学学报(社会科学版)，2009(11)：23-26.
④ 马寿帅.谈消费社会语境中的偶像崇拜[J].剑南文学(经典教苑)，2011(10)：176-178.

出书、读者积极购买明星书，就是在"被看"与"观看"中实现了偶像消费。

消费文化的市场准则不可避免地会对人物传记的创作出版产生影响，大众的购买、阅读与接受是其终极目标。名人传记是传记中的重要门类，从其出版可体现传主的地位与影响以及社会、时代的风貌。电视主持人、文娱明星等人物传记的火热，相对于过去领袖等政治家、人文知识分子等宏大叙事而言，这种传记内涵的深刻转变，说明社会逐渐向商业化、世俗化、生活化迈进。

当代明星自传出版，为人们大众阅读提供丰富资源，然而，这类图书商业化过浓，因而难成精品，有的不见得能畅销。如某个时期，国内多家出版机构推出了一批有关篮球明星林书豪的书，其中如《林书豪：梦想的力量》整个成书过程只有一周的时间。这种急就章，给出版界积累的更多是失败的经验。[1] 又如网友评选出的"新中国 60 年 10 本最差图书"榜单，就包括徐静蕾、冯小刚等明星书。[2]

明星读物也有过度迎合读者的，因而难免庸俗化。"明星经济"，使得部分明星迷失，难以冷静自述，趋于媚俗，有的甚至放弃了起码的良知和社会责任，当然，其间不乏出版机构的催逼与包装。[3] 因此，有读者呼吁应该给当今社会的明星热降点温，提出的理由诸如明星过度占用媒体资源，什么事都想借明星上位，放大明星无形的特权等。[4]

---

① 路艳霞.出版社出书"赌"上体育明星 [N].北京日报，2012-8-14（16）.
② 陈熙涵，胡敏.明星出书，集体遭遇寒冬？ [N].文汇报，2010-2-9（1）.
③ 朱四倍.明星出书：不招人待见的"例牌菜" [N].深圳商报，2013-12-19（C04）.
④ 李景端.该给明星热降降温 [N].光明日报，2013-9-5（2）.

　　无论怎样,明星传记的火爆成为当代独特的文化现象。 明星传记中反映出明星对我们共同身处的社会独特的看法,是对这个时代沧桑与冷暖的思考,虽然属于个人记忆,然而从某种程度上也是群体的记忆,甚至是民族记忆的一部分,这可能也是明星传记引起大众广泛关注和深刻共鸣的原因之一。 明星传记的火热出版,是一种独立化、差异化与个性化的自我表现,至少反映出我国 20 世纪八九十年代以来,人们自我意识开始觉醒,希望被关注,从而实现与众不同的自我价值,这可能也是商业文化熏染的结果。

　　可以说,明星图书消费,既是一种经济现象,也是一种复杂的经济、社会、政治、心理和文化等现象。 消费文化被赋予某种文化价值或社会价值,有"幸福、自由、成功、尊严"等符号意义。[①] 明星出书作为消费时代一种备受关注的出版现象,正是图书出版的文化条件和氛围演进过程中出版业态出现的典型变化,其背后有着特定的文化语境的变化,从中可以明确地看到中国社会变迁,即生产偶像向消费偶像转变,这也反映了我国整个社会经济由生产者为中心转向了以消费者为中心这一趋势与现象。

第四节　经济主导时代的强音:商业经济人物传记出版

一、都市流行起"富人书"

　　20 世纪 90 年代初,是中国改革开放能否继续的关键时期。为此,1992 年元旦后,邓小平南行,发表了重要谈话,为中国

---

① 焦敬华.消费文化视域中的电视主持人出书现象 [J].四川戏剧,2014(12):80-84.

的改革开放保驾护航，提出了"发展才是硬道理"、"计划和市场都是经济手段"等旗帜鲜明的观点，要求充分发挥市场在资源配置中的基础性作用。 1992 年 10 月，中共十四大报告正式提出建立社会主义市场经济体制的改革目标。 1997 年 9 月，中共十五大提出加快国民经济市场化进程。"南方谈话"成为引领一代改革人前进的号角。 在市场经济逐步深化，改革开放力度逐步加大的进程中，涌现出如打造地产第一品牌万科的王石，讲台上的企业家新东方教育俞敏洪，20 年屹立不倒的传奇娃哈哈掌门人宗庆后，复星系掌门人郭广昌，"中国最著名的失败者"商业"巨人"史玉柱，让洋对手睡不安枕的战略游弋者华为公司老板任正非，从"体操王子"到商界奇才的李宁，从足球老板到商业地产大亨的王健林，把街道工厂办成"家电三甲"的美的老总何享健，等等。 大批知名企业与明星企业家出现了；同时，在思想深入解放的语境下，人们不再忌讳资本了，开始认识到资本的重要作用，这为财经人物特别是企业家的传记写作与出版提供了重要的条件，营造了浓厚的时代氛围。

在"南方谈话"之后的新历史时期，全社会商业经济氛围愈发浓烈，开发区热，引进外资热，经商热，下海潮，股票热，房地产热，等等，"十亿人民九亿商"，发财致富成为世人最热门的话题与最大的梦想。 成功企业家的智慧以及巨额财富赢得了人们的尊重与景仰；怎么创业，如何发财致富，优秀企业家的创业经历、成功经验与教训等，引发人们的关注，他们日益成为人们效仿的对象与学习的目标。 因此，时代呼唤对企业家等财经人物传记图书的需求，都市流行起"富人书"。《世界著名企业家发迹史》、《从 900 美元到 39 亿的神奇发迹史——比尔·盖茨传》、《汽车王国的富豪——福特大传》等书热销大卖，其原因很简单，因为每个人都想发财致富。 但是，如何富起来呢？ 人们需要经验和谋略。 因而揭示巨贾富商的致富之谜的"富人书"顺应了时代的需要而生，以满足社会大众对财富梦想的想象。①

　　时代的需要，催生了本土财经人物传记的写作与出版。有作家勇于为资本家树碑立传，出版了诸如"十大富豪传奇"丛书（黄书泉主编，黄山书社，1993 年版）、《李嘉诚传》（夏萍著，作家出版社，1993 年版）、《中国大资本家传》（赵云声著，时代文艺出版社，1994 年版）、《曾宪梓传》（夏萍著，作家出版社，1995 年版）、"中国红色资本家丛书"（辛茹等，解放军出版社，1995 年版）、《荣氏家族与经营文化》（王赓唐等著，世界图

郑松茂主编
《傻子沉浮录》

书出版公司，1999 年版）等，以及改革中涌现出的风云人物传记，如《魅力在东方：贝兆汉传》（洪三泰著，人民日报出版社，1992 年版）、《傻子沉浮录》（郑松茂主编，杭州出版社，1997 年版）、《逆风飞扬》（吴士宏著，光明日报出版社，1999 年版）等。

　　20 世纪 90 年代，财经人物传记的写作与出版，大致可分为三个方面：一为民族资本家与实业家的传记，如《中国大资本家传》、"中国红色资本家丛书"、"中国大资本家传记系列丛书"等；二为编写或翻译境外资本家、企业家、实业家等传记作品，如"名人传记丛书"包涵了王永庆传、邵逸夫传、包玉刚传、盖茨传奇、松下幸之助传奇、本田宗一郎传奇等，《世界华人精英传略》，"世界著名企业家传记丛书"，《改造日本的大企业家》等；三为中国大陆涌现的企业家等知名财经人物的传记，如《魅力在东方：贝兆汉传》、《傻子沉浮录》、《商魂——孙生有传》、《中国女杰刘志华》以及吴士宏的自传《逆

————————

① 蓝荻．都市流行"富人书"［J］．沪港经济，1993（3）：63.

风飞扬》等。①

可以说，书写资本家、企业家以及创业致富风云人物的财经人物传记的涌现，拓展、丰富了传记创作出版的题材范围，展现了时代的新变化与走向，虽然有些作品重复出版，或编译质量不高，有的对所写的企业家随意拔高、吹捧，经不起时间的检验。

二、各类财经大佬引领新世纪风潮

进入 21 世纪，我国更深入地融入世界。 2001 年 12 月 11 日，《中国加入世贸组织议定书》生效。 其后，中国融入世界更深，国力进一步增强，人民生活水平也大幅提高。 这时候，我国多元化市场主体已经形成，初步实现全方位多层次的对外开放格局。 2002 年，中共十六大报告宣布，初步建立了社会主义市场经济体制。 到了 2012 年 10 月中共十八大提出，要全面深化经济体制改革，要加快完善社会主义市场经济体制。 进入 21 世纪以来，以"蒙牛速度"创造企业发展奇迹的牛根生、创造国美家电王国的黄光裕为代表的产业巨子以及以搜索引擎让网络更便捷的百度创始人李彦宏、创造中国电子商务传奇阿里巴巴的马云等为代表的新经济人物继续书写着中国企业家的辉煌。 这方面的人物还有民企造车第一人"汽车疯子"李书福，苏宁电器掌舵人"家电大鳄"张近东，中国最大"地主"碧桂园的杨氏家族，用知识与新媒体技术开创中国互联网时代的网易掌门人丁磊，打造了庞大的"QQ帝国"的"互联网公敌"马化腾，等等。② 这些引领一时的人物，为传记创作与出版提供了

---

① 全展.当代传记文学概观［M］.哈尔滨：黑龙江人民出版社，2004：169-172.

② 改革开放 30 年：企业界不能忘记的 30 位人物［EB/OL］.http://economy.enorth.com.cn/system/2008/10/21/003732550.shtml.

丰富的资源。

新世纪以来，随着我国社会主义市场经济体制逐步建立、完善，各类经济形式、多元市场主体纷涌迭现，各类企业家引领风潮，成为明星般的人物，在各方期待推动下，知名财经人物或自述、自传，或被他传（有的也是知名企业传记），不乏热销的作品。代表性的传记作品如：《鲁冠球管理日志》（屈波著，中信出版社，2001年版）、《国药冯：冯根生国药生涯五十年》（孙春明著，中国商业出版社，2001年版）、《我是著名的失败者：从脑黄金到脑白金》（赖丹生主编，珠海出版社，2003年版）、《希望永行：中国首富刘永行自述》（郑作时著，广东旅游出版社，2003年版）、《联想风云》（凌志军著，中信出版社，2005年版）、《王石这个人》（周桦著，中信出版社，2006年版）、《让灵魂跟上脚步》（王石著，中信出版社，2008年版）、《沉浮史玉柱》（朱瑛石著，当代中国出版社，2006年版）、《搜索百度李彦宏》（汪瑞林著，经济日报出版社，2006年版）、《网事十年——影响中国互联网的一百人》（林木著，当代中国出版社，2006年版）、《汽车"疯子"李书福》（郑作时著，中信出版社，2007年版）、《野蛮生长》（冯仑著，中信出版社，2007年版）、《我的成功可以复制》（唐骏、胡腾著，中信出版社，2008年版）、《唐骏全传》（傅桦著，江苏人民出版社，2008年版）、《李宁：冠军的心》（虞立琪著，中信出版社，2008年版）、《军人总裁任正非：从普通士兵到通信霸主》（张力升著，中央编译出版

凌志军著《联想风云》

社，2008年版）、《马云传：永不放弃》（赵建著，中国画报出版社，2008年版）、《这才是马云》（陈伟著，浙江人民出版社，2011年版）、《新鲜——我和光明15年》（王佳芬著，中信出版社，2008年版）、《商界铁娘子董明珠：格力女总裁的商道人生》

（张力升著，中央编译出版社，2009 年版）、《中国女首富：张茵》（何春梅著，中央编译出版社，2009 年版）、《追梦人陈天桥》（刘立京著，现代出版社，2009 年版）、《网易掌门人丁磊》（李今生著，现代出版社，2009 年版）、《娃哈哈教父宗庆后》（李爽著，华中科技大学出版社，2010 年版）、《王传福传：比亚迪神话》（成杰著，中国华侨出版社，2010 年版）、《常青法则：鲁冠球和万向集团长盛不衰的密码》（李帅达著，现代出版社，2010 年版）、《做强做大做久：鲁冠球和万向集团基因大解析》（夏伯尧著，东方出版社，2011 年版），等等。

可以看出，随着改革开放的逐步加速、加深，社会的发展进步，传记创作明显地表现出在不同阶段凸显某一类传主（或知名企业）的特点，大致顺序为国企改革探路英雄、制造业领域领军者、民企老板、商业流通大鳄、地产大佬、新媒体创业精英、新经济领跑者等，这些各类财经大佬引领着时代经济发展风潮。

时代的不断发展进步，也反映出本土财经人物传记图书的变化与进步。此类图书早期吸引读者的主要是企业家波澜起伏的人生经历、发财致富的机遇与智慧等，后来企业家的管理企业的经验智慧以及透露出的企业家的人生价值观、财富态度、幸福观等也得以展现，并受到读者的青睐。如新希望集团掌门人刘永好授权、由传记作家周桦撰写的《藏锋——刘永好传》，用近似于纪录片的朴实笔法还原了书生下海到纵横商场的经历，还总结了企业常青的三大自我管理法则：坚守与强化战略定见——起家于农业、扎根于农业；持续放大视野与格局——像海绵一样从来自不同方面的人身上吸取"知识"，并迅速转化为实践行动；构建企业刹车系统，决策从来都是刘永好不可一票通过，但可以一票否决。① 又如"地产大王"万通集团董事局

---

① 胡哲敏.刘永好：首富常青法则［J］.农家科技，2012（2）：28.

主席冯仑出版的《野蛮生长》(中信出版社, 2008 年版), 被誉为"现代本土商业传记有标杆意义的著作", 是本表露个人人生追求的财富哲学书, 书中也反映了民企发展中的"原罪"等。①再如中信出版集团出版的万达集团董事长王健林的《万达哲学》, 是王健林第一本署名著作, 是部企业创业史、个人成长史和思想发展史。 该书自 2015 年初上市一年销售超过 61 万册, 创了本土企业家自传销售的纪录。 传主王健林表示: 现在已到了总结中国企业家思想, 向国外输出中国管理思想的时候了。②

　　在本土企业家等知名财经人物被关注、被书写、被阅读的同时, 出版界也不断引进翻译经济发达国家著名财经人物的传记作品, 如松下幸之助、比尔·盖茨、韦尔奇、乔布斯等传记被不断引进出版。 中信出版社是中国大陆出版社中推出企业家传记类图书比较突出的出版机构, 中信出版社依靠在财经出版、社科出版方面的雄厚积累, 秉持着打造中信商业书架的理念, 积极服务于商业人士, 逐渐成为这一行业领域之翘楚,

〔美〕史蒂夫·乔布斯著《史蒂夫·乔布斯传》

如 2012 年, 在综合排名方面中信出版社位居前列, 其人物传记图书及财经类图书稳居市场第一, 特别是该社引进的国外知名财经人物传记已形成特色, 很具代表性。 表 6 - 2 是中信出版社 2003—2014 年出版的国外知名财经人物传记, 管中窥豹, 也能部分反映出此领域传记出版概貌。

① 邱恒明. 企业家传记: 开启人生哲学的钥匙 [N]. 中国新闻出版报, 2008 - 4 - 11 (9).
② 《万达哲学》创中国企业家传记类书籍新纪录 [EB/OL]. http:// book.ifeng.com/a/20151225/18381_0.shtml.

表 6-2　中信出版社国外财经人物传记出版一览表

序号	书名	传主	作者	出版年
1	风暴眼	钱伯斯	〔美〕斯莱特著	2003
2	比尔·盖茨的野蛮兵团	盖茨	〔美〕埃斯琼等著	2003
3	一路历程	艾斯纳	〔美〕艾斯纳著	2003
4	瘾君子忏悔录	克莱默	〔美〕克莱默著	2003
5	玛莎的公司	玛莎	〔美〕拜伦著	2003
6	金克拉自传	金克拉	〔美〕金克拉著	2003
7	谁说大象不能跳舞	郭士纳	〔美〕郭士纳著	2004
8	变革制造者	26 位公司创始人	〔美〕克莱因著	2004
9	财富千年	千年史上最富 50 人	〔美〕克罗森著	2004
10	独行侠和他的王国	沃森	〔美〕梅尼著	2004
11	杰克·韦尔奇自传	韦尔奇	〔美〕韦尔奇、〔美〕拜恩著	2004
12	弗里德曼回忆录	弗里德曼	〔美〕弗里德曼著	2004
13	洛克菲勒回忆录	洛克菲勒	〔美〕洛克菲勒著	2004
14	软战争	埃利森	〔美〕西蒙兹著	2005
15	打造花旗帝国	韦尔	〔美〕兰利著	2005
16	福特传	福特	〔美〕布林克利著	2005
17	约翰·马龙传	约翰·马龙	〔美〕马克·罗比乔克斯著	2005

续 表

序号	书名	传主	作者	出版年
18	小沃森自传	沃森	〔美〕小托马斯·沃森著	2005
19	不走寻常路	奥法里	〔美〕奥法里、〔美〕马什著	2006
20	一个自由主义经济学家的自述	施蒂格勒	〔美〕施蒂格勒著	2006
21	华尔街的恶魔天才	古尔德	〔美〕勒内汉著	2006
22	谁说大象不能跳舞	郭士纳	〔美〕郭士纳著	2006
23	真实的亚当·斯密	亚当·斯密	〔英〕布坎著	2007
24	货币贵族	汉密尔顿等	〔美〕布兰兹著	2007
25	宽客人生	金融学家德曼	〔美〕德曼著	2007
26	华尔街的恶魔天才	古尔德	〔美〕勒内汉著	2007
27	布莱克传	布莱克	〔美〕藤本隆宏著	2007
28	桑迪·韦尔自传	韦尔	〔美〕韦尔、〔美〕克劳斯哈尔著	2007
29	艾柯卡自传	艾柯卡	〔美〕艾柯卡、〔美〕诺瓦克著	2007
30	卡莉·菲奥莉娜自传	菲奥莉娜	〔美〕费奥莉娜著	2007
31	阿尔瓦利德传	阿尔	〔美〕康锐思著	2007
32	杰克·韦尔奇自传	韦尔奇	〔美〕韦尔奇、〔美〕拜恩著	2007

续　表

序号	书名	传主	作者	出版年
33	缔造苹果神话	乔布斯	〔美〕西蒙著	2007
34	我在投资银行的纯真年代	下园雅	〔日〕保田隆明著	2008
35	迷失与决断	出井伸之	〔日〕出井伸之著	2008
36	盛田昭夫自传	盛田昭夫	〔日〕盛田昭夫等著	2008
37	巴菲特传	巴菲特	〔美〕洛温斯坦著	2008
38	冒险的金融家	范德比尔特	〔美〕雷内汗著	2008
39	将世界甩在身后	克拉克	〔美〕刘易斯著	2008
40	鲨鱼之道	诺曼	〔美〕诺曼、〔美〕菲利普斯著	2008
41	投资银行青春独白	下园雅	〔日〕保田隆明著	2008
42	希尔顿家族	希尔顿家族	〔美〕奥本海默著	2008
43	乔布斯的秘密日记	乔布斯	〔美〕莱昂著	2009
44	我的履历书	青木昌彦	〔日〕青木昌彦著	2009
45	加尔布雷斯传	加尔布雷斯	〔美〕帕克著	2009
46	我的人生"狠"字当头	皮肯斯	〔美〕皮肯斯著	2009
47	米尔顿·弗里德曼传	弗里德曼	〔美〕埃布斯泰因著	2009
48	滚雪球(上)	巴菲特	〔美〕施罗德著	2009
49	滚雪球(下)	巴菲特	〔美〕施罗德著	2009
50	滚雪球(精装版)	巴菲特	〔美〕施罗德著	2009
51	影子富豪	菲尼	〔美〕奥克利里著	2009

序号	书名	传主	作者	出版年
52	勇敢抉择	菲奥莉娜	〔美〕菲奥莉娜著	2009
53	卡内基传	卡内基	〔美〕纳塞著	2009
54	创新的先知	熊彼特	〔美〕麦克劳著	2010
55	谁说大象不能跳舞	郭士纳	〔美〕郭士纳著	2010
56	活着就为改变世界	乔布斯	〔美〕扬、〔美〕西蒙著	2010
57	我的零售人生	铃木敏文	〔日〕铃木敏文著	2010
58	站在制造业原点	吉田庄一郎	〔日〕吉田庄一郎著	2010
59	麦迪逊大道之王	奥格威	〔美〕罗曼著	2010
60	巴菲特传(珍藏版)	巴菲特	〔美〕洛温斯坦著	2010
61	杰克·韦尔奇自传(钻石版)	韦尔奇	〔美〕韦尔奇、〔美〕拜恩著	2010
62	我是布隆伯格	布隆伯格	〔美〕布隆伯格著	2010
63	经营为什么需要哲学	稻盛和夫	〔日〕稻盛和夫著	2011
64	重生者乔布斯	乔布斯	〔美〕道伊奇曼著	2011
65	将心注入	舒尔茨	〔美〕舒尔茨著	2011
66	约瑟夫-阿曼德·庞巴迪	庞巴迪	［加］拉卡斯著	2011
67	史蒂夫·乔布斯	乔布斯	〔美〕艾萨克森著	2011
68	史蒂夫·乔布斯(精装版)	乔布斯	〔美〕艾萨克森著	2011

续　表

序号	书名	传主	作者	出版年
69	史蒂夫·乔布斯传（精装纪念版）	乔布斯	〔美〕艾萨克森著	2011
70	只为完美	乔布斯	〔韩〕金正男著	2011
71	魔力乔布斯	乔布斯	〔美〕盖洛著	2011
72	顶级金融家	瓦尔堡	〔美〕瓦尔堡著	2012
73	克里斯汀·拉加德	拉加德	〔法〕拉谢弗尔、〔法〕维索著	2012
74	滚雪球（全 2 册）	巴菲特	〔美〕施罗德著	2012
75	乔布斯传（中信十年·全球商业经典版）	乔布斯	〔美〕艾萨克森著	2012
76	追逐日光	奥凯利	〔美〕奥凯利著	2012
77	游向彼岸	格鲁夫	〔美〕格鲁夫著	2012
78	谁说大象不能跳舞（中信十年·全球商业经典版）	郭士纳	〔美〕郭士纳著	2012
79	卖掉美国的人	拉斯科尔	〔美〕舒尔茨、〔美〕库鲁圣著	2012
80	杰克·韦尔奇自传（中信十年·全球商业经典版）	韦尔奇	〔美〕韦尔奇著	2012
81	巴菲特传（精装版）	巴菲特	〔美〕洛温斯坦著	2013
82	巴菲特传（纪念版）	巴菲特	〔美〕洛温斯坦著	2013
83	滚雪球（上册）	巴菲特	〔美〕施罗德著	2013

续　表

序号	书名	传主	作者	出版年
84	滚雪球(下册)	巴菲特	〔美〕施罗德著	2013
85	勇敢抉择	菲奥莉娜	〔美〕菲奥莉娜著	2013
86	进取	桑德伯格	〔美〕桑德伯格著	2013
87	我想这样去创造,去生活	沃兹尼亚克	〔美〕沃兹尼亚克、〔美〕史密斯著	2013
88	杰克·韦尔奇自传(精装版)	韦尔奇	〔美〕韦尔奇、〔美〕拜恩著	2013
89	华尔街之狼	乔丹·贝尔福特	〔美〕贝尔福特著	2014
90	史蒂夫·乔布斯传	乔布斯	〔美〕艾萨克森著	2014
91	一只小鸟告诉我的事	斯通	〔美〕斯通著	2014
92	艾维·乔纳森	乔纳森	〔美〕卡尼著	2014
93	世界首富卡洛斯·斯利姆的秘密	埃卢·卡洛斯·斯利姆	〔墨〕门多萨、郭伟成著	2014

从表6-2中可以看出,十多年间,中信出版社出版的国外知名财经人物传记达93种(包括同一传记不同版本)。从2003年开始没有间断过,每年出版品种数不少于4种,只有2006年出版了4种,2007年达到11种。中信出版社年出版国外知名财经人物传记具体情况如图6-2所示。特别值得注意的是,部分传主如IBM公司董事长兼首席执行官郭士纳、被誉为"股神"的全球著名投资商沃伦·巴菲特、通用电气公司总裁杰克·韦尔奇、苹果公司CEO史蒂夫·乔布斯等自传或他传被不断地以各种版本形式出版,这从某种程度上表明了这些世界知名财经人物在我国图书市场的生命力与影响力。

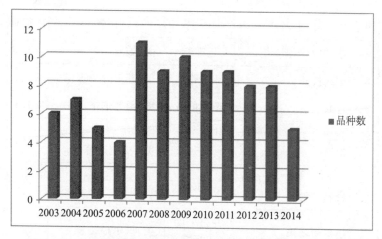

图 6 - 2 中信出版社引进版财经人物传记年出版品种数柱状图

中信出版社 93 种引进版财经人物传记分别涉及 7 个国家和地区，其中法国、韩国、加拿大、墨西哥、英国各 1 种，日本有 8 种，而美国则有 80 种（这里包括同一传主传记作品有不同的版本）。通过图 6 - 3 可以看出占比情况，这也充分表明，世界头号强国美国对中国的极大影响，其知名财经人物传记是中国出版界及读者大众追捧的对象，而曾经的世界第二大经济体近邻日本的知名财经人物也较受中国图书市场与读者的青睐。

总之，财经人物传记出版是新历史时期特别引人注目的现象。在世界经济发达国家，全球知名的大公司、大企业家，几乎都有记载其创业发展历程与辉煌成就的传记，如关于麦当劳、可口可乐、沃尔玛等公司的企业、企业家的传记图书有《三十年一亿倍：麦当劳教父雷·克洛克自传》、《上帝、国家、可口可乐》、《沃尔玛王朝》等①。而在我国，中华人民共

---

① 詹君恒.企业书籍出版与企业品牌软传播［J］.商业经济，2012
（1）：31-33.

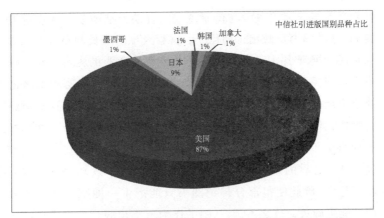

图6-3　中信出版社引进版财经人物传记国别品种占比图

和国成立后直到"文革"结束,在相当长的一段时间内,国人谈"富"色变,遑论为企业、企业家树碑立传了。新时期确立改革开放之国策,全社会转向以经济建设为中心,允许"一部分人先富起来"。发展搞活经济,发财致富,时代给了国人需求的欲望与实践的机遇。各类企业明星、明星企业陆续涌现,社会大众的阅读需求,企业家等财经人物需要展现自己以宣传提升企业品牌,出版社从中也寻觅到了潜在的商机,商业经济时代要有经典的细节和丰满的人物被记存下来以留给未来,等等。在各种力量与因素作用下,我国企业家等财经人物传记在20世纪80年代末期始见端倪,90年代以来形成规模,声势逐渐浩大。商业制造、家电、房地产、IT、互联网新经济等领域展现出非常的生命力与活力;张瑞敏与海尔、冯仑与万通、王健林与万达、柳传志与联想、李彦宏与百度、马云与阿里巴巴等,创造出了经济与财富的神话。经济引领推动时代,财富改变世界,发出了时代的强音。这也从一个视角反映出建设社会主义市场经济是这个时代的主旋律。

财经人物传记,特别是知名企业、企业家的自传或他传,有着经验与教训的参考与借鉴意义，有助于推动改革建设的发展①；这类图书反映出工商巨子、富豪大亨的成长和奋斗经历，有时还能展现出具有戏剧性甚至是传奇性色彩的内容，对于渴望了解曾经于他们是陌生、新鲜、神秘、独特的财富创造者的社会大众来说，能满足其好奇心或英雄崇拜等心理。这些财经人物传记作品不乏优秀之作，一时热销，但也存在着这样那样的问题，部分图书粗制滥造，内容存在着是否真实、是否准确、是否可靠的质疑，或立场过于主观，流于歌功颂德，或底蕴不足②，因此使得部分传记图书只能产生一种肥皂泡式的效应，旋生旋灭，传之不远。图书作为一类出版物，不是总结宣传经验的新闻报道，有其自身的内在规定，代表着一定的社会内容与文化水准，需要以双效的标准去创作出版真正经得起时间与历史检验的财富英雄传记图书。

第五节 "以人为本"：平民传记出版

一、"草根文化"与"个人史"书写

自从改革开放以来，由于思想的解放、意识观念的革新、科学技术的进步，特别是 20 世纪 90 年代以来社会主义市场经济的深入发展，社会文化也出现了多元化发展趋势，如"草根文化"的盛行就是其中之一。在这种社会文化背景之下，社会

---

① 李保平．试论当代企业家传记的出版问题［J］．河北学刊，1997（3）：106-108．
② 詹君恒．企业书籍出版与企业品牌软传播［J］．商业经济，2012（1）：31-33．

普通大众不仅仅只是主流文化的接受者，逐渐成为社会文化的创造者与传播者。"草根"（grass roots）始于19世纪美国。在淘金狂潮中，据说山脉土壤表层草根生长茂盛的地方，下面就蕴藏着黄金。后来"草根"一词被引入社会学领域，拥有了"基层民众"的内涵①。

伴随着20世纪90年代中国急速推进的市场化改革，国企改革工人下岗，农村生产力发展而引发富余劳动力进城打工，乡镇企业、民企的涌现，加之城市化进程加快，等等，社会群体财富、教育、文化等方面从而形成了越来越大的差距，社会阶层的分化更加明显。其中分化出两个比较显明的阶层群体。一是由经济高速发展而催生出人口比例甚小却数量众多的都市中产阶层，一是以农民、农民工、下岗工人为代表的弱势群体。后一个阶层人数众多，在城市这样一个物质、文化、娱乐消费高度集中的空间，由于大众传媒如电视娱乐节目的推动，特别是BBS、博客、视频网站等具有民主性的填补"媒介鸿沟"的新媒体的出现，使得在大众文化中隐而未见的底层、弱势群体以草根的方式"登场"。典型如2005年湖南卫视举行的选秀节目《超级女声》，成功有效地推出了一批"平民偶像"，之后跟风模仿推出的诸如《梦想中国》、《星光大道》、《我型我秀》等一批电视选秀节目，继续吸引着公众的眼球，实现了"一场草根阶层的狂欢"；体制外民间艺术、传统相声的代表、"非著名相声演员"郭德纲成为最著名的草根相声演员，郭德纲及其德云社名噪京城；旭日阳刚、西单女孩等草根明星登上央视春节晚会的大舞台；和"学院派"拉开距离的易中天、于丹等借

① 艾君. 改革开放30年，"草根文化"补充了主流文化 [EB/OL]. 中国网，china. com. cn，2008-12-22；http://www. china. com. cn/economic/zhuanti/ggkf30/2008-12/22/content_16988507. html.

助央视"百家讲坛"成为"学术明星"而造就大众文化普及热；以演纯洁、善良、傻气的农民工或具有奇艺并创造奇迹的普通士兵形象而成功的群众演员王宝强成为名副其实的"大明星"；等等。 这些"眼球经济"成功者构造出一个个作为底层、弱势群体的农民、农民工被转述/再现为可以"实现个人梦想"、成为令人羡慕的"大明星"的故事。

"草根"可以说是与体制、官方、主流、精英相对立的概念；"草根文化"，由底层、弱势、平民等阶层所形成的，有平民化、广泛性以及娱乐性等特点，易为大众接受，是一种特殊的文化现象。 平民化是其基本特质。 出身"草根"而能成为"大明星"，"草根"的成功，使社会大众产生了对 20 世纪 90 年代以来作为非体制、非官方象征的"民间"想象，这被认为是一种民间社会/公民社会的胜利，也取代、收编或改写了底层、弱势群体、人民、群众、百姓等偏左翼或集体性的描述概念，特别是出身底层的"草根精神"（如奋斗、梦想、纯朴、善良等）日益成为小资、中产阶层的榜样或理想他者，给人们/草根带来了更多成功机会的想象。① 网络时代，也是"秀"的时代，大众走上媒体平台，秀出风采，也成就了无数"草根"明星、平民偶像。 可以说，从"为国为民"的英雄模范，到"我酷故我在"的明星，再到"想唱就唱，要唱得响亮"的"草根"，这可能是几十年来偶像崇拜的轨迹。②

在"草根文化"热的背景下，在写作与出版领域，普通大众也开始展现自我，秀上一把；20 世纪 90 年代以来，我国开始出

---

① 张慧瑜."草根"的文化功能——以王宝强、草根达人为例 [J].
  艺术评论,2011（9）: 57 - 61.
② 吕绍刚.从雷锋到周杰伦: 30 年偶像之变 [N]. 新华网,2008 -
  11 - 23.

现了私人化写作或个人化写作热,其中,
有所谓的"个人史"。"个人史"出现于20
世纪90年代。 典型如1998年,美国"第
一新闻夫人"(凯瑟琳·格雷汉姆)的《个
人史》出版;2002年日本新潮社出版的
《自己的书——2001年的记录》,完全是
普通人对自己日常生活情况的记录,据说
这种个人史两个月销售了30万本,而在
日本近年来每年自费出版的4万种图书

杨绛著《我们仨》

中,个人史能占到30%左右。① 我国在2004年前后,图书市场
也开始出现"个人史写作",如王蒙著《王蒙自述:我的人生哲
学》(人民文学出版社,2003年版)、杨绛著《我们仨》(生活·
读书·新知三联书店,2003年版)、余秋雨著《借我一生》(作
家出版社,2003年版)、徐星著《剩下的都属于你》(长江文艺
出版社,2004年版)、周国平著"心灵自传"《岁月与性情》(长
江文艺出版社,2004年版)、陕西师大出版社出版的《温故》
(系列)等②。 据说,被称为2006年网上最走红的"个人史
书"是林灰的《在路上》(1977—2006)。 这些虽多是名家知识
分子的个人历史的书写,甚至有人认为"个人史"的突然流
行,其实并没有太多的文化原因,主要是商业需求的促成,但
这种"个人史"不同于以往的传记,也与成功人士回忆自己成
功经历的励志类图书不一样,它们多是一些历史上有特殊经历
的人物或自说自话,或言说他人他家事。 每个人就是历史的一
个角落,无数个边角拼凑起来,可以为历史留下珍贵的侧影。③

---

① 孙红.图书市场流行"个人史"[N].北京晨报,2004-8-12.
② 孙红.图书市场流行"个人史"[N].北京晨报,2004-8-12.
③ 孙红.图书市场流行"个人史"[N].北京晨报,2004-8-12.

由此，我国逐渐进入了个人史书写的时代，有越来越多的个人
史作品被写作出版。

逐渐宽容与包容的时代背景下，普通民众对人生回顾与反
思的诉求，为出版机构从事个人史的出版提供了商机，而这背
后，体现着社会大众的个人意识的苏醒以及他们对历史真相的
探究。个人史的内容具有人性化与生活化，是个体的生命历
史，有血有肉，独立成章。个人史的主角是公民，是历史主角
自己动手书写自己理解的历史，这也体现出公民的主体至上
性。个人史书写的出现，也标志着集体主义整体的历史观，逐
步向个人主义局部的历史观的转型。①

他传，是人类的传记开始；再之，出现了自传，由他传到自
传，可以说，这是传记发展的主要轨迹。他传是传记家族的主
体，而自传则是部分。这种现象，往往是由社会群体的自由度
所决定的。因为他传是被动的，传主没有自主权，往往是由别
人来论断的，而自传起源于对自我的纪念本能，是个体意识觉
醒以后的产物。"个人史"则不完全等同于传记。传记多为给
个人树碑立传；而"个人史"却不同，主要是个人认知过程的
历史，个人经历与体悟，时代的风云等，各角度均可入笔，因
而视野更宽阔。可以说，传记相较于"个人史"，在"他传"
方面二者相异，而在"自传"方面则相互交叉。因此，"个人
史"更具开放度，史学色彩更浓。他传—自传—"个人史"，这
也为传记发展与研究留下了空间。

二、平民传记进入历史

历来基本上是帝王、领袖、伟人、名人、英雄、权势者享有

---

① 钱茂伟. 公众史学视野下的个人史书写［EB/OL］. http：//blog. si-
na. com. cn/s/blog_4dade78b0102vj87. html.

传记的话语权,为普通人立传的难得一见。从平民百姓小人物的视角来书写个人与时代的历史,特别是能够出版的,只是到了新的历史时期才有了可能。20 世纪 90 年代中期之后,伴随着市场经济发展,公民社会逐渐兴起。① 随着时代的发展,国家逐步向现代公民国家转型;在这个转型过程中,我国通向公民社会的发展步伐加快,国民的主体性越来越强,"公民是国家的主人"的意识逐渐增强,进入文本世界的人也就越来越多,传记的发展也越来越繁荣。著名学者、传记研究专家朱东润先生认为,上至伟人、政治家、文学家,下至普通的平民百姓,都可作为传记文学的传主;一个普通百姓的命运,同样可以折射出时代的精神和民族的品格。时代与社会的进步与变迁,强化了个体的力量,"人为本位"被提出并逐渐得到更多的认同。精英阶层可以成为传主,平民百姓也可以写传、入传。传记书写对象日益扩大,老百姓得以书写个人的历史;一个人的生平可以反映一个时代、一个领域的历史。每个人都拥有自己的历史,也同时见证了大家共同的历史。平民传记就是普通公民的历史;平民传记即由平民书写、记录平民历史的传记。当代中国已出现平民传记书写的热潮。

平民传记的出版,也即普通人物传记的出版是新时期以来传记出版的新亮点。普通人物传记出版在 2000 年之前数量不多,代表性的如《小学教育家陶淑范》(张天来、张朝阳著,人民出版社,1983 年版)、《李方舟传》(朱东润著,上海远东出版社,1996 年版)、《一百个人的十年》(冯骥才著,江苏文艺出版社,1997 年版)、《一个平民百姓的回忆录》(喻明达著,作家出版社,1998 年版),等等。2000 年以后,普通人物传记

---

① 贾西津.转型成功依赖公民社会成长 [J].炎黄春秋,2013(6):
95-97.

出版数量大增。 如中国社会科学出版社 2000 年出版了遇罗文著《我家》;北京出版社 2004 年 4 月启动"给普通百姓立传"项目,策划"人生中国丛书",其主要内容就是专写草根的人生。[①] 另外还有如《上海的红颜遗事》(陈丹燕著,作家出版社,2009 年版)、中国社会科学出版社出版的《凡人画传》、河北大学出版社策划翻译出版外国平民传记的"平民传记丛书"等。 据媒体报道,平民写作出版回忆录,在北京成了一种风尚,由此形成了一个文化出版市场。 相关市场出书诉求较为强烈,如北京家史家谱传记书店每个月有超过 60 本平民回忆录出版,生意源源不断,每年仅此一项的营业额就能突破 500 万元。 平民回忆录主要用于赠送亲朋好友和家族保存,一方面可以让小人物的人生也同样可以用铅字的形式得以永存,另一方面也是"民间修史",对未来研究历史会有作用。[②] 另外,近几年图书市场还逐渐流行起"平民史",多是普通作者来记录个人与家族的记忆等。 因有亲历亲闻的意味,接地气,有的还创下不俗的销量和口碑,如 2013 年出版的许燕吉著《我是落花生的女儿》,销售 8 万册左右;再如,饶平如著《平如美棠》销量达 9 万多册,入选了"2013 年度好书"。 学者钱茂伟曾撰文指出:"由于各种原因,小历史书写尤其是平民历史的书写,是我们这个国家、民族所忽视的。 我国有传记、家谱、村志编纂的传统,但它们多是着眼于'大历史'视野。"[③] "平民历史"类

① 张翠侠. 传记书:从明星效应到细节制胜 [N]. 中国图书商报,
   2004 - 11 - 19 (11).
② 陈杰. 一本平民回忆录里的"市场经" [N]. 北京商报,2012 - 2 - 2.
③ 钱茂伟. 小历史书写理论与方法的研究 [J]. 学术研究,2013
   (11):20.

图书不断出版，呈现了正史缺乏的鲜活细节，打开了另一历史视野。①

朱东润著《李方舟传》

许燕吉著《我是落花生的女儿》

　　普通人传记出版，从出版传播渠道来说，主要有三种类型：一是出版社公开出版的平民传记，如北京出版社推出的"人生中国丛书"；一是商业文化公司策划出版的，有的有书号，也有的没有书号；再者是网络上传播的平民传记。据调查，普通人传记的出版，主要是通过商业文化公司以小批量印刷来出版，其次是通过网络来传播，而以商业利润为导向的正规出版社则不太关注平民传记的出版。② 据不完全统计，仅北京一地，专业从事自传类图书出版策划的公司就至少有二三十家之多。③

　　普通人/平民人物传记的产生和发展，除了时代进步使得底

① 楚昕.记录家族记忆，增添鲜活细节："平民史"图书渐流行[N].太原日报，2014-4-1.

② 钱茂伟.当代中国平民传记出版现状调查[EB/OL].http://blog.sina.com.cn/qianmaowei.

③ 牧人.为平民立传，帮百姓出书：草根传记类图书出版一瞥[J].出版参考，2015（8）：34-35.

层草根人物得以书写个人历史外，还与出版业的发展密切相关，特别是新媒体、新出版渠道，为平民传记的成长与发展创造了条件。 首先，是出版社面向市场，策划的主动性加强。不少出版社已经关注到了平民传记选题的策划与出版；再者，商业文化公司即民营书商也敏锐地嗅到了这里的出版商机。 如北京时代弄潮文化发展有限公司在 2008 年 10 月首创"个人出书、家族出书"模式，帮助普通人编辑出版个人文集、自传、回忆录、家族画册、家史、家谱等，2011 年又开办了全国首家"家谱传记书店"。 另外，特别值得关注的是利用网络平台开发传记出版的现象。 如 2008 年左右网络出现了"我的 10 年"、"我的童年"等征文活动，2009 年网络出现了适合个人书写出版平民传记的"凡人大传"网站，北京回忆久久文化传媒有限公司 2011 年创办"回忆久久"网站来专门帮助"记述老年人心路历程"等。 还有一点，即随着人口老龄化，催生了"银发经济"。 这些年针对老年人的保健、养生、旅游等传统项目已被开发深耕了，满足老年人的精神需求的新商机又被文化创意公司嗅到，因为老年人在精神层面有着倾诉交流与回忆的需求。"银发经济"还催生了代写行业，因此部分文化公司开辟了代写回忆录、定制个人传记的业务，有不少书稿得以正式出版。 另外，新的印刷技术与工艺的推进，如印客（IN 客），能帮助草根出书梦想成真。"一本起印，随到随印"，普通人只需花几十元就能印一本书，印几本就支付几本的印刷费用。 同时，印出来的书可以在网站平台销售，如"乐猫印客网"就打出"人人可出书，个个是作家"的口号。① 可以说，这种"按需印刷"的"印客"的出现，表明了在网络时代精英文化的垄断地位被打破，出版平民传记更加容易、便捷。

---

① 夏燕．"印客"：草根出书梦想成真［J］．观察与思考，2007（21）：42-43．

　　平民传记以自传为多，大凡有识字者只要主观上有写回忆录与自传的意愿，均可实现愿望，因为出版传播的门槛越来越低。从目前来看，平民传记的内容质量参差不齐。据分析，平民传记表现出如下几个倾向：一是写个人经历的为多，挖掘内心世界的不多；二是多写台面上的内容，私生活涉及少，对涉及个人隐私而意义重大的事情多有回避，因此有的内容可信度存疑；三是偏文学传记的为多，而具有史学意义的传记少；四是写个人特殊时期、困难时期的篇幅多，忆苦的文字多，显得不够均衡。^① 这些方面的不足，需要写作者端正写个人历史的态度，留存历史，存真为要；也需要出版传播环节提高要求，甄别把关，让真正有历史与文学价值的普通人物传记出得来、立得住，真正进入历史。

　　中国人历来都讲究"三不朽"（立功、立德、立言），平民传记热，也许就是"不朽"情结的体现。一本个人回忆录，就是一个人的私人历史，社会大众有了讲述个人历史的权利，充分表现出社会的进步、开放。^② 为小人物树碑立传，或民间普通人物诉诸出版的力量来展示自我生平事迹，是对被遮蔽的历史的发掘，展示了当代中国普通人的状貌，代表了当代中国的生命力。正如冯骥才在《一百个人的十年》的前言中说：关心的只是普通老百

冯骥才著
《一百个人的十年》

---

① 张昊远．史学的人文关怀与平民传记［J］．湖南科技学院学报，2013（3）：72-75．

② 为普通人定制个人传记　出版价值引热议［EB/OL］．中国出版在线，http://chinachuban.cn/news/show/53814/．

姓的心灵历程，因为只有人民的经历，才是时代的真正经历。①

由名人而凡人，由精英而大众，是中国传记形态发展的基本趋势。 平民传记是平民历史的文本化呈现，是现实生活中人的故事的文本化。 平民传记或平民个人史的价值是由"人为本位"理念决定的。 有这种理念，是当代社会个人力量发展的结果。 每个人都有资格去立传。 因此，平民写传记不仅有个人意义，因为书写自己的小历史，让他们活得更有意义，而且更有社会历史意义，因为留下历史文本，就可能在文本世界占据话语权，因文本自有一种精神的力量。 从关注各类名人，到注意普通人；从仰视传主，到与之心灵对话，可以说，"以人为本，关注心灵"渐成共识。 总之，当代传记呈现出主体化与平民化的趋势。 传记的主体化，将出现更多的个人史；传记的平民化，出现由精英而向凡人的转移。 平民写传记，意味着历史书写话语权力的开放，普通人真正成为叙事主体。 在《自己的文章》中，作家张爱玲说："凡人总比英雄更能代表这个时代的总量。"②从某种程度上来看，普通百姓写作出版自传，是社会进一步开放与进步的标志。

总之，新时期以来，传记创作出版突破了诸多禁区，热点不断，高潮迭起，呈现出多元的艺术格局。 传记出版的勃兴，不同类别传记畅销书的涌现，不仅仅要从媒介工业的发达、出版界注重挖掘此类题材以市场化运作机制来打造畅销书的操作实践来看，还必须从宏阔的时代背景上来分析。 首先，这是与改革开放的时代现实相伴生的。 传记出版这一品类的繁荣，必

① 冯骥才.一百个人的十年·前言［M］.南京：江苏文艺出版社，1997.

② 钱茂伟.时代呼唤中国传记史学研究［J］.人文杂志，2013（8）：82-89.

须以社会的开放、开明为支撑,只要改革开放的程度进一步加深扩大,传记创作与出版也会随之俱进,活力进一步得以释放。 可以说,20世纪80年代以来的传记繁荣与畅销,是整体受惠于时代的变迁。 当然,我们也可以通过传记类图书的出版的变化来窥探时代的变迁。 其次,是史料公开、出版传媒兴旺、信息工具革命的基础性意义的结果。 20世纪80年代以来,社会禁忌逐步消去,政治文化尺度逐渐放宽,过去禁锢的档案史料可以查阅公开,过去不能表述的史料也纷纷被披露,典型如政要可以亲笔书写经历传记并予以出版,或其身边的人或其子女也可以从另一视角解读政要的人生历程。 图书出版业的产业化、规模化、集团化等,传记文摘类期刊的涌现,报纸副刊的兴盛,使得大量史料与人物经历故事可以有发表的平台。 网络新媒体营造了充分开放的空间,使得获取信息资料便捷迅速。 这些均为传记创作与出版提供了基础性的最广泛的社会支持。 再之,社会公众参与历史思考与探索的主动性提升。过去思考研究历史问题似乎是一部分人或专门机构的特权,而在开放的社会,这种垄断被有力地打破,对历史问题的表述权、话语权发生了改变,社会公众参与历史思考、探索的意识提升,主动性增强,诸如史传类研究写作就从书斋、专门机构、高校等走入社会民众。 还有,是新的阅读取向和阅读兴趣的转移使然。 从社会文化心态来说,已然不是一个有从容心情与时间耽于美好幻想的社会,20世纪80年代高谈文学、阅读文学风潮高涨的高蹈局面不再,对真实、真相、事实的渴求,是社会普遍而迫切的心理需求,了解并握有真实、真相、事实似乎胜于一切,从而使与自己的生活、记忆、现实和生命体验等直接相关的非虚构叙述文本受到了普遍欢迎。① 因此,非虚构

---

① 万伯翱等著.传记文学新近学术文论选 [C].北京:中国青年出版社,2011:128-130.

文本的传记创作与出版兴盛和畅销也就在情理之中了。

特别是 1992 年邓小平"南方谈话"后，中国社会主义改革开放和现代化建设进入一个全新阶段。过去二元结构彻底瓦解，社会结构剧变，社会阶层持续深刻地分化重组，日益呈现出多元发展的趋势。在多元化、市场化的社会环境中，在思想文化领域，本土文化与外来的、不同历史阶段的文化纠结，呈现出多元并存的结构：一是历时性的多元，即传统的、现代的和后现代的纠结在一起；一是共时性的多元，即主流文化、精英文化和大众流行文化三足鼎立，它们互相影响与作用，产生了丰富多彩的社会文化景观。这种多种阶层、多种社会心态、多种趣味追求，使得整个 20 世纪 90 年代的出版与阅读多元开花、繁杂分散，也使得畅销书遍地开花，诸如政治、哲学、经济、历史、文化、文学、艺术、科学、社会、财经等领域各种题材均涌现出畅销书，一时盛况空前，热点不断。进入 20 世纪 90 年代，价值判断趋向多重性，文化形态发展呈多元化，此时大众文化崛起，大众文化与精英文化、国家意识形态主流文化鼎足而立，被大众文化塑造下的畅销书出版与阅读则体现出消费性、娱乐性和时尚流行性等特点。21 世纪以来，图书出版市场与阅读热闹非凡，呈现出类型化的发展模式，在细分市场上畅销书的动销品种趋于多元化。与 20 世纪 90 年代畅销书出版与阅读的多元化、散点化相比，新千年以来则是"要什么书，读什么书的时代"，畅销书类型化、细分化，真正呈现出个性化、互动性的特点。

这种时代形势在传记出版方面也有充分的反映。传记作品在题材范围方面不断拓展，关注历史与现实，放眼中外，纵横捭阖，在纵向上力求从昨日尘封历史中选择富有时代生命力的人物作为传主来创作出版作品，在横向上则关注挖掘当代现实生活各个领域各类型人物将之纳入传记创作题材范围，可以说，举凡领袖和将帅以及其他老一辈革命家，文学艺术家、学人等知识分子，科学家等科技工作者，影视明星、歌星、体育明星、笑星、电视主持人等各色明星，国企改革探路英雄、制造业领域领军者、民企老板、商业流通大鳄、地产大佬、新媒体创业精英、新经济领跑者等商业经济人物，乃至普通人物，以及中国历史人物和当代国际政坛风云人物等，无所不包，无所不及，不再是过去"以政治为中心"创作出版的"遵命传记"，也不再像过去一样以英雄模范人物为主大树特树典型，而是真正体现出了多元、开放、众声喧哗的时代特色。

　　"复调"(polyphony)，是一种音乐体裁，是指没有主旋律与伴声之分，演奏中所有声音按自己的声部行进，而相互层叠。20 世纪 70 年代俄罗斯哲学家、美学家、文艺理论家巴赫金创造了"复调小说"这一世界文学批评界著名的术语，用来命名陀思妥耶夫斯基小说"对话"性质的诗学特征。这里，巴赫金借用音乐界所用的"复调"一词，指的是用"复调"颠覆"权威"，用"复调"抵抗"主流"，用"复调"对话"官方"。因此，这个词表面上是一个"文学体裁"的术语，然而，它实际上隐含了相当多的政治态度与社会意义。新时期以来的传记创作与出版，各类题材与传主你方唱罢我登场，众声喧哗，多音齐奏，竞展风采，多元而共生，体现出鲜明的复调色彩。这归功于思想解放和改革开放，社会的包容与进步，使得人们得以冲破思想的牢笼和创作的禁区，在革故鼎新的丰饶时代，有层出不穷的新生事物，涌现出了一批批引领风潮的人物，为传记创作与出版提供了丰厚的素材，也创造产生了购买、阅读传记作品的大量受众。

第七章 /

结　语

"文变染乎世情，兴废系乎时序。"文学的兴衰，与时代社会的发展密切相关。"歌谣文理，与世推移"，传记作品很能代表并反映一个时代的风貌、风气，反映作为主体性的人的地位与价值，而文变也反映出时变、世变，其背后是人的努力与改变。

传记古老而又时新，20世纪以来，这一文体融入时代新质，逐渐走出了与史学的分野，以传记文学的形式真正独立于文学之林，成为文学和文化范畴中最重要的文类之一。无论是从出版作品的数量、影响以及读者的范围等方面看，传记已经成为一个自成格局、具有特殊性的文学乃至文化与出版现象。传记的发展过程中，出版这一环节承载着重要的作用和功能，我们可以说，离开出版就没有传记。

第一节　传记出版：文变染乎世情，兴废系乎时序

　　本书力求从出版传播学这一跨学科视角，比较系统地研究展现我国1949年以来传记出版的历史与规律。在研究中，利用相关书目文献源，借鉴了出版双效理论、书史理论、媒介空间理论，系统梳理了我国六十多年来传记出版的数量变化、发展阶段等概况，分析总结了几十年间媒介空间的流变、传记出版的时代背景与影响因素以及相关政策规定等，归纳出各阶段传记出版的表现与特征，并对传记出版物品质做了总体性评价。通过前六章的梳理与分析，至少可以得出如下几点结论：

　　（一）从出版物的数量、质量与出版业发展的角度来看，传记图书品种数的变化某种程度上反映出我国出版业在不同阶段的消长（扩张或收缩）与品质。

　　从某种意义上说，出版图书品种数是衡量一个国家或地区出版业生产能力是否发达的重要标志，往往也是一个国家或地

区科学文化是否发达与活跃的重要标志之一。 自 1949 年以来，我国生产图书数量在不同阶段有不同的变化。

1949—1965 年，图书生产数量是先升后降，1958 年是最高点，也是转折点；这期间传记出版数量也不高，1955 年、1958 年各为 214 种，是十七年时期最高年份，而 1949 年、1964 年则比较少，只有二十多种，期间内相比，变化幅度比较大，可以看出是受政治斗争运动等影响所致。 这反映出中华人民共和国建立初期，通过整合改造，新兴的出版业待势将起，后因政治形势的变动而遭受影响。 1966—1976 年间，为六十多年来出书品种数最少阶段，年出书品种数也低；期间传记出版，1970 年、1971 年和 1976 年均超过 100 种，其他年份几十种不等，而 1967 年则为历史最低点，只有十几种，可以明显看出传记图书出版受到"文革"政治运动的极大影响。 这样的数字变化充分反映出十年浩劫期间出版业遭受的挫折与摧残。 1977—2014 年间，计划经济向市场经济的转变，消费时代的到来，使得需求、消费的欲望大大地被激发，出版、传记出版呈几何级增长，可以看出出书品种数快速爬升，其中 1985 年出书数量达到 1958 年的水平，之后快速爬升，基本上以年 10％左右的速度增长；期间传记出版基本呈上升状态，期间也有小幅波动，其中 1977 年因"文革"结束传记出版猛增，数量接近 300 种，之后有小幅回落，但到了 1982 年开始达到三百多种，之后年出版传记数量基本上处于上升趋势。 这反映出我国出版业自新时期以来长足发展的态势。

出版讲求双效益，而作为图书出版物，还要讲究文化品质与作品神韵。 好的传记作品紧扣着历史与时代，能够唤起并击中读者自己对生活、生存的体验。 明代散文家茅坤（1512—1601）在《茅鹿门集·卷三》说到《史记》的传记文："今人读《游侠传》，即欲轻生；读《屈原贾谊传》，即欲流涕；读《庄周》、《鲁仲连传》，即欲遗世；读《李广传》，即欲立斗；读

《石建传》，即欲俯躬；读《信陵》、《平原君传》，即欲养士。若此者何哉？ 盖各得其物之情而肆于心故也，而固非区区字句之激射者也。"这就是经典传记作品带来的阅读体验与效果。如果以此为标准来衡量1949年以来出版的传记之作，则难有能望其项背者。

1949年到1965年十七年时期，图书出版发生了巨大的变化，总体上处于发展、进步的趋势，也经历了不少曲折。 因创作要表现时代新人，出版要为工农大众服务而讲求通俗化，"文艺成为政治工具，党的机器中的螺丝钉"，传记作品在题材、主题、趣味、风格、艺术手法等方面具有高度趋同性，几乎没有经典传记之作流传下来。"文革"期间，出版业遭受了1949年以来最严重的挫折，受到了摧残和破坏，无论出书数量与质量，都大大退步，有时还有"紧密结合当前斗争"的小册子数以万计地翻印，造成了很大损失。 改革开放以来，我国出版业发展进入前所未有的快车道，从出版物（比如传记图书）的品类与年出书品种数来看，均成倍地增长，但不乏重复出版、跟风出版以及粗制滥造等现象，这些会严重影响到图书的质量。因此，至今尚未出现可堪传世的传记精品之作，也未诞生如司马迁、茨威格那样的传记大家。

作为出版物中最应具有文化含量的图书，能够留给未来的，除了时下影响，还需要有比较大的文学、历史和哲学等方面意义。 在文化成为工业生产，出版日益产业化，图书生产日益变成商业的伙伴时，无论从立传人的动机，还是出版者对传主的选择标准来看，都越来越大众化、世俗化、欲望化，在获得不俗的经济利益的同时，图书应有的文化价值以及其历史意义为俗世喧嚣所淹没。 传记图书特别是相关畅销书的出版往往也是这样，变成商业、媒体与短暂的当下价值取向相融而生的文本罢了。"传记是人类为自己建造的纪念碑"，我们的出版业是否能留下"比那些花岗岩的建筑更永久而辉煌"①的传记图书呢?

（二）从出版与社会的角度来看,传记出版与社会、时代之间呈现出密切的互动关系,即什么样的时代就有什么样的传记,一个时期的传记出版也能深刻地反映出时代氛围与现象。

纵观六十多年来我国的传记出版,可以看出出版人的进取与努力,如推出时代新人之作,紧紧与时代鼓与呼,对文化理想、美好人格的坚守而推出学者文化人的传记,打破时代禁区、禁忌而出版轰动一时的政治人物特别是领袖传记,追逐经济效益而策划明星主持人等畅销传记等。但也可看到出版业在时代的洪流中随波而动,局限于政策环境的规定性,在宏大的社会时代波动中的被动与无奈,能写作出版什么,抵达多大程度的历史真实等,并非能随心所欲。

在一定社会中,文化并不是一成不变的。社会内部与外部的变动,会激发文化的流变。社会制度的变革——生产方式的变更以及生产关系的改良/变革,是促使各种变化、社会文化的变迁与流变的根本性力量和动因。1949—1976 年间的中国文化(文学,包括出版等)生产机制为"一体化"的格局,文化(文学)组织方式、生产方式的各个环节均是高度组织化、一体化。党和政府(主要是中国共产党)对文化领导权的掌握与控制,是塑形一体化、政治化的社会主义文化,图书出版、新闻报刊、广播电视电影等传播媒介是为这种一体化、政治化的社会主义文化服务的,因此表现出政治属性与作为意识形态的工具性,特别是在"文革"时期,甚至被作为阶级斗争的工具,因此传记出版包括传记出版物也表现出高度的从属性与工具性特征。新时期以来,实行社会生产关系变革,社会的中心与重

① 杨正润.传记文学史纲 [M].南京:江苏教育出版社,1994:
   1 - 6.

心转移为以经济建设为中心，拨乱反正，解放思想，改革开放，以及新传播技术带来的社会生产、生活、沟通等方式的革新，等等，特别是市场经济体制的确立，社会以经济为主导，经济的发展，市场的活跃，商业文化走强，经济意识形态被空前强化。与此同时，大众传媒业日益发达而强势，媒介的经济、产业属性被空前放大，社会流动日益加剧，社会阶层日益分化，投射到文化上，形成了鲜明的社会文化分层效应，社会多元与文化多元，两者共生而并存。这表现在传记出版方面，是复苏振兴，不断突破禁区，各题材类型丰富多样，出版人充分发挥能动性而策划推出传记畅销图书，传记出版的经济功能得以强化。

正如研究艺术史，我们看到的并不仅是艺术样式的发展史，往往也是思想和观念的演变史，或者说是人对真善美理解的演变史，是一部以艺术作品为媒介的人性发展史。同样，梳理研究我国 1949 年以来六十多年的传记发展的历史，从传记出版的题材与类型，特别是题材与传主的变化与消长，可以反映出社会的变迁；在不同社会时代有相应的社会群体、阶层得以彰显，并受到广泛关注，某一类人物群体作为传主，其人事事功与话语的表达与被表达、被传播阅读，可明显地反映出该人物群体在一定历史时期的地位、作用与影响。另外，书籍往往会影响着时代与社会的文化潮流，而对于畅销书来说，则更有时代性，最能反映出某个时期社会大众的阅读品位、文化追求等。一本或某一类型图书的畅销，往往不只是一个时代政治、经济、社会和文化精神以及价值取向的缩影，有时甚至会引领推动着时代社会的发展。人物传记，是畅销书中的重要类型，故其社会历史研究的标本意义不容忽视。

在中华人民共和国建立之初的十七年时期，传记题材与传主是从普通工人、农民、士兵等群体中涌现出的先进人物与英雄这样"完全新型的人物"，突显的是时代新人登上历史舞台，是政治形势主导下的"红色"出版、"红色"阅读潮流下的英雄叙事。 十年特殊时期，前期是"树典型，表忠心"，表现出一种去英雄化的倾向，即所写的人物为当代时下普通群体中涌现出的体现努力工作、积极奉献、不怕牺牲价值导向的先进典型、积极分子，主要表现人物的奉献、牺牲等精神是在毛泽东思想精神影响教育下形成的，即表达忠心，其指向的是对领袖的个人崇拜；后期的历史人物传记唱主调，表现出一种去当代化的倾向，传记作品主要写的是秦始皇以及吴起、李斯、曹操、王安石等具有改革家、法家气质的人物以及农民起义的首领等，虽话说历史，但意指当下。 新时期以来，传记出版开始复苏与振兴，不断突破政治人物题材的禁区，将帅、文学艺术家及学人等知识分子、科技工作者、改革风云人物、财经人物、明星主持人乃至普通人等各类人物你方歌罢我登场，多音齐奏、多元共生，反映出时代的开放与进步，社会从封闭、保守、僵化走向逐步开放、包容、自信与进步；由政治偶像、生产偶像向消费偶像的转变，表现出我国社会由政治主导、阶级斗争为主，到以生产者为中心，再转向了以消费者为中心的社会变迁；明星图书的消费，反映出社会全面迈入自我意识高涨、强调自我价值的时代，社会大众逐渐摆脱了传统的保守心理，人性得以解放与张扬；平民传记及个人史的书写，由名人而凡人、由精英而大众，反映出"以人为本，关注心灵"的观念与实践逐渐成为社会的共识。

"文变染乎世情，兴废系乎时序。"语出刘勰《文心雕龙·时序篇》，意为文学的兴衰，与时代社会的发展密切相关。"歌谣文理，与世推移"，传记作品很能代表并反映一个时代的风貌、风气等，反映作为主体性的人的地位与价值，这也符合历史唯物主义所说的"存在决定意识"之规律，而文变也反映出时变、世变，其背后是人的努力与改变。

（三）从传记这一文体品类自身发展来看，其功能价值得到拓展，类型更为丰富，呈现出向多媒体、新媒体平台等发展的趋势。

传记上承古代《史记》的史传传统，到了 20 世纪初，由梁启超、胡适等倡导，从理论与创作实践方面开创了我国新的传记。胡适们通过中西传记比较，对中国旧传记进行了清理与批判，对传记的要素与功能，真实性原则以及作品的可读性等做了阐释。"给史家做材料，给文学开生路"，胡适是现代传记文学的倡导者和积极实践者，现代以来首提"传记文学"概念，提出了诸如"纪实传真"等独到的理论上的论断，他同时积极创作《四十自述》等传记作品。随着时代的发展，传记逐渐走出了与史学的分野，真正独立于文学之林。这一非虚构文体自 20 世纪下半叶以来，特别是 90 年代之后，出现了繁荣与勃兴，传记图书出版的品种数量也逐年递增，从年出书几百种到上千种，传记的出版、人们阅读传记的热情以及相关研究等出现了持续热潮，传记图书时常占据畅销书排行榜，甚至高中语文课也开设传记选修课，从而促进了传记的普及与提高。在这一过程中，传记这一文体品类自身也生发着变化。

首先是传记功能与价值的拓展。一般来说，传记具有真实性，可以反映历史，留存史料，有着历史与史料价值；传记的传主多是成功或优异者，阅读传记可以借鉴他人的人生经验教训，具有励志与教育功能；如传主个性鲜明，作品可析赏，可作谈资，具有审美作用；从传记中也可以认识历史，认识社会，认识人性，因此也具有认知功能等。在现代商业社会，特别是我国社会主义市场经济体制确立后，出版业的产业功能以及图书的经济属性特别受到重视，图书畅销带来的经济功能与价值被空前强化了。传记类图书中的经管与财富类知名人物传记，名人如明星、主持人传记，长期占据畅销书排行榜，诸如业界知名的"金黎组合"专以打造名人传记畅销书为志业，因传记的畅销，可能会给传主、传记家、出版者、行销者等带来可观的经济回报及人气指数，更吸引着业界效仿，强化社会公众对人物传记畅销书经济功能与经济效用的认知。

其次是传记的类型更为丰富，表现出解放性与开放性特质。一种创作的兴旺，可以从其文体与形式的活跃与丰富多样上反映出来。几十年来，传记发展的勃兴，带来其样式、视角、方法以及语言等丰富变化，越来越不拘一格。随着传记的发展和新形式的出现，传记文体逐渐成为一个家族十分庞大的文类，有一个庞大的家族谱系，包括传记（他传）、自传、日记、书信、忏悔录、回忆录、谈话录、人物剪影、人物随笔等。可按不同标准再细分，如按传记创作对象来分类，则分为他传、自传、私人文献即边缘自传（如书信、日记、游记等）、亚自传（如回忆录、口述历史）等；按性质（文本中历史成分和文学成分的不同比重及编写时的目的和方法）可分为史传类、学术类（评传）和传记文学类等；按传主身份可分为政治人物传记、英雄传记、作家学者传记、明星传记、企业家传记、平民传记及个人史等。另外，如大传、全传、丛传，单个人物传、兄弟传、姐妹传、家族传，企业传等。还有，后现代消费文化下图像符号盛行出现的图传/画传，在传记文本中配有大量图像，甚至以图像为主要内容，作品以简洁、直观而生动的快餐文化面孔呈现，深受读者欢迎。这样，传记文体、样式呈现出丰富的多样性。

再者就是随着媒介技术的发展出现传记形态向多媒体、新媒体平台的实验与扩展的倾向。传记呈现的介质，除了图书、报刊这样的纸媒体文本外，随着媒体技术的发展，还可以以传记电影和电视片这样的影视传记形式出现。网络信息技术的发展，精英文化垄断的地位被消解，大众文化高歌猛进，出现了利用网络平台开发传记出版的现象，如把传主的图传设置在某个网址上以供自由阅读和下载的电子图传；还有如以互联网为平台提供个性化"按需印刷"的"印客"本；等等。

第二节　非虚构的时代传记研究展望

本书主要是从出版传播学、出版与社会关系等角度，系统梳理我国 1949 年以来六十多年的传记出版的数量变化、发展阶段等概况，同时将传记出版放在媒介空间的视域内，分析传记出版的时代背景与影响因素，来展现 1949 年以来我国出版发展的流变。同时，将笔墨重点放在探讨并展现传记出版与社会、时代之间密切的互动关系上。因此在结构设置以及内容分析上很少涉及传记出版中的问题。事实上，在传记蓬勃发展的过程中，出现了一些不容忽视的问题。

如真实性与文学性的度的问题。真实性是传记写作最基本的要求，也是其生命力之所在，但不乏写作者为表现作品的生动、形象、可读，为避尊者讳、亲者讳乃至掩饰隐藏自己的需要，写作的文本在人物、事件、材料基本真实的基础上，运用了包括再造想象和细节虚构及有限夸张在内的各种文学手法来生动鲜活地展示人物的生平、风采、性格和心灵，这影响了传记的历史真实性。

如传记出版的过度商业化问题。传记作为一种文化商品进入消费市场流通环节，消费文化的市场准则不可避免地会对传记的创作产生影响，有些作品为急就章，作者不肯下功夫写作，虚拟、杜撰的成分居多，传记内容日益八卦化、娱乐化、庸俗化、利益化等，刻意增加噱头和可看性，开始有"戏说"趋势，这样的问题也值得进一步探讨。

如传记出版中的法律、伦理问题。有的为了追求发行量和版税，触碰传记底线，披露绯闻、内幕花边，伪造签名等；有的传记在"真实"的名义下，大曝传主隐私，引来传主亲属的不满；还有如写名人传记要不要得到传主的授权等，这些都涉及传记出版中的法律与伦理问题，值得进行深入研究。

本书研究主要基于书目数据并从宏观、纵向上做相关梳理与分析，值得进一步对几十年传记发展每个阶段状况做细化分析，进行专题研究。事实上，传记图书是一个个文本，真正要分析研究几十年的传记出版，还需要大量阅读作品文本，这样才能以感性的认识、丰富的文本细节来支撑抽象概括的观点，以丰富的案例来归纳演绎，但鉴于几十年来出版了成千上万的海量文本内容，大量阅读展现尚须时日。

结合文本解读，细分专题，做小切口深入的研究。本研究主要立足于传记题材和传主的身份来分析，也是相对宏观的大块面梳理，其实还可以做进一步深入研究，除了上述提及的传记出版的问题研究外，还可以进行比如按传主的时代、传主的国别对比研究，结合阅读文本来做传记的样式、类型、写作特色、语言特色、作家创作风格特色等研究，这样通过小切口深入研究，会使得本课题的研究更加系统、丰满。

进一步完善数据，做更为精确的定量与定性研究分析。随着出版的数字化、网络化，对过去相关资源的加工、挖掘会进一步加强，相关书目数据、文本内容获取会更加容易，数据资源更新也会更快，如充实完善数据，可以做更进一步的细化精确分析。

还可以从介质、媒体的拓展方面丰富传记出版研究。传记作品，除了传记图书之外，还有报刊、传记片、网络新媒体传记等。如果要全面分析研究 1949 年以来传记出版传播情况，还不能忽视其他类型媒体介质所承载的传记。在将来的研究中，如能充实进相关内容，必定能使本研究内容更加丰满，体系更为完善，也能生发出更多的创新点。

21 世纪是非虚构的时代，属于传记的时代。在新的世纪，随着中国改革开放进一步深入，经济更加繁荣，中国已成为世界第二大经济体，与世界相融的进程加快，人的解放与自主意识更加强烈，加之媒体/自媒体的易得，对自我的展示与表达更为便捷与多样，相信传记的写作与出版传播会更加发达与繁盛，而关于传记的研究会越来越受到关注，进一步拓展、深入。

参考文献

（一）著作

［1］ A. L. Kroeber and Clyde Kluckhohn. *Culture：A Critical Review of Concepts and Definitions*. New York：Vintage Books （A Division of Random House），1952：3.

［2］ David Novarr, ed. *Lines of Life．Theories of Biography 1880 - 1970* ［M］. West Lafayatte：Purdue University Press, 1986.

［3］ Gail Porter Mandell. *Life into Art：Conversations with Seven Contemporary Biographers* ［M］. Arkansas： The University of Arkansas Press. 1991.

［4］ John Dryden. "Plutarch's Biography"．J. L. Clifford, ed. *Biography as an Art；Selected Criticism 1560 -1960* ［M］. Oxford ：Oxford University Press, 1962.

［5］ Lowenthal, L. *Literature, Popular Culture and Society* ［M］. Englewood Cliffs, N. J： Prentice-Hall, Inc. , 1961.

［6］ *New Encyclopaedia Britannica*, 15th edition, Vol. 23.

Chicago：Encyclopedias Britannica，Inc，1989.

[7] 〔波〕彼得·什托姆普卡.社会变迁的社会学 [M].林聚任等译.北京：北京大学出版社，2011.

[8] 〔德〕埃尔哈德·海诺德.书和书籍出版 [M].何云峰，王晓明译.上海：同济大学出版社，1991.

[9] 〔德〕恩格斯.社会主义从空想到科学的发展·马克思恩格斯选集（第三卷）[M]，北京：人民出版社，1972.

[10] 〔德〕歌德.歌德自传 [M].刘思慕译.上海：三联书店，1998.

[11] 〔德〕马克思.1857—1858经济学手稿 [M]//马克思恩格斯全集（第46卷下）.北京：人民出版社，1980.

[12] 〔法〕安德烈·莫洛亚.传记面面观 [M].陈苍多译.台北：台北商务印书馆，1986.

[13] 〔法〕菲利浦·勒热讷.自传契约 [M].杨国政译.北京：三联书店，2001.

[14] 〔法〕列斐伏尔.空间的生产（新版序言）[M].刘怀玉译.//张一兵.社会批判理论纪事.北京：中央编译出版社，2006.

[15] 〔古希腊〕普鲁塔克.希腊罗马名人传（第7卷第1章）[M].席代岳译.长春：吉林出版集团有限公司，2009.

[16] 〔加拿大〕阿尔维托·曼古埃尔.阅读史 [M].吴昌杰译.北京：商务印书馆，2002.

[17] 〔加拿大〕莫斯可.传播政治经济学 [M].胡正荣等译.北京：华夏出版社，2000.

[18] 〔加拿大〕伊尼斯.传播的偏向 [M].何道宽译.北京：中国人民大学出版社，2003.

[19] 〔美〕彼德斯.交流的无奈：传播思想史 [M].何道宽译.北京：华夏出版社，2003.

[20] 〔美〕乔尔·鲁蒂诺，安东尼·格雷博什.媒体与信

息伦理学［M］. 霍政欣等译. 北京：北京大学出版社，2009.

[21] ［美］倪豪士. 传记与小说［M］. 北京：中华书局，2007.

[22] ［美］瓦戈. 社会变迁［M］. 王晓黎等译. 北京：北京大学出版社，2007.

[23] ［美］汪荣祖. 史传通说［M］. 北京：中华书局，1989.

[24] ［美］沃尔特·李普曼. 公共舆论［M］. 阎克文，江红译. 上海：上海人民出版社，2002.

[25] ［美］周绍明. 书籍的社会史：中华帝国晚期的书籍与士人文化［M］. 何朝晖译. 北京：北京大学出版社，2009.

[26] ［日］川合康三. 中国的自传文学［M］. 蔡毅译. 北京：中央编译出版社，1999.

[27] ［英］艾伦·谢尔斯顿. 传记［M］. 李文辉，尚伟译. 北京：昆仑出版社，1993.

[28] ［英］保尔·汤普逊. 过去的声音——口述史［M］. 覃方明，渠东，张旅平译. 沈阳：辽宁教育出版社、牛津大学出版社，2000.

[29] ［英］戴维·芬克尔斯坦，阿里斯泰尔·麦克利里. 书史导论［M］. 何朝晖译. 北京：商务印书馆，2012.

[30] ［英］丹尼斯·麦奎尔，［瑞典］斯文·温德尔. 大众传播模式论［M］. 祝建华，武伟译. 上海：上海译文出版社，1997.

[31] ［英］卡尔·波普尔. 客观知识：一个进化论的研究［M］. 舒炜光，卓如飞等译. 上海：上海译文出版社，2001.

[32] ［英］里顿·斯特拉奇. 维多利亚［M］. 北京：国际文化出版公司，2004.

[33] 包亚明主编. 文化资本与社会炼金术：布尔迪厄访谈录［M］. 包亚明译. 上海：上海人民出版社，1997.

［34］查建英主编.八十年代：访谈录［M］.北京：三联书店，2006.

［35］陈晋主编.毛泽东读书笔记解析（下册）［M］.广州：广东人民出版社，1996.

［36］陈俊屹，陈凤军.《雷锋的故事》出版记［M］//雷锋在沈阳.沈阳：沈阳出版社，2013.

［37］陈兰村，叶志良主编.20世纪中国传记文学论［M］.天津：天津人民出版社，1998.

［38］陈兰村，张新科.中国古典传记论稿［M］.西安：陕西人民教育出版社，1991.

［39］陈兰村主编.中国传记文学发展史［M］.北京：语文出版社，1999.

［40］陈伟军.传媒视域中的文学：建国后十七年小说的生产机制与传播方式［M］.桂林：广西师范大学出版社，2009.

［41］陈占彪.反思与重构——中国现代文学研究的学术转型［M］.南京：南京大学出版社，2009.

［42］邓小平.邓小平文选（第1卷）［M］.北京：人民出版社，1994.

［43］邓小平.目前的形势和任务（1980年1月16日）［M］//邓小平文选（第2卷）.北京：人民出版社，1994.

［44］邓小平.在中国文学艺术工作者第四次代表大会上的祝辞［M］//中国新文艺大系1976—1982·理论一集·上卷.北京：中国文联出版公司，1988.

［45］方厚枢，魏玉山.中国出版通史·中华人民共和国卷［M］.北京：中国书籍出版社，2008.

［46］方玲玲.媒介空间论：媒介的空间想象力与城市景观［M］.北京：中国传媒大学出版社，2011.

［47］房福贤.新时期中国现代文学家传记研究十六讲

[M]. 济南：山东文艺出版社，2009.

[48] 冯尔康. 清代人物传记史料研究 [M]. 天津：天津教育出版社，2005.

[49] 冯骥才. 一百个人的十年·前言 [M]. 南京：江苏文艺出版社，1997.

[50] 高皋，严家其."文化大革命"十年史 [M]. 天津：天津人民出版社，1988.

[51] 高楠，王纯菲. 中国文学跨世纪发展研究 [M]. 北京：人民文学出版社，2008.

[52] 高玉宝.《高玉宝》出版后和我怎样写这本书（代序）[M]//高玉宝. 北京：解放军文艺出版社，1991.

[53] 郭丹. 史传文学：文与史交融的时代画卷 [M]. 桂林：广西师范大学出版社，1999.

[54] 郭久麟. 传记文学写作论 [M]. 香港：天马图书有限公司，1999.

[55] 郭久麟. 传记文学写作与鉴赏 [M]. 北京：中国三峡出版社，2003.

[56] 郭久麟. 中国二十世纪传记文学史 [M]. 太原：山西人民出版社，2009.

[57] 郭双成. 史记人物传记论稿 [M]. 郑州：中州古籍出版社，1985.

[58] 寒山碧. 香港传记文学发展史 [M]. 香港：东西文化事业公司，2003.

[59] 韩兆琦. 中国传记艺术 [M]. 呼和浩特：内蒙古教育出版社，1998.

[60] 韩兆琦主编. 中国传记文学史 [M]. 石家庄：河北教育出版社，1992.

[61] 何元智，朱兴榜. 中西传记文学研究 [M]. 北京：中国文学出版社，2003.

［62］胡洪侠，张清主编. 1978—2008 私人阅读史［M］.深圳：深圳报业集团出版社，2009.

［63］胡适. 藏晖室札记（卷七第一条）［M］. 上海：亚东图书馆，1939.

［64］胡适. 四十自述·序［M］. 北京：中国言实出版社，2014.

［65］胡适. 书舶庸谭·序［M］// 董康. 书舶庸谭. 沈阳：辽宁教育出版社，1998.

［66］黄林. 晚清新政时期图书出版业研究［M］. 长沙：湖南师范大学出版社，2007.

［67］黄镇伟. 中国编辑出版史［M］. 苏州：苏州大学出版社，2003.

［68］雷启立，孙蔷. 在呈现中建构：传媒文化与当代中国人精神生活研究［M］. 上海：上海文化出版社，2007.

［69］李白坚. 中国出版文化概观［M］. 南宁：广西教育出版社，1999.

［70］李健. 中国现代传记文学研究［M］. 北京：新华出版社，2010.

［71］李健. 中国新时期传记文学研究［M］. 北京：新华出版社，2008.

［72］李洁非，杨劼. 共和国文学生产方式［M］. 北京：社会科学文献出版社，2011.

［73］李少雍. 司马迁传记文学论稿［M］. 重庆：重庆出版社，1987.

［74］李祥年. 传记文学概论［M］. 合肥：安徽文艺出版社，1993.

［75］李祥年. 汉魏六朝传记文学史稿［M］. 上海：复旦大学出版社，1995.

［76］李向阳，魏扬波. 口述史研究方法［M］. 上海：上

海人民出版社，2010.

[77] 李秀萍. 文学研究会与中国现代文学制度 [M]. 北京：中国传媒大学出版社，2010.

[78] 李战子. 语言的人际元功能新探——自传话语的人际意义研究 [M]. 北京：军事谊文出版社，2000.

[79] 梁启超. 梁启超全集（第七册）[M]. 北京：北京出版社，1999.

[80] 刘杲，石峰主编. 新中国出版五十年纪事 [M]. 北京：新华出版社，1999.

[81] 刘绍唐. 什么是传记文学 [M]. 台北：传记文学出版社，1967.

[82] 鲁曙明，洪浚浩主编. 西方人文社科前沿述评·传播学 [M]. 北京：中国人民大学出版社，2007.

[83] 陆本瑞主编. 世界出版概观 [M]. 北京：中国书籍出版社，1991.

[84] 路善金. 中国传媒与文学互动研究 [M]. 北京：中国社会科学出版社，2007.

[85] 路英勇. 认同与互动："五四"新文学出版研究 [M]. 合肥：安徽文艺出版社，2004.

[86] 罗维扬. 回忆录写作 [M]. 长沙：岳麓书社，2006.

[87] 马烽. 刘胡兰传·后记 [M]. 北京：作家出版社，2008.

[88] 毛泽东. 毛泽东选集（第 5 卷）[M]. 北京：人民出版社，1991.

[89] 毛泽东. 中国革命和中国共产党 [M] // 毛泽东选集（第二卷）. 北京：人民出版社，1991.

[90] 彭斐章. 目录学教程 [M]. 北京：高等教育出版社，2004.

[91] 秦林芳. 浅草—沉钟社研究 [M]. 北京：中国社会科学出版社，2002.

[92] 全展. 传记文学：阐释与批评 [M]. 武汉：湖北人民出版社，2007.

[93] 全展. 中国当代传记文学概观 [M]. 哈尔滨：黑龙江人民出版社，2004.

[94] 邵延淼. 古今中外人物传记指南录（前、正、续、补编）[M]. 南京：江苏教育出版社，1990、1989、1997、2002.

[95] 沈仁干，钟颖科. 著作权法概论 [M]. 沈阳：辽宁教育出版社，1995.

[96] 沈奕斐. 被建构的女性：当代社会性别理论 [M]. 上海：上海人民出版社，2005.

[97] 石原皋. 闲话胡适 [M]. 合肥：安徽人民出版社，1990.

[98] 唐岫敏. 斯特拉奇与"新传记"：历史与文化的透视 [M]. 太原：山西人民出版社，2010.

[99] 万伯翱等. 传记文学新近学术文论选 [C]. 北京：中国青年出版社，2011.

[100] 王本朝. 中国当代文学制度研究（1949—1976）[M]. 北京：新星出版社，2007.

[101] 王璞. 作家录影传记十年回顾 [M]. 北京：文化艺术出版社，2010.

[102] 王庆生主编. 中国当代文学史 [M]. 北京：高等教育出版社，2003.

[103] 王铁仙，王文英主编. 二十世纪中国社会科学·文学卷 [M]. 上海：上海人民出版社，2005.

[104] 王秀涛. 中国当代文学生产与传播制度研究 [M]. 北京：文化艺术出版社，2013.

［105］王兆彤. 传记·回忆录写作导引［M］. 济南：山东文艺出版社，1987.

［106］吴秀明主编. 中国当代文学史写真（上中下）［M］. 杭州：浙江大学出版社，2002.

［107］吴义勤主编. 文学制度与中国新时期文学［M］. 北京：文化艺术出版社，2013.

［108］武汉大学图书馆学系《中文工具书使用法》编写组编. 中文工具书使用法［M］. 北京：商务印书馆，1982.

［109］肖东发，方厚枢主编. 中国编辑出版史（下册）［M］. 沈阳：辽海出版社，2006.

［110］辛广伟. 台湾出版史［M］. 石家庄：河北教育出版社，2000.

［111］新闻出版总署图书出版管理司编. 图书出版管理手册（2006 修订）［M］. 北京：中国法制出版社，2006.

［112］徐光荣，黄瑞主编. 传记文学的崛起与勃兴——首届中国传记文学学术研讨会论文选［C］. 哈尔滨：黑龙江人民出版社，2003.

［113］徐丽芳等. 中国百年畅销书［M］. 西安：陕西师范大学出版社，2001.

［114］许正林. 欧洲传播思想史［M］. 上海：上海三联书店，2004.

［115］杨国政，赵白生主编. 传记文学研究（欧美文学论丛·第四辑）［C］. 北京：人民文学出版社，2005.

［116］杨击. 传播·文化·社会——英国大众传播理论透视［M］. 上海：复旦大学出版社，2006.

［117］杨敏，北辰. 文史工具书应用基础［M］. 上海：上海古籍出版社，2004.

［118］杨正润. 现代传记学［M］. 南京：南京大学出版社，2009.

[119] 杨正润. 传记文学史纲 [M]. 南京：江苏教育出版社，1994.

[120] 杨正润主编. 众生自画像：中国现代自传与国民性研究（1840—2000）[M]. 上海：上海人民出版社，2009.

[121] 杨周翰，吴达元，赵萝蕤主编. 欧洲文学史 [M]. 北京：人民文学出版社，1997.

[122] 姚福申. 中国编辑史（修订本）[M]. 上海：复旦大学出版社，2004.

[123] 叶继元. 学术规范通论 [M]. 上海：华东师范大学出版社，2005.

[124] 叶永烈. 历史选择了毛泽东·前言 [M]. 北京：华夏出版社、四川人民出版社，2011.

[125] 叶志良. 现代中国传记写作的历史与叙事 [M]. 北京：清华大学出版社，2012.

[126] 永瑢等. 四库全书总目 [M]. 北京：中华书局，1997.

[127] 郁达夫. 什么是传记文学？ [M] // 郁达夫文集（第6卷）. 广州：花城出版社，1983.

[128] 余嘉锡. 目录学发微（含《古书通例》）[M]. 北京：中国人民大学出版社，2004.

[129] 俞樟华. 中国传记文学理论研究 [M]. 长沙：湖南文艺出版社，2000.

[130] 语文出版社教材研究中心编. 中外优秀传记选读 [M]. 北京：语文出版社，2007.

[131] 张器友. 近五十年中国文学思潮通论 [M]. 合肥：安徽教育出版社，2000.

[132] 张升阳. 当代中国报告文学史论 [M]. 北京：中国社会科学出版社，2002.

[133] 张新科. 唐前史传文学研究 [M]. 西安：西北大

学出版社，2000.

[134] 张之洞. 书目答问补正 [M]. 范希曾编，方霏点校整理. 南京：江苏古籍出版社，2000.

[135] 张志强. 20 世纪中国的出版研究 [M]. 南宁：广西教育出版社，2004.

[136] 张志强. 现代出版学 [M]. 苏州：苏州大学出版社，2003.

[137] 章宏伟. 出版文化史论 [M]. 北京：华文出版社，2002.

[138] 赵白生. 传记文学理论 [M]. 北京：北京大学出版社，2003.

[139] 赵白生主编. 传记文学通讯（1—6 期）[C]. 北京：北京大学世界传记研究中心、中外传记文学研究会，1996—2007.

[140] 赵山奎. 精神分析与西方现代传记 [M]. 北京：中国社会科学出版社，2010.

[141] 郑也夫. 后物欲时代的来临 [M]. 上海：上海人民出版社，2006.

[142] 郑尊仁. 台湾当代传记文学研究 [M]. 台北：秀威资讯科技，2003.

[143] 中国出版科学研究所，中央档案馆. 中华人民共和国出版史料（9）1957—1958 [M]. 北京：中国书籍出版社，2004.

[144]《中国大百科全书》总编委会. 中国大百科全书·中国文学卷 [M]. 北京：中国大百科全书出版社，1988.

[145] 中国中外传记文学研究会编. 传记文学研究 [C]. 长沙：湖南文艺出版社，1997.

[146] 中宣部出版局《出版工作文献选编》编辑组编. 出版工作文献选编 [M]. 沈阳：辽宁教育出版社，1991.

[147] 周新国主编. 中国口述史学的理论与实践 [M].
北京: 中国社会科学出版社, 2005.

[148] 朱东润. 八代传叙文学述论 [M]. 上海: 复旦大
学出版社, 2006.

[149] 朱文华. 传记通论 [M]. 上海: 复旦大学出版
社, 1993.

[150] 朱旭晨. 秋水斜阳芳菲度——中国现代女作家传记
研究 [M]. 北京: 人民日报出版社, 2006.

[151] 诸葛蔚东. 媒介与社会变迁: 战后日本出版物中变
化着的价值观念 [M]. 北京: 北京大学出版社, 2006.

[152] 左玉河. 移植与转化: 中国现代学术机构的建立
[M]. 郑州: 大象出版社, 2008.

(二) 期刊论文

[1] 曹明臣. 1980 年代中期以来大陆蒋介石研究的回顾与
反思 [J]. 历史教学, 2012 (24): 62-66.

[2] 陈红民, 何扬鸣. 蒋介石研究: 六十年学术史的梳理
与前瞻 [J]. 学术月刊, 2011 (5): 147-154.

[3] 陈三井. 传记文学与中国近代史上的"禁忌"问题
[J]. 台北: 传记文学, 1982 (2).

[4] 樊跃发. 新中国建立初期毛泽东反个人崇拜思想特点
分析 [J]. 毛泽东思想研究, 2010 (5): 97-101.

[5] 冯建辉. 关于个人崇拜的历史反思 [J]. 炎黄春秋,
1999 (7): 34-40.

[6] 傅惠民辑. 40 年来我国部分出版社发行在 50 万册以
上的图书目录 (三) [J]. 出版工作, 1989 (12).

[7] 傅惠民辑. 40 年来我国部分出版社发行在 50 万册以
上的图书目录 (二) [J]. 出版工作, 1989 (11).

[8] 傅惠民辑. 40 年来我国部分出版社发行在 50 万册以

上的图书目录（一）[J]. 出版工作,1989（10）.

[9] 郜元宝. 另一种权力 [J]. 当代作家评论,2001（2）.

[10] 何长工. 写革命回忆录是我们应尽的社会义务 [J]. 文学知识, 1959（1）.

[11] 何朝晖. 另一种"书史" [J]. 读书, 2010（5）: 75-81.

[12] 胡适. 南通《张季直先生传记》序 [J]. 吴淞月刊, 1930（1）: 4.

[13] 胡哲敏. 刘永好：首富常青法则 [J]. 农家科技, 2012（2）: 28.

[14] 贾西津. 转型成功依赖公民社会成长 [J]. 炎黄春秋, 2013（6）: 95-97.

[15] 焦敬华. 消费文化视域中的电视主持人出书现象 [J]. 四川戏剧, 2014（12）: 80-84.

[16] 蓝荻. 都市流行"富人书" [J]. 沪港经济, 1993（3）: 63.

[17] 李保平. 试论当代企业家传记的出版问题 [J]. 河北学刊, 1997（3）: 106-108.

[18] 李康化. 论消费主义的文化意识形态——文化消费主义研究之一 [J]. 中国文化产业评论, 2003: 161-172.

[19] 李怡. "民国热"与民国文学研究 [J]. 华夏文化论坛, 2013（2）.

[20] 刘光裕. 论中国出版史分期 [J]. 济南大学学报（社科版）, 2008（3）: 64-71.

[21] 柳斌杰. 提高创新意识　加快改革发展 [J]. 中国出版, 2003（1）: 8-14.

[22] 马寿帅. 谈消费社会语境中的偶像崇拜 [J]. 剑南文学（经典教苑）, 2011（10）: 176-178.

［23］牧人.为平民立传，帮百姓出书：草根传记类图书出版一瞥［J］.出版参考，2015（8）：34-35.

［24］钱茂伟.时代呼唤中国传记史学研究［J］.人文杂志，2013（8）：82-89.

［25］宋木文.出版社"企业属性"考［J］.出版发行研究，2003（9）：5-8.

［26］宋应离.胡乔木对新中国出版事业的贡献［J］.出版史料，2006（2）.

［27］孙桂珍，郭燕奎.关于传记著作的分类［J］.国家图书馆学刊，1983（2）：30-33.

［28］唐春元."文革"时期毛泽东生平传记的文本研究［J］.湖南科技大学学报（社会科学版），2011（2）：20-28.

［29］王甫.从好舌头到好笔头——从电视主持人出书谈起［J］.博览群书，2003（9）：29-31.

［30］王丽雅.美国公共电视网跨文化传播节目探析［J］.中国传媒科技，2012（6）：69-71.

［31］王敏.关于大型人物传记丛书《中共党史人物传》的编辑出版工作［M］.编辑之友，1991（3）.

［32］王玉瑾.改革开放以来中共党史人物研究的特点与思考［J］.中共南昌市委党校学报，2014（1）：23-26.

［33］夏燕."印客"：草根出书梦想成真［J］.观察与思考，2007（21）：42-43.

［34］谢振声.吴运铎和《把一切献给党》［J］.出版史料，2011（3）.

［35］徐非光.就"毛泽东热"对邓力群同志的采访和对话［J］.中流杂志，1991（10）.

［36］徐小立，刘赞.消费时代的明星报道：消费偶像的塑造［J］.广州大学学报（社会科学版），2009（11）：23-26.

[37] 杨春时. 现代性与三十年来中国的文学思潮 [J].中国社会科学，2009（1）：150-160.

[38] 叶继元. 图书、学术图书与人文社科学术图书种数之考察 [J].大学图书馆学报，2016（1）：5-15.

[39] 易竹贤. 胡适其人及胡适研究述评 [J]. 江汉论坛，2005（3）：108-111.

[40] 于文. "书籍史"的孕育与诞生 [J]. 图书·情报·知识，2009（11）：57-63.

[41] 于友先. 论现代出版产业的双效益活力 [J]. 出版发行研究，2003（8）：10-12.

[42] 詹君恒. 企业书籍出版与企业品牌软传播 [J]. 商业经济，2012（1）：31-33.

[43] 张昊远. 史学的人文关怀与平民传记 [J]. 湖南科技学院学报，2013（3）：72-75.

[44] 张慧瑜. "草根"的文化功能：以王宝强、草根达人为例 [J]. 艺术评论，2011（9）：57-61.

[45] 张文飞. 苦涩的丰收——对我国新时期以来传记文学"热潮"的粗略考察 [J]. 文艺评论，1999（3）：38-41.

[46] 张宪文. 从"险学"到"显学"：蒋介石研究的过去、现在与未来 [J]. 社会科学战线，2011（8）：227-233.

[47] 赵山奎. 论精神分析理论与西方传记文学 [J]. 南京师范大学文学院学报，2007（3）：111-117.

[48] 周可. 走进胡适的世界——读 90 年代出版的几本胡适传记 [J]. 东北史地，1998（3）：30-33.

（三）学位论文

[1] 郭小英. 中国现代学术性自传研究 [D]. 上海：复旦大学，2008.

[2] 李健. 中国新时期传记文学研究 [D]. 兰州：兰州大

学,2007.

[3] 潘阳. 历史与叙述——革命自传文学（1949—1966）研究 [D]. 上海：华东师范大学，2011.

[4] 唐岫敏. 斯特拉齐与"新传记"——历史与文化的透视 [D]. 南京：南京大学，2004.

[5] 田英华. 语言学视角下的传记体研究 [D]. 上海：复旦大学,2009.

[6] 汪广松.关于胡适传记的研究 [D].上海：复旦大学，2004.

[7] 王凌云. 新时期中国画家传记研究 [D]. 济南：山东师范大学,2010.

[8] 王永. 还原·想象·阐释——中国现当代诗人传记研究 [D]. 北京：首都师范大学,2008.

[9] 吴凌春. 论新中国传记片的创作（1949—2010）[D]. 上海：复旦大学,2011.

[10] 杨慧. 徐迟《哥德巴赫猜想》的传播学研究 [D]. 保定：河北大学，2008.

[11] 赵山奎. 精神分析与西方现代传记 [D]. 南京：南京大学,2005.

[12] 朱旭晨. 秋水斜阳芳菲度——中国现代女作家传记研究 [D]. 上海：复旦大学,2006.

（四）报纸文章

[1] 《江泽民传》作者讲述传记出版幕后故事 [N]. 武汉晨报，2005-2-25.

[2] 曹东勃. 领导人影视形象的演变 [N]. 中老年时报，2014-9-5（5）.

[3] 陈杰. 一本平民回忆录里的"市场经" [N]. 北京商报，2012-2-2.

［4］陈熙涵，胡敏．明星出书，集体遭遇寒冬？ ［N］．文汇报，2010-2-9（1）．

［5］陈雪莲．大陆首届蒋介石研讨会召开始末［N］．国际先驱导报，2010-4-26．

［6］楚昕．记录家族记忆，增添鲜活细节："平民史"图书渐流行［N］．太原日报，2014-4-1．

［7］歌颂无产阶级文化大革命　歌颂社会主义新生事物北京市工农兵业余文艺阵地百花盛开［N］．新华社电，1976-4-20．

［8］关庆丰．老一辈主要领导人官方传记基本出齐［N］．新京报，2014-8-19．

［9］胡平．传记与历史［N］．文艺报，2000-3-7．

［10］孔任远．中央文献研究室：海外版领导人自传没我们的严肃［N］．中新社北京电，2011-6-14．

［11］李景端．该给明星热降降温［N］．光明日报，2013-9-5（2）．

［12］李雅宁．明星书挖掘明星价值层次渐深［N］．中国图书商报，2008-4-11（5）．

［13］梁庆标．国内第一专业的传记研究刊物［N］．中华读书报，2014-3-21．

［14］路艳霞．出版社出书"赌"上体育明星［N］．北京日报，2012-8-14（16）．

［15］吕绍刚．从雷锋到周杰伦：30年偶像之变［N］．新华网，2008-11-23．

［16］毛泽东传记一直是出版界的热点［N］．新商报，2010-8-23（42）．

［17］潘云唐．科学家传记出版有三大系统工程［N］．中国科学报，2014-11-28（10）．

［18］钱欢青．民国图书：热闹之中有隐忧［N］．济南时

报，2013 - 1 - 22.

　　[19] 秦志希. 描述"这一个"的独特道路 [N]. 人民日报，1988 - 3 - 19.

　　[20] 邱恒明. 企业家传记：开启人生哲学的钥匙 [N]. 中国新闻出版报，2008 - 4 - 11（9）.

　　[21] 石宗源. 认真学习宣传贯彻十六大精神，以"三个代表"重要思想为指导，在全面建设小康社会进程中开创新闻出版工作新局面：2003 年全国新闻出版局长会议主题报告 [N]. 中国新闻出版报，2003 - 2 - 26.

　　[22] 苏丹. 蒋介石传记境外中译本首度在大陆出版发行 [N]. 中国新闻网，2010 - 1 - 24.

　　[23] 孙红. 图书市场流行"个人史" [N]. 北京晨报，2004 - 8 - 12.

　　[24] 汪成法.《毛泽东的青年时代》一书是萧三所著 [N]. 中华读书报，2007 - 11 - 14.

　　[25] 王德昌. 揭秘《雷锋的故事》出版前后　历尽艰辛终于付梓 [N]. 中国新闻出版报，2013 - 3 - 28.

　　[26] 王洪波，郭倩. 38 年的民国　40 年的"民国史" [N]. 中华读书报，2011 - 10 - 26（9）.

　　[27] 无产阶级必须占领农村文艺阵地 [N]. 人民日报，1970 - 10 - 27.

　　[28] 吴灿. 蒋介石著作首度在大陆出版，收录部分墨迹 [N]. 世界新闻报，2012 - 2 - 12.

　　[29] 吴娟. 蒋介石：逼近历史的真实 [N]. 时代周报，2010 - 3 - 17.

　　[30] 严友良. 蒋介石一生　刻下现代中国每一瞬间 [N]. 时代周报，2011 - 4 - 21（126）.

　　[31] 杨天石. 找寻真实的蒋介石：蒋介石日记解读 1 [N]. 北京青年报，2015 - 10 - 16（B12）.

[32] 张翠侠.传记书：从明星效应到细节制胜 [N].中国图书商报，2004-11-19（11）.

[33] 张国功."民国热"中的出版史研究：民国风流的因与果 [N].中华读书报，2012-1-30.

[34] 张弘.《傅雷家书》：畅销 25 年的父子书 [N].新京报，2008-7-6.

[35] 张伟."有趣"元素流行　虚虚实实"民国热" [N].中国青年报，2007-10-25（10）.

[36] 赵昂.在运动生涯的"黄金期"出书——体育明星的"作家梦" [N].工人日报，2012-10-22（7）.

[37] 周扬.继往开来，繁荣社会主义新时期的文艺——一九七九年十一月一日在中国文学艺术工作者第四次代表大会上的报告 [N].人民日报，1979-11-20.

[38] 朱四倍.明星出书：不招人待见的"例牌菜" [N].深圳商报，2013-12-19（C04）.

（五）报告

[1] 华国锋.团结起来，为建设社会主义的现代化强国而奋斗——在五届全国人大一次会议上的政府工作报告 [R].1978-2-26.

（六）网络文献

[1]《万达哲学》创中国企业家传记类书籍新纪录 [EB/OL].http://book.ifeng.com/a/20151225/18381_0.shtml.

[2] 出版管理条例 [EB/OL].http://www.gov.cn/gongbao/content/2002/content_61879.htm.

[3] 改革开放 30 年：企业界不能忘记的 30 位人物 [EB/OL].http://economy.enorth.com.cn/system/2008/10/21/

003732550. shtml.

[4] Life Writing at King's College London：inviting applications for MA and PhD programmes [EB/OL]. http：//www. sclw. sjtu. edu. cn/contents/4/96. html/2012 - 05 - 17.

[5] 艾君. 改革开放30年，"草根文化"补充了主流文化 [EB/OL]. 中国网，china. com. cn，2008 - 12 - 22. http：// www. china. com. cn/economic/zhuanti/ggkf30/2008 - 12/22/ content_16988507. html.

[6] 白云涛.《毛泽东选集》出版的前前后后 [EB/OL]. 中国共产党新闻网，2013 - 12 - 18. http：//www. szhgh. com/Article/red - china/mzd/maoshidai/201312/39259. html.

[7] 陈红民. 蒋介石在中国大陆的"三张面孔" [EB/OL]. 澎湃新闻，http：//www. thepaper. cn/ 2015 - 10 - 22.

[8] 陈玮，任磊磊. 民国热是个伪命题：迷恋过去，美化当时 [EB/OL].中国新闻网，2014 - 11 - 3.

[9] 陈昕. 当前中国出版业的发展状况与需要解决的六大问题 [EB/OL]. http：//www. bkpcn. com. /2005 - 05 - 23.

[10] 陈益民. 一部奇书在中国的离奇出版历程——谈《蒋介石秘录》 [EB/OL]. http：//blog. sina. com. cn/s/blog_ c5a856cd0102vsye. html/2015 - 01 - 17.

[11] 郭久麟. 传记文学应该成为独立文学文体 [EB/OL]. http：//www. chinawriter. com. cn/bk/2014 - 01 - 22/ 74286. html.

[12] 国务院关于非公有资本进入文化产业的若干决定 [EB/OL]. http：//news. xinhuanet. com/newscenter/2005 - 08/08/content_3325946. html.

[13] 何家栋，邢小群. 关于小说《刘志丹》写作的前前后后 [EB/OL]. www. 21ccom. net.

［14］ 刘国新. 斯诺与《毛泽东自传》［EB/OL］. http：//www. txssw. com/newswrmzd/maozedongxingjiulunwenku/39215. html 天下韶山网/2011 - 12 - 06.

［15］ 钱茂伟. 当代中国平民传记出版现状调查［EB/OL］. http：//blog. sina. com. cn/qianmaowei.

［16］ 钱茂伟. 公众史学视野下的个人史书写［EB/OL］. http：//blog. sina. com. cn/s/blog_4dade78b0102vj87. html.

［17］ 苏丹. 蒋介石传记境外中译本首度在大陆出版发行［EB/OL］. 中国新闻网, http：//www. chinanews. com/tw/tw - lscq/news/2010/01 - 24/2088413. shtml.

［18］ 为普通人定制个人传记　出版价值引热议［EB/OL］. 中国出版在线, http：//chinachuban. cn/news/show/53814/.

［19］ 吴秀明. 论近年领袖传记文学的创作［EB/OL］. http：//www. tenyun. com/guanlitizhi/200807/29 - 288983. shtml.

［20］ 杨奎松. 大陆蒋介石研究相关主题回顾［EB/OL］. 社科文献出版社近代史主题公众号, http：//jds. cass. cn/Item/30880. aspx/2015 - 07 - 01.

［21］ 杨天石. 历史研究要摆脱"土匪史观"［EB/OL］. 光明网. http：//www. gmw. cn/01wzb/2007 - 12/09/content_707613. htm.

［22］ 杨天石. "人民公敌"还是"世界的救星"？——杨天石告诉你所不知道的蒋介石［EB/OL］. 人民网. http：//history. people. com. cn/GB/206507/206508/13101910. html/2010 - 11 - 01.

［23］ 张鸣. "文革"中毛泽东为何贬低孔子抬高秦始皇［EB/OL］. http：//history. sina. com. cn/bk/2014 - 05 - 12/104590593. shtml.

[24] 中共中央办公厅关于严格执行编辑出版党和国家主要领导同志讲话选编和研究著作有关规定的通知（1998 年 12 月 28 日）[EB/OL]．中国共产党新闻网，http://cpc. people. com. cn/GB/64162/71380/71382/71384/4856196. html.

[25] 中国版本图书馆历史沿革［EB/OL］．中国版本图书馆网站，http://www. capub. cn/bgjs/index. shtml.

[26] 中国大陆图书出版发展概况［EB/OL］．中国出版网，2007－2－13.

[27] 中央文献研究室简介［EB/OL］．中共中央文献研究室网站，http://www. wxyjs. org. cn/zywxyjsjj_485/.

[28] 周扬在中国文学艺术工作者第二次代表大会上的报告［EB/OL］．http://www. chinawriter. com. cn/2011/2011－11－03/104138. html.

（七）其他文献

[1]《全国总书目》
[2] 中国版本图书馆传记书目

后　记

历史记录了人类从野蛮到文明的成长历程；历史是一个实验室，在经济、宗教、文学、科学和政权等方面，正在做着无数实验；历史是我们的根，给予我们启发；历史是一条我们来时的路；历史是唯一可以令人明辨当下的光，带领我们走向未来。美国哲学家、历史学家威尔·杜兰特对什么是历史做了意味丰饶的表达。六十多年的传记出版发展历程，在人类历史长河中，是一朵小浪花，一个小实验，一束小小的光，但能从某种程度上，展示我们走过了什么样的路，也提醒我们应该选择走什么样的路。

本书是在我的博士学位论文基础上修改完善而成的，能有机会付梓成书，也算是个人多年学习的总结与汇报。这里要表达的，是诸多感谢。

2000 年秋季的某一天，在南京师范大学读研的我贸然敲开了南京大学鼓楼校区图书馆楼上教室的大门，向正在讲课的张志强老师表达了听课的意愿，张老师对我这位不速之客表示了欢迎，这样，我便成了一名南大旁听生。南师大硕士毕业工作几年后，我有机会跟张志强教授读博。其间，包括研究选题的确定、查找资料、修改等，一直以来，在学习、工作等多方面，张志强教授给予我无微不至的关心和帮助。这种缘分与情谊，不是简单的"谢谢"两个字所能表达的。因了这种缘分，情谊催生了情谊，结识了众多兄弟姐妹，感受到张门大家庭的温暖与欢乐。

完成课程学业以及本研究的写作与完善，离不开信息管理学院诸位师长的指点与帮助，他们是沈固朝教授、孙建军教授、郑建明教授、叶继元教授、吴建华教授、陈雅教授、苏新宁教授、朱庆华教授、朱学芳教授、华薇娜教授、邵波教授、黄奇教授、杨海平教授、左健教授、欧石燕教授、李刚教授，刘树民副教授、王鹏涛副教授、岳泉副教授、吴燕副教授以及薛祯祯老师、赵仁铃老师、张芳老师、刘千里老师等；校外答辩专家上海大学金波教授、吕斌教授以及盲审评阅专家，提出了宝贵的修改意见，这里要感谢他们。收集资料与撰写过程中，有机会得到北京大学外语学院世界文学研究所所长赵白生教授、西南大学郭久麟教授当面指教，原南京大学、现上海交通大学杨正润教授不吝指教，湖北荆门理工学院全展教授惠寄大作，南京大学裴显生教授、南京师范大学新传院方晓红教授、倪延年教授等也关心着我，在此要感谢他们。感谢同门学友潘文年、王翎子等的帮助。

还要感谢供职的江苏凤凰出版传媒集团、江苏凤凰文艺出版社各位领导的支持、关心与照顾，同事们的支持与帮助。张昌华先生借阅资料，江苏人民出版社王保顶编审、江苏凤凰教育出版社章俊弟编审对本研究予以指点，也要感谢他们。

特别要提的，感谢中国版本图书馆、国家图书馆以及吉林通化冬禄书斋王东路提供书目数据等资料。为丰富本书版面，还配以文中提及的部分有代表性图书的书影，事实上，书影能在某种程度上透露出各时代的气息以及各类题材传记作品的风格特色；在研究写作中，参考的相关文献，均在文中做了标引与注释，在此对前人的研究与辛劳表示感谢。本书部分文字曾发表过，特向刊物致谢。

感谢南京大学出版研究院将本书列入出版研究系列中，尤其要感谢聂震宁先生、张志强先生费心审读书稿。 一本书的催生，离不开助产士，感谢南京大学出版社领导，责任编辑卢文婷等诸位老师，感谢刘火雄老师。

感谢家人们毫无怨言全力支持，我知道这背后是一种爱，这也是我一路前行的动力。

文中材料不完备、观点不妥当之处，乃本人学力不逮所致，还请方家指正，以便在今后研究中充实完善。

2017 年 8 月

2018 年 10 月再次修订

图书在版编目(CIP)数据

传记出版与社会变迁:我国1949年以来传记出版研究/王宏波著.—南京:南京大学出版社,2018.12
ISBN 978-7-305-19583-9

Ⅰ.①传… Ⅱ.①王… Ⅲ.①传记-出版事业-研究-中国 Ⅳ.①G239.2

中国版本图书馆 CIP 数据核字(2017)第 274154 号

出版发行 南京大学出版社
社 址 南京市汉口路 22 号　　　　邮 编 210093
出 版 人 金鑫荣

书 名 **传记出版与社会变迁——我国 1949 年以来传记出版研究**
著 者 王宏波
责任编辑 卢文婷

照 排 南京紫藤制版印务中心
印 刷 南通印刷总厂有限公司
开 本 880×1230 1/32 印张 9.625 字数 240 千
版 次 2018 年 12 月第 1 版 2018 年 12 月第 1 次印刷
ISBN 978-7-305-19583-9
定 价 39.00 元

网 址 http://www.njupco.com
官方微博 http://weibo.com/njupco
官方微信 njupress
销售咨询 (025)83594756